HEINZ LÖFFLER DER SEEWINKEL

Heinz Löffler

DER SEEWINKEL

Die fast verlorene Landschaft

Photographien von Rudolf Berger, Arnold und Josef Samuel

VERLAG NIEDERÖSTERREICHISCHES PRESSEHAUS ST. PÖLTEN–WIEN

BILDNACHWEIS:
Schutzumschlagbild: Seewinkelstimmung. Im Hintergrund der Schneeberg. Photo von R. Berger.

S. Aumüller, Neudörfl: S. 61 u. r.

R. Berger, Wien und Illmitz: S. 34, 35 l. u. r., 45, 57, 58 l. o., 59 r., 60 r. u., 61 o. l., M. u. r., u. M., u. l., 63 l. o., r., 73, 74 l. o. u. u., r. o. u. u., 75 l. u. r., 76 l. u. r., 79, 80 l. u. r., 97, 98 o. u. u., 99 l. u. r., 100 o. l., M. u. r., u. l., M. u. r., 101, 102 o. l. u. r., u. l., 103, 104 l. u. r., 116 u. r., 120

H. Grosina, Eisenstadt: S. 18, 144 l.

F. Kasy, Wien: S. 60 r. o., 77 l. u. r.

H. Löffler, Wien: S. 17, 19, 37, 44, 142, 144 r. o. u. u.

R. Parz-Gollner, Wien: 102 u. r.

A. und J. Samuel, Wien: S. 20, 21, 22, 23, 24, 33, 36 l., r. o. u. u., 38 l. u. r., 39, 40, 41 l. o. u. u., r., 42, 43, 46 l. u. r., 47, 48, 58 r. o., u., 59 l., 64, 78 l. u. r., 113, 114 o. l. u. r., u. l. u. r., 115, 116 o. l. u. r., u. l., 117, 118, 119, 137, 138, 139, 140, 141, 143 o. l. u. r., u. l. u. r.

K. Tkalcsics, Wr. Neustadt: S. 60 l. o. u. u., u. M., 62 l. o. u. u., r., 63 l. u.

GRAPHIKEN IM TEXT: WOLFGANG KLEJCH
GRAPHISCHE GESTALTUNG: HANS SCHAUMBERGER
ISBN 3 85326 659 2
© 1982 VERLAG UND DRUCK:
NIEDERÖSTERREICHISCHES PRESSEHAUS
DRUCK- UND VERLAGSGESELLSCHAFT MBH.,
A-3100 ST. PÖLTEN, GUTENBERGSTRASSE 12

Inhalt

Einleitung

Dreifacher Anlaß bestand, ein Buch über den Seewinkel zu schreiben: Erstens wurde nach dem Erscheinen des für die Öffentlichkeit bestimmten Berichtes über den Neusiedlersee („Der Neusiedlersee, Naturgeschichte eines Steppensees") von verschiedener Seite der Wunsch nach einer Darstellung des Seewinkels geäußert. Zweitens aber schien es wünschenswert, das vorhandene wertvolle Bildmaterial, besonders der Herren SAMUEL sen. und jun., von diesem Gebiet in einem Buch zusammenzufassen. Dritter und wohl hauptsächlicher Grund jedoch ist die besorgniserregende Entwicklung in diesem einzigartigen Gebiet, die das Schlimmste für die Zukunft befürchten läßt. Nie noch standen Geld- und Machtbesitz in unserem Lande in einem solchen Mißverhältnis zu Schönheitssinn, Bildung und Empfinden für die Natur, und noch niemals wurde hierzulande Natur innerhalb von Dekaden in solchem Ausmaß verwüstet, entstellt oder „gestaltet" wie in unserer Zeit. In besonderem Ausmaß trifft dies auch für Österreichs Winkel hinter dem See zu, dessen unerhörte Vielfalt dieses Buch glaubhaft machen soll. Möge es aber vor allem als Mahnung dienen, zu bewahren, was um jeden Preis erhalten werden muß, möge es helfen, Blinde sehend zu machen.

Aus der Mannigfaltigkeit des Gebietes das wichtigste zu wählen, wäre nicht ohne die Hilfe zahlreicher Kollegen und Freunde möglich gewesen, die auch die einzelnen Abschnitte fachlich durchgesehen haben. So ist ihnen aufrichtiger Dank zu sagen: Herrn Dkfm. J. BERGER (zahlreiche Informationen, u. a. auch über Brutnachweise 1981), Herrn Dr. A. GRÜLL (Vögel), Herrn Univ.-Doz. Dr. G. HUSZ (Bodenkunde), Herrn Dr. A. KALTENBACH (Orthoptera), Frau Dr. D. KASTNER (Durchsicht des historischen und kunsthistorischen Kapitels), Herrn Dr. F. KASY (Schmetterlinge), Herrn Univ.-Prof. Dr. W. KÜHNELT (Insekten), Herrn Hofrat Dr. L. MACHURA (Entwicklung des Naturschutzes), Frau R. PARZ-GOLLNER (neue Daten der Lackenchemie und der Kampfläufer), Herrn Univ.-Prof. Dr. F. STEININGER (geologische Geschichte), Frau Dr. B. STRASCHIL-HERZIG (Säuger), Herrn Univ.-Doz. Dr. H. TUNNER (Amphibien), Herrn Univ.-Prof. Dr. G. WENDELBERGER (Vegetation), Herrn Univ.-Doz. Dr. H. WINKLER (Vögel). Die graphische Darstellung wurde in bewährter Weise von Herrn W. KLEJCH geleistet, die aufwendige Schreibarbeit führte Frau I. GRADL durch. Das Lektorat besorgte in bekannt umsichtiger Art Frau Dr. H. ZOGLMANN, die graphische Gestaltung Hans SCHAUMBERGER. Schließlich aber seien Mühe und Entgegenkommen des Verlages hervorgehoben. Viele Diskussionen, besonders in den Orten Apetlon, Frauenkirchen, Illmitz, Neusiedl, Pamhagen und Weiden, haben die gegenwärtigen Ansichten der Bevölkerung vermittelt, die – besonders was die junge Generation angeht – mehr und mehr die Werte ihrer Heimat erfaßt. Ihnen allen gilt besonderer Dank.

Vorwort und Vorstellung

Vom Gemeinderatsvorsteher einer kleinen Ortschaft bis zum Wirtschaftsminister eines großen Staates besteht völlige Einheit der Meinung darüber, daß der Naturschönheit keine wirtschaftlichen – oder gar politischen – Opfer gebracht werden dürfen.

Konrad LORENZ

Im Jahr 1923 schrieb Universitätsprofessor Dr. Karl BROCKHAUSEN in „Neu-Österreich", einem Buch mit ersten Reflexionen über das Resultat von St-Germain, die folgenden bemerkenswerten Sätze: „Der Friede von St-Germain hat Deutschösterreich nicht lauter Gebietsentziehungen gebracht – er hat ihm auch ein bisher ungarisches Gebiet zugesprochen, das Burgenland. Groß ist der Gewinn nicht; nachdem es das Meer und die Industriebezirke, Zucker, Petroleum und Kohle verloren hatte, wurde als Ersatz ein Gemüsegarten vor den Toren Wiens angeboten. Die österreichische Regierung unter Staatskanzler Renner weigerte sich, das Geschenk anzunehmen, bevor nicht durch Volksabstimmung der Wille der in St-Germain nicht befragten Bevölkerung zum Ausdruck kommt." In der Tat: Damals dachte wohl (deutsch-) österreichweit niemand an den einzigartigen Landschaftsschatz Neusiedlersee–Seewinkel, der damit der kleinen Republik zugebilligt wurde. Und es gab auch kaum Anlaß dazu: Weitestgehend unbekannt, war der Raum Neusiedlersee – Seewinkel, in der Monarchie den Komitaten Wieselburg (Moson) und Ödenburg (Sopron) zugehörend, keinerlei Touristenattraktion. Bescheidener Segelsport – hauptsächlich von Ödenburgern betrieben – und Wasservogeljagd im Hanság boten einem kleinen Kreis Vergnügungen, über die verschiedentlich im 19. Jht. berichtet wird. So etwa über die Jagd von Leo FESTETICS im Jahre 1866: „Die Wasserjagd zu Pamhagen war weltberühmt; seinerzeit

wurden viele tausend Enten und Gänse hier erlegt . . . Die Wasserjagd bei Pamhagen, welche ein Magnat gepachtet hatte, war stets in gutem Stand; seit aber der Neusiedlersee ausgetrocknet ist, hat sie natürlicherweise aufgehört."

Während der Ersten Republik gelangte wohl der Neusiedlersee – der Begriff „Meer der Wiener" entstand –, weniger aber der Seewinkel zu einigem Ansehen. Vor allem aber begann in den dreißiger Jahren die systematische naturwissenschaftliche Erforschung des Seewinkels, nachdem zuvor lediglich Spezialisten dort gesammelt und darüber berichtet hatten. Während des Krieges setzten dann erste Bemühungen einiger weitblickender Beamter der Verwaltung des damaligen Niederdonau um den Naturschutz ein, denen freilich ein Erfolg von erwartetem Ausmaß bis heute versagt blieb. Krieg und Nachkriegswirren und ein viel zu spät, nämlich erst 1961, wirksames burgenländisches Naturschutzgesetz haben zu der heute nur als bedrohlich zu bezeichnenden Lage des Seewinkels geführt. Land, World Wildlife Fund (WWF) und Naturschützer des In- und Auslandes versuchen zu retten, was von den spärlichen Resten der bald ganz verlorenen, einstmals so vielgestaltigen Landschaft noch zu retten ist. Denn Erlöschen der Weidewirtschaft, Entwässerung, sprunghafte Zunahme des Weinanbaues, vor allem aber der beispiellose Anstieg des Tourismus und dessen Folgen sind Probleme, denen sich jeder Seewinkelplaner gegenübersieht. Und es muß mit aller Offenheit bekannt werden: Nirgendwo in Österreich ist derzeit eine Landschaft mehr von totaler Zerstörung bedroht als der Seewinkel. Es wird unsere Aufgabe sein, dies dem Leser durch dieses Buch zu beweisen und zu zeigen, daß es gerade an der Eigenart der Seewinkellandschaft liegt, die sie so besonders anfällig für Zerstörung macht.

Wenn man den Seewinkel vorstellen möchte, das Gebiet also, das sich mit zirka 450 km² zwischen Neusiedlersee, Parndorfer Platte und ungarischer Grenze erstreckt, so zunächst als weite Ebene der westlichen Bucht der Kleinen Ungarischen Tiefebene. Gegen Westen zu senkt sie sich und liefert ihre Grundwässer dem Neusiedlersee, Österreichs tiefster

Mulde, mit einem Seeboden bei rund 113 m. Gegen Südosten zu entwässert der östliche Teil des Seewinkels in den Waasen oder Hanság, ein zeitlicher Vorläufer des gegenwärtigen Sees und ein späteres Niedermoor, das Leo FESTETICS der Jagd wegen lobte. Nahe der Parndorfer Platte liegen die höchsten Marken des Gebietes bei etwa 130 m, so daß sich maximale Höhendifferenzen von weniger als 20 m ergeben.

Diese weite Fläche, ursprünglich offenes Waldland, später vom Menschen zu Weide- und Wiesenland und schließlich überwiegend zu Ackerland und Weingarten umgestaltet, gehört gemäß Klima und Vegetation dem pannonischen Gebiet zu. Zeitiger Beginn des Frühjahres, oftmals hohe Sommertemperaturen, milder Frühherbst und Österreichs höchste Jahresmitteltemperaturen kennzeichnen dieses Klima ebenso wie niedrige jährliche Niederschlagswerte, die im Seewinkel teilweise knapp unter 600 mm liegen. Daß dieses Klima den Weinbau begünstigt, erkannten schon die Römer, daß man gleich den gesamten Seewinkel zum Weingarten machen möchte, ist ein unglückliches Bestreben, dessen Erfolg das Ende für Österreichs eigenartigste Landschaft bedeuten würde. Für den Seewinkel sind Windhäufigkeit und Milderung der Übergangsjahreszeiten durch den See und die durch ihn bedingten Nebel charakteristisch.

Aber all dies würde nicht hinreichen, um die Besonderheit von Flora und Fauna des Seewinkels zu verstehen. Weit verständlicher wird diese erst durch Österreichs größte Salzbodenflächen – viel kleinere gibt es in Niederösterreich – und die Vielfalt süßer und salziger seichter Gewässer, „Lacken" genannt; beides erklärt die Fülle salzliebender Pflanzen und Tiere. Unter den Salzlacken sind – im Sommer hochkonzentrierte – Sodagewässer der Lebensraum von Algen und Tieren, die sonst nur aus Ungarns Pußtalandschaft und aus Westasien bekannt sind. Aber schon diese Sodalacken allein machen den Seewinkel zum Unikat Europas, da ihresgleichen bestenfalls im zentralen Ungarn, sonst aber erst in Asien und in Ostafrika wieder zu finden sind. Dazu kommen noch die freilich erschreckend klein gewordenen Reste von Wiesen und Salzsteppenvegetation und die fast gänzlich zerstörten Wiesenmoore des Hanság, über dessen ehemaligen Wasservogelreichtum oben berichtet wurde. Die Bewaldung dieses Flachmoores, kleine Gehölze aus Schwarzerlen und Moorbirken, ist so gut wie verschwunden.

Scharfe floristische oder faunistische Grenzen kommen nur dort zustande, wo durch Barrieren (besonders Gebirge) klimatisch gänzlich verschiedene Bezirke getrennt werden. Ein gutes Beispiel dafür ist das persische Elbursgebirge, das den feuchten Kaspiwald von den Halbwüsten im Süden trennt. Eine solche deutliche Grenze ist im Raum westlich des Seewinkels (und Neusiedlersees) gewiß nicht vorhanden, vielmehr ist das Gebiet eine Mischzone, wo pannone, alpine und ebensogut mediterrane Elemente mosaikartig nebeneinander auftreten, was ihn zu einer Pilgerstätte für Botaniker und Zoologen aufwertet. Und doch wird der Seewinkel für viele Arten zum westlichsten Vorposten ihrer Verbreitung: Das gilt nicht nur für die Sodaspezialisten unter den Wasserorganismen, sondern auch für eine Reihe von Landpflanzen und -tieren, wie zum Beispiel den Steppeniltis oder die Steppenstreifenmaus. Mit dem Rückgang von Wiesen- und Weideland sind genauso wie mit der Zerstörung der großen Flachmoorgebiete in den letzten Jahrzehnten zahlreiche Pflanzen und Tiere ausgestorben oder schwer gefährdet; vor allem aber: Österreichs Wiesensteppe, die „Pußta", im Altertum durch Waldrodung entstanden, siecht langsam dahin oder stirbt. Trotzdem: Wer vom Westen kommend erstmals das Leithagebirge überschreitet und die weite Ebene vor sich ausgebreitet sieht, dem wird die Fremdartigkeit dieser Landschaft kaum entgehen. Aber auch wer von Osten in den Seewinkel kommt und über den Neusiedlersee hinweg der Alpen ansichtig wird, mag die Exotik nach der entgegengesetzten Richtung hin empfinden.

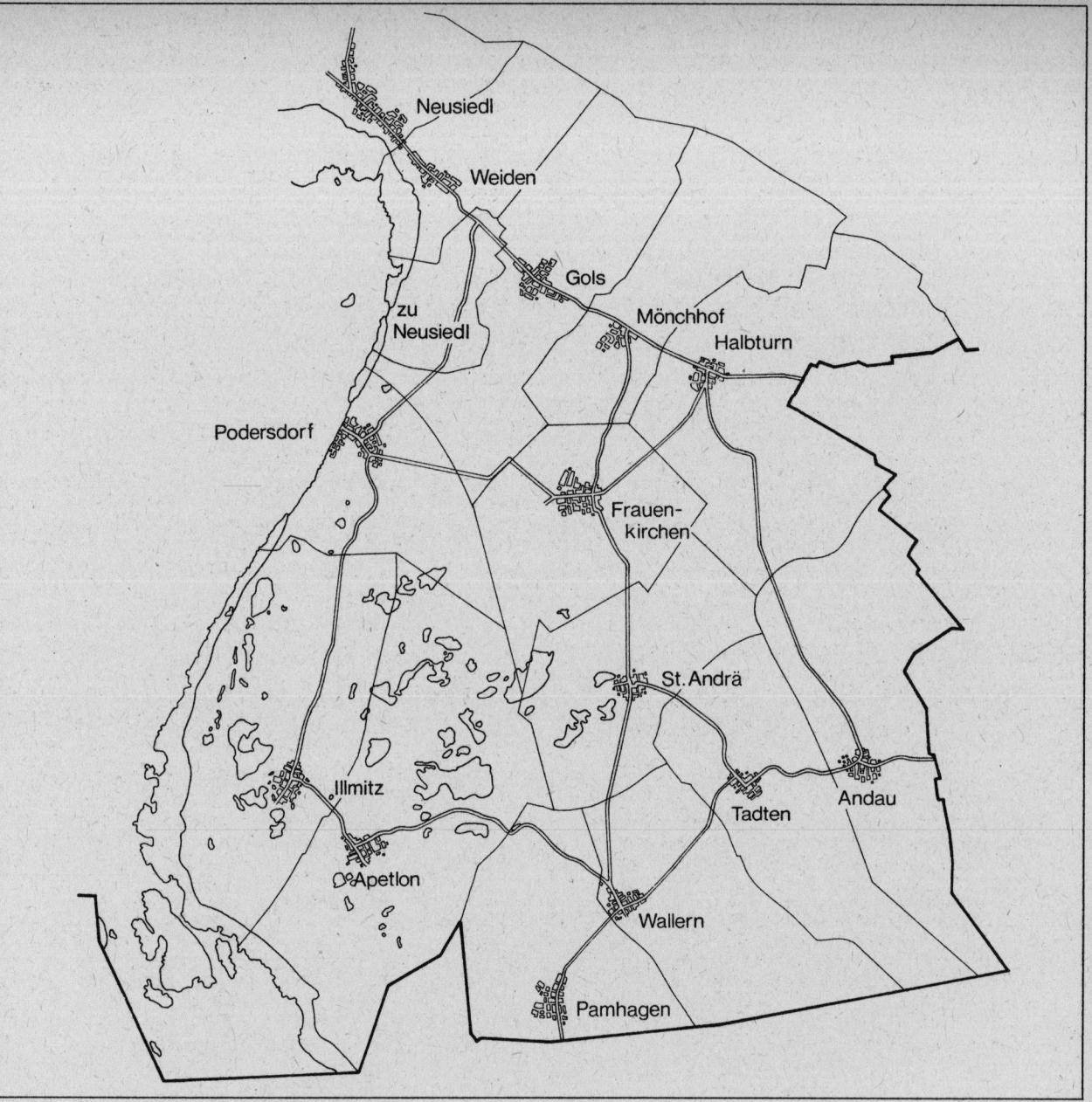

*Abbildung 1: Grenzen der Seewinkelgemeinden
(der Neusiedlersee ist nicht berücksichtigt)*

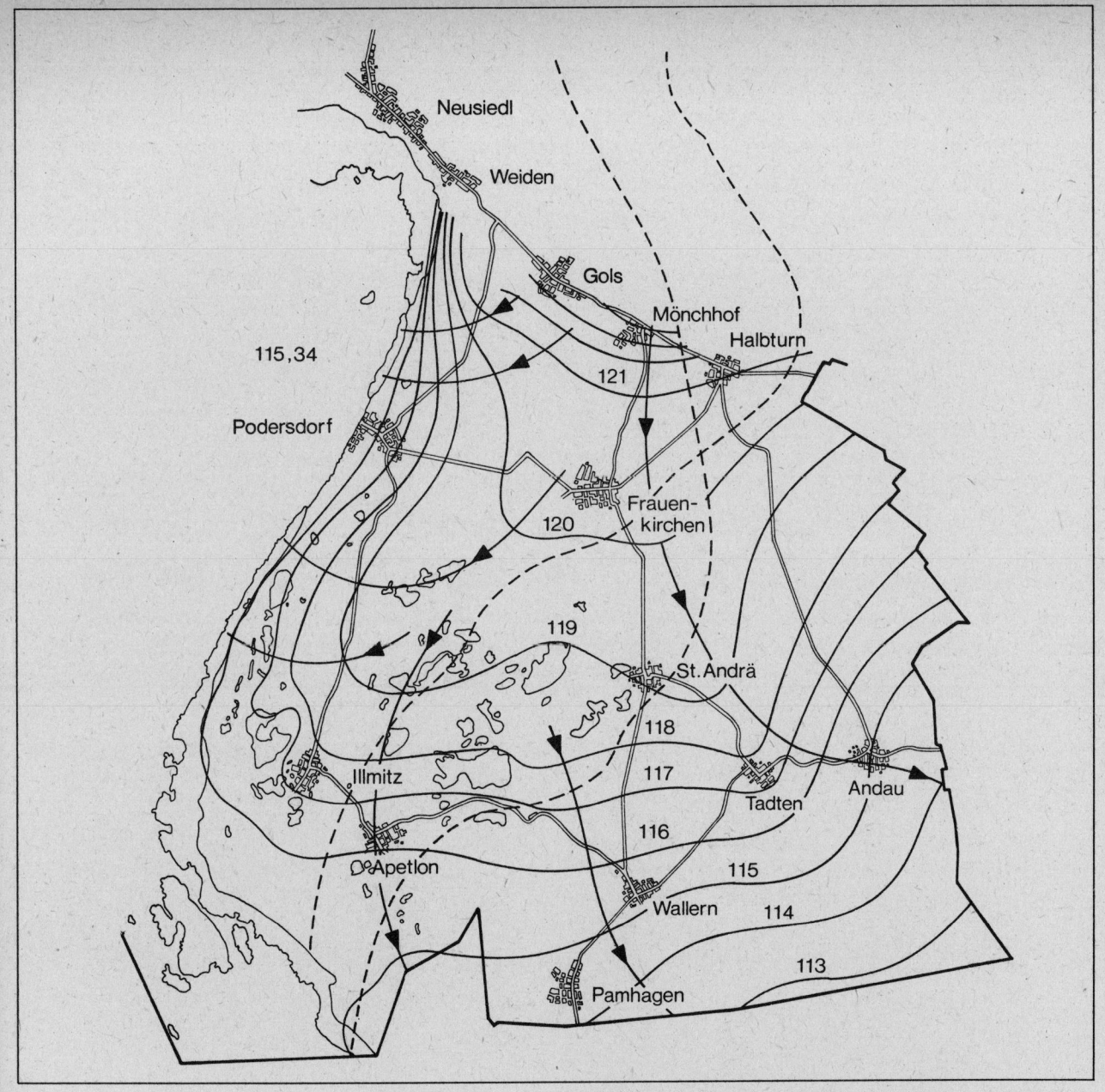

Abbildung 2: Grundwassertiefe (Grundwasserisohypsen)
und vermutliche Strömungsrichtung; strichliert: mögliche
Ostgrenzen des Neusiedlersee-Einzugsgebietes

Von Menschen schon in ältesten Zeiten aus allen
Himmelsrichtungen her umworbenes, verdorbenes
und durchzogenes Land, reicht die Tradition der
gegenwärtigen Bevölkerung ins späte Mittelalter
zurück, und fast alle der 14 Seewinkelgemeinden
werden, obschon von vielfach höherem Alter,
urkundlich im 13. Jht. erstmals erwähnt. Trotzdem
ist der gegenwärtig vorhandene Kulturschatz von der
Barockzeit an vorhanden: Mit der Türkenzäsur im
17. Jht. wurde Vorangegangenes ausgelöscht, und
nur in manchem Kirchenbau zeigen sich Reste verwü-
steter Gotik. Wohlstand setzte für die Bevölkerung
des Gebietes erstmals nach dem Abzug der Russen
1955 ein. Schon in den sechziger Jahren verschwanden
Arbeitspferde und mit ihnen die Ziehbrunnen, von
denen es 1959 noch über achtzig im freien Gelände
gab. Der Eifer, mit dem man auf Überwinden des
materiellen Rückstandes bedacht war, hatte freilich
nicht nur gute Auswirkungen: Das katastrophale Fas-
sadensterben in den 14 Orten des Seewinkels, die
Zerstörung von Seeufer und das nicht einmal gewinn-
bringende Trockenlegen zahlreicher Seewinkellacken
stehen auf der Verlustseite der Fortschrittsbilanz.
Doch in allerjüngster Zeit hat auch – später als
anderswo – im Seewinkel ein Umdenkvorgang eingesetzt, und immer größer werdende Bevölkerungs-
kreise lehnen die Zerstörung ihres Landes ab. Und so
steht es noch offen: bald verlorener Seewinkel oder
bewahrte Landschaft von Weltgeltung. Wir glauben
hier an die Vernunft der heimischen und der gesamten
österreichischen Bevölkerung, denn es wird großer
finanzieller Mittel bedürfen, zu erhalten, was einmalig
und schützenswert, was sonst unwiederbringlich
dahin. Aus diesem Glauben heraus wurde dieses Buch
auch geschrieben.

Eine Landschaft entsteht: Noch ist vieles problematisch

Es ist nun vor allem nötig, daß man sich gegenwärtig halte, wie gering doch die Dimensionen jener Runzeln der Erdoberfläche, welche wir Gebirge nennen, im Verhältnisse zum Durchmesser des Planeten sind.

Eduard SUESS

Die geologische Geschichte des Seewinkels und dessen Erscheinungsbild und Eigentümlichkeiten – zumal jene der Salzböden und -lacken – stehen in engem Zusammenhang mit der alpidischen Gebirgsbildung und dem damit in Verbindung stehenden Geschick der tertiären Meere, mit den Auswirkungen der Donau sowie der Entwicklung des Neusiedlersees. Östlich der Verbindungsbrücke zwischen Alpen und Karpaten gelegen, ist der Seewinkel Teil der Kleinen Ungarischen Tiefebene, die im Osten durch den Bakony-Wald, im Westen durch Leithagebirge und oststeirisches Hügelland begrenzt wird. Letzteres liefert mit seinen östlichen Ausläufern auch den südlichen Abschluß, während im Norden die Karpaten den Rahmen bilden. Die Donau erreicht die Kleine Ungarische Tiefebene nach dem Durchtritt durch die Hainburger Pforte bei Preßburg bei rund 140 m Seehöhe und verläßt sie bei Gran (Esztergom, auf 102 m Seehöhe, also nur 11 m tiefer als die Mulde des Neusiedlersees). Auf 107 m Seehöhe münden Raab und Rabnitz, beide dem Steirischen Randgebirge entspringend, in den Mosoner (Wieselburger) Donauarm, der die Kleine Schüttelinsel umfließt. Dem Raab-Rabnitz-System sowie der gegenwärtig südlich von Wallern in den künstlichen Abfluß des Neusiedlersees, den Einserkanal, mündenden Ikva kommt der Gestaltung des Hanság, des südöstlichen Abschnitts unseres Gebietes, wesentlicher Anteil zu. Südlich der Donau quert noch die Leitha zwischen Parndorfer Platte und dem sogenannten Haidboden und nach Verlassen der Brucker Pforte den nördlichsten Teil des Burgenlandes, die Kleine Ungarische Tiefebene, um dann bei Wieselburg-Altenburg (Mosonmagyaróvár) ebenfalls in den Mosoner Donauarm zu münden. Die nordöstliche Abgrenzung des Seewinkels wird durch die eben erwähnte Parndorfer Platte gebildet, die über jungtertiären (pliozänen) Sedimenten eine Decke früheiszeitlicher Donauschotter trägt, deren Mächtigkeit im Norden ungefähr 10 m, im Süden 3 bis 4 m beträgt. Auf den Schottern liegen überwiegend Flugsande, die zu Paratschernosemen (siehe S. 53) umgeprägt sind, seltener Löß, der vor allem am Rand und in den tief in die Platte eingreifenden Tälchen und Dellen zu finden ist. Dieser Löß trägt

Tschernoseme (HUSZ 1964). Der Schotterkörper bedingt rasches Versickern von Niederschlagswasser, das vom südlichen Teil der Platte, ungefähr ihrer halben Fläche, dem Seewinkel und letztlich dem Neusiedlersee als Grundwasserzutritt zugute kommt. Neben weiten Ackerflächen sind noch kleine Reste einstmals ausgedehnter Hutweiden und von Trockenwäldern erhalten, deren nördlicher, der Zurndorfer Eichenwald, unter Naturschutz steht. Die anmutige Landschaft mit einer Ausdehnung von rund 200 km² erreicht bei Parndorf ihre maximale Höhe von zirka 180 m und bricht steil gegen den Seewinkel im Westen mit ungefähr 30 m, im Osten mit nur noch rund 20 m und nordostwärts gegen die Leithaniederung ab. Ihr Südostrand läuft flacher aus und ist stark zertalt. Vom Seewinkel her gesehen bildet der weinbestandene Plattenabbruch ein weithin sichtbares prominentes Merkmal. Ebenso schenkt die Plattenkante weite Ausblicke über See und Land. Der am häufigsten gewählte Zugang zum Seewinkel über Neusiedl ist trotz der überwältigenden ersten Ansicht von Ebene und Wasser sinnlos durch Anlage von Maschinenhallen und Tankstellen verwüstet worden. Im Westen wird der Winkel vom nierenförmigen Neusiedlerseebecken, einem jungen Senkungsfeld, mit einer Ausdehnung von 300 km² begrenzt. Der Seeboden, Österreichs tiefstgelegene Mulde, läßt sich im Südosten weit ins dort häufig überschwemmte Land hinein verfolgen. Zwischen Weiden und bis südlich Illmitz ist die Begrenzung gegen den See durch den sogenannten Seedamm deutlich markiert, eine Bildung, die wir als Ergebnis der im Verlauf der Seegeschichte vielmals eingetretenen Eisschübe ansehen. Der Damm ist eine zumindest teilweise außerordentlich junge, in historischer Zeit entstandene Bildung, von deren Basis römerzeitliche Funde vorliegen. Auf ungarischem Boden drängen die Schotterterrassen der Rabnitz an den Beckenrand (HUSZ 1964) heran, und im Westen wird die Seemulde durch Ausläufer des Ödenburger Berglandes, durch den Ruster Höhenzug und schließlich durch das Leithagebirge begrenzt. Nur im Südosten steht das Becken in breiter Verbindung über den Hanság oder Waasen gegen die Donauniederung offen. Dieses einstmalige,

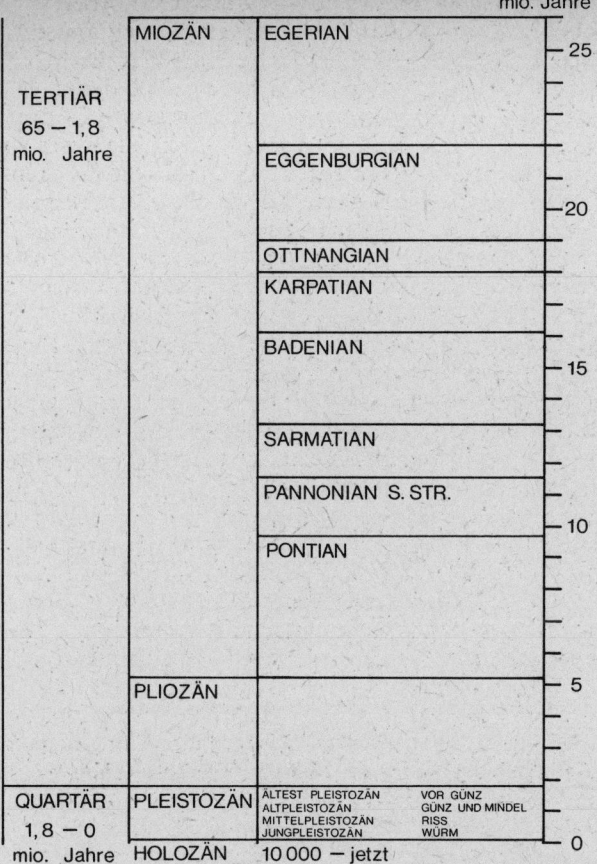

			mio. Jahre
	MIOZÄN	EGERIAN	— 25
TERTIÄR 65 — 1,8 mio. Jahre		EGGENBURGIAN	— 20
		OTTNANGIAN	
		KARPATIAN	
		BADENIAN	— 15
		SARMATIAN	
		PANNONIAN S. STR.	— 10
		PONTIAN	
	PLIOZÄN		— 5
QUARTÄR 1,8 — 0 mio. Jahre	PLEISTOZÄN	ÄLTEST PLEISTOZÄN / VOR GÜNZ / ALTPLEISTOZÄN / GÜNZ UND MINDEL / MITTELPLEISTOZÄN / RISS / JUNGPLEISTOZÄN / WÜRM	— 0
	HOLOZÄN	10 000 — jetzt	

Tabelle 1: Zeittafel des Tertiär und Quartär

jetzt trockengelegte Niedermoorgebiet, dessen größerer Anteil auf ungarischem Staatsgebiet liegt, ist ein mindestens 13 000 Jahre alter Seeteil und möglicherweise sogar ein Vorläufer des modernen Sees und war bei Hochständen des Sees fallweise Abflußgebiet gegen Raab und Donau.

An dieses Flachmoor schließt im Nordwesten der restliche Seewinkel mit Seehöhen zwischen 115 und 130 m an, wobei der nördliche, hauptsächlich über 120 m gelegene Anteil als Heideplatte bezeichnet wird. Ihre Grenze gegen die südlich davon anschließende Seenplatte und den Hanság verläuft ungefähr zwischen Birnbaumlacke, St. Andrä und Andau und schließt traditionelle Ackerbauflächen mit Steppenschwarzerde (Tschernosem, russ. = „schwarze Erde") ein. Das ursprüngliche Weideland, die Pußta, ist schon im letzten Jahrhundert weitgehend von dort verschwunden, ebenso wie ehemalige Lacken im Albrechtsfeld und bei Andau in den vergangenen Jahrzehnten.

Dagegen fanden sich auf der Seenplatte, die im allgemeinen unter 124 m Seehöhe liegt, noch vor dem Zweiten Weltkrieg ausgedehnte Reste dieser als Hutweiden bezeichneten Steppe. Inzwischen haben auch hier Acker- und Weinbau die Pußta stark eingeschränkt. Innerhalb der Seenplatte befinden sich gegenwärtig praktisch alle der seichten, vorwiegend alkalischen Gewässer, seitdem auch aus dem Hanság die letzten, noch im letzten Augenblick deutsch getauften Lacken verschwunden sind. Hier liegen auch die größten Flächen von Salzböden, wie Solontschak und Solonetz (russ. sol = Salz), deren Herkunft noch immer umstritten ist, wie noch zu zeigen sein wird.

Mit dem Eintritt in das Miozän – Epoche des Tertiärs (siehe Tab. 1) – und dem Beginn des Zeitabschnittes des Badeniens (nach Baden bei Wien) vor rund 16 Millionen Jahren war der Absenkungsvorgang in den einzelnen Senkungsfeldern als Folge der Alpenhebung so weit fortgeschritten, daß wieder eine Verbindung zum offenen Weltmeer der Tethys (vom Wiener Geologen SUESS nach der Gemahlin des Okeanos so benannt) gegeben war. Noch lag allerdings der Raum des Neusiedlersees mit seiner damaligen Umrahmung nicht unter dem Meeresspiegel. So war das Gebiet im Osten des Ruster Höhenzuges noch Teil des kristallinen Festlandes. Im Wiener Becken reichte die Überflutung vom Norden des Wiener Beckens bis in den Raum von Wiener Neustadt. Erst im mittleren und oberen Badenien gab es im ganzen Gebiet Meeresbedeckung, aus der Teile des Leithagebirges und der Ruster Höhenzug als Inseln, zum Teil gesäumt von Korallenriffen, herausragten, und damit waren Wiener Becken und der Raum der Kleinen Ungarischen Tiefebene miteinander verbunden (Abb. 3).

Während dieser Zeit entstanden die tertiären Ummantelungen der stehengebliebenen kristallinen Horste, der als Baumaterial für viele Wiener Bauten verwendete „Leithakalk". Zahlreiche Fossilien wie Foraminiferen, Korallen, Muschelkrebse (Ostrakoden), Mollusken, Stachelhäuter, Reste von Haien und Seekühen können dort gefunden werden.

Schon gegen Ende des Badeniens dürfte eine weitgehende Trennung der Paratethys von den Weltmeeren eingesetzt haben. Die Tethys selbst blieb im europäischen Bereich als Rest im Mittelmeer erhalten, das vor fünf bis sechs Millionen Jahren austrocknete und – erdgeschichtlich gesehen – ein sterbendes Meer ist, das zufolge der fortwährenden Annäherung der Afrikanischen Scholle an den europäischen Kontinent in ca. 50 Millionen Jahren verschwinden wird. Mit der Ausbildung der Paratethys zum Binnenmeer nahm der Salzgehalt stetig, von Westen gegen Osten fortschreitend, ab, und die Entwicklung zum Brackwasserstadium begann. Dies war vor rund 13 Millionen Jahren der Fall, und fast zwei Millionen Jahre hindurch existierte nunmehr eines der größten und ausdauerndsten Brackmeere, mit 30 bis 17‰ Salzgehalt, das je auf unserer Erde existiert hat und sich vom Wiener Becken bis zum Aralsee ausdehnte. Dieser Abschnitt wird als Sarmat (römische Provinz im Norden des Schwarzen Meeres) bezeichnet.

Die badeniensische und die sarmatische Überdeckung des Grundgebirges hat im Westteil des Neusiedlerseebeckens und im Seewinkel nur geringe Mächtigkeit. Die Hauptsedimentation erfolgte im Pannon (nach dem Pannonischen Becken benannt) und Pont. Daraus folgt, daß sich die Absenkung dieses Gebietes in der Hauptsache erst während dieses Zeitabschnittes ereignete. Wie Tiefbohrungen und explosionsseismische Messungen erkennen lassen, nimmt die Mächtigkeit des Tertiärs, vorwiegend der Pannonsedimente, rasch vom Neusiedlersee gegen Osten zu. Sind es im Raum des Neusiedlersees rund 500 m – bei Podersdorf erhebt sich ein Kristallinrücken, und die Sedimentdicke sinkt dort auf 386 m ab –, so werden bei Frauenkirchen bereits 1 000 m, östlich St. Andrä 2 000 m und östlich von Andau gar 4 000 m erreicht. Badenien und Sarmat fehlen westlich von Frauenkirchen und lagern im Raum des Seewinkels dem Kristallin in nur geringer Mächtigkeit auf.

Während des Obermiozäns, dem Pannon vor 11,5 bis 9,7 Millionen Jahren und dem Pont (nach dem Pontus Euxinus = Schwarzes Meer benannt) vor 9,7 bis 5,2 Millionen Jahren, zerfiel das zunehmend aussüßende Binnenmeer in Teilbecken, die vom Westen nach Osten als pannonisches, dazisches, pontisches und aralokaspisches Becken bezeichnet werden. Nur im pontischen und aralokaspischen Becken lebte noch diese Brackwasserfauna fort und blieb schließlich mit Resten bis in die Gegenwart erhalten. Vor spätestens drei Millionen Jahren, im Pliozän, verschwand die Wassermasse der Kleinen Ungarischen Tiefebene, während jene der Großen Ungarischen Tiefebene sich noch bis ins Älteste Pleistozän erhielt (Abb. 4). Oberes Pliozän und Älteres Pleistozän (Quartäre Eiszeit 1,8 Millionen bis 10 000 Jahre vor Gegenwart) waren durch wesentliche Klimaverschlechterung, weitere Absenkungsvorgänge, vor allem aber durch die mit dem Rückgang der Reliktseen (= Seen, die sich vom Meer herleiten) und die in zunehmendem Maß landschaftsprägende Donau gekennzeichnet. Landschaftsformend trat die Donau insoferne in Erscheinung, als sie zu Beginn des Quartärs ihren Lauf durch die Brucker Pforte nahm und während der zweiten Eiszeit, dem Mindel (Altpleistozän), über die Parndorfer Platte Schotter ausbreitete. Spätestens im Riß nahm der Strom, wie im Oberpliozän, seinen Lauf wieder durch die Hainburger Pforte (FINK 1966). Schotter, die von der nunmehr wieder durch die Porta Hungarica fließenden Donau in der Folge in unserem Gebiet abgelagert wurden, fehlen mit Ausnahme

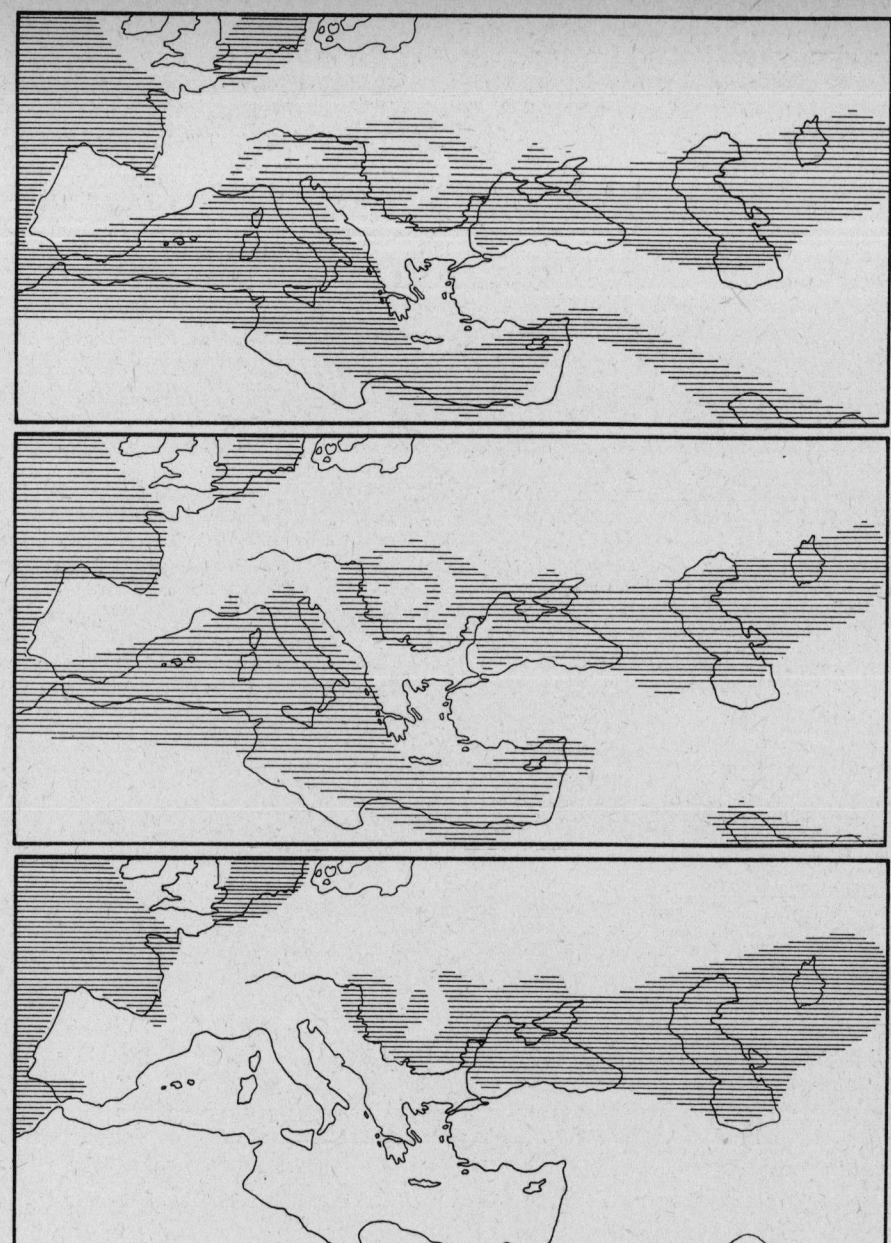

Abbildung 3: Die Ausdehnung des Meeres vor 20, 15 und 6 Millionen Jahren

einer inselförmigen Ansammlung nordwestlich von Illmitz im gesamten Becken des Neusiedlersees. Dies hängt wohl mit späten, von dem österreichischen Geologen KÜPPER (1955) nachgewiesenen Senkungsvorgängen zur Zeit des ausklingenden Pleistozäns zusammen. Auch bei diesen den Seewinkel weithin gestaltenden Schottern steht noch die Frage offen, ob sie nur der letzten Eiszeit, dem Würm, zugehören oder ob tiefer gelegene Schotter dem Mittelpleistozän entsprechen, also rißzeitlich sind. Zu letzterem bekannte sich der Bodenkundler HUSZ (1964). Wir werden auf diese Frage nochmals im Zusammenhang mit der Frage des Salzgehaltes von Böden und Gewässern zurückkommen. Für jetzt mag es genügen, daß wir sehr vereinfachend den Seewinkel als eine zum größten Teil mit Schottern überdeckte Landschaft beschreiben, deren tieferer Untergrund von mächtigen, extrem fossilarmen Sedimenten des Pannon und Pont gebildet wird. Die Verteilung der oberflächennahen Schotter wurde im Zusammenhang mit Öl- und Erdgassuche im Seewinkel von der Österreichischen Mineralölverwaltung Anfang der siebziger Jahre genau erfaßt und ist auf unserer Abbildung 5 dargestellt. Daraus geht hervor, daß oberflächliche Schotter vor allem im Raum des Hanság und östlich des Sees fehlen, außerdem aber noch die Masse aller zentralgelegenen Lacken ihren Platz innerhalb von „Fenstern" dieser Schotterbedeckung einnimmt. Nur die wenig salzigen, humös dunkel gefärbten, sogenannten „Schwarzen" Lacken (siehe das Lackenkapitel) machen davon eine Ausnahme: Sie liegen nämlich alle auf oberflächlichen Schottern. Im Zusammenhang mit der Entstehung der zentralen Seewinkelwässer wird noch zu zeigen sein, daß deren Lagebeziehung zu den Schottern von größter Wichtigkeit für ihre Entstehung ist. Sie dürften im Gegensatz zu den jungen, vom Seedamm angestauten Lacken im Westen ein weitaus höheres Alter haben.

So sicher es außer jedem Zweifel steht, daß die Seewinkelschotter vom Nordosten her aus der Gegend von Wieselburg in das Gebiet eingebracht wurden und gegen Südwesten an Mächtigkeit verlieren, so ungeklärt sind Herkunft und Alter der am Grund des Hanság lagernden Schotter. Wir glauben

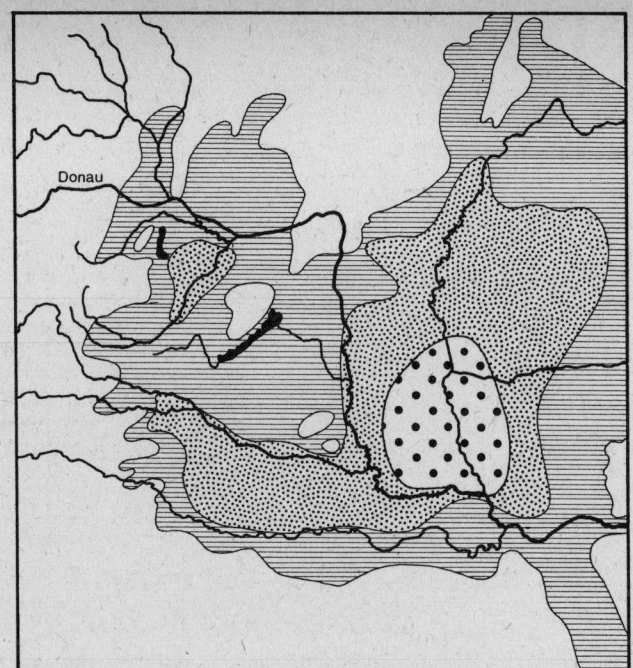

Abbildung 4: Rückzugsstadien des pannonen Sees (schraffiert: Pannon, fein gepunktet: Oberpliozän, grob gepunktet: Ältestpleistozän) nach J. Fink

allerdings nicht, daß die Schleppkraft der Flüsse Raab, Rabnitz und Ikva ausreichte, um den Raum des Hanság aufzuschottern. Vielmehr dürfte auch hier der Donau die dominierende Rolle zufallen. Vielleicht aber ist das Alter der Schotter höher als würmzeitlich einzustufen.

Als dritte landschaftsformende Komponente wirkte schließlich der Neusiedlersee, dessen gegenwärtige Gestalt mit der Verlandung des Hanság, mit Absenkungen vor allem im Südraum des Sees und mit der schon erwähnten Seedammbildung zusammenhängen. Obwohl nunmehr fest steht, daß der See weder ein Rest des pliozänen Gewässers sein kann – mindestens drei Millionen Jahre liegen zwischen dem Ende des Reliktsees und der Bildung der gegenwärtigen Seewanne – noch ein Produkt der Winderosion oder eines Donaualtarmes ist, sind die im Zusammenhang mit den tektonischen Absenkungen abgelaufenen Vorgänge zeitlich und räumlich noch bei weitem nicht geklärt. Im Gegensatz zu tieferen Seen, wo im abgelagerten Tiefensediment ihre ganze Geschichte verfolgt werden kann, bietet der Neusiedlersee in dieser Hinsicht so gut wie nichts. Sein Sedimentkörper, der auf dem tertiären, fossilarmen Material lagert, stellt eine Mischung vieler, wahrscheinlich weit über 100 Seephasen zwischen Austrocknungsperioden und terrestrischen Einschwemmungen dar. Ungestörte Sedimente, die den Zeitablauf bestimmter Abschnitte noch erkennen lassen, finden sich lediglich in der Randzone des Sees und im Hanság, in dessen Bereich sich nach unserer Auffassung die früheste Seephase im Gebiet abspielte. Dort nämlich findet sich unter einer Seggen- und Rohrkolben-Torfschicht ein Sediment, das den erwähnten Schottern aufsitzt und der Pollenanalyse zufolge einen spätpleistozänen Abschnitt von rund 2 000 Jahren Dauer, von etwa 13 000 bis 11 000 vor gegenwärtig, repräsentiert. Die dort gefundene Muschelkrebsfauna liefert das Zeugnis für eine kaltzeitliche, langfristige und vorläufig auch älteste Seephase im Gebiet.

Unter den Arten fallen besonders Cytherissa lacustris und im näheren Umkreis dieses Profiles auch Limnocythere sanctipatricii auf, die gegenwärtig nur in Voralpen- und Alpenseen Bewohner von tieferen

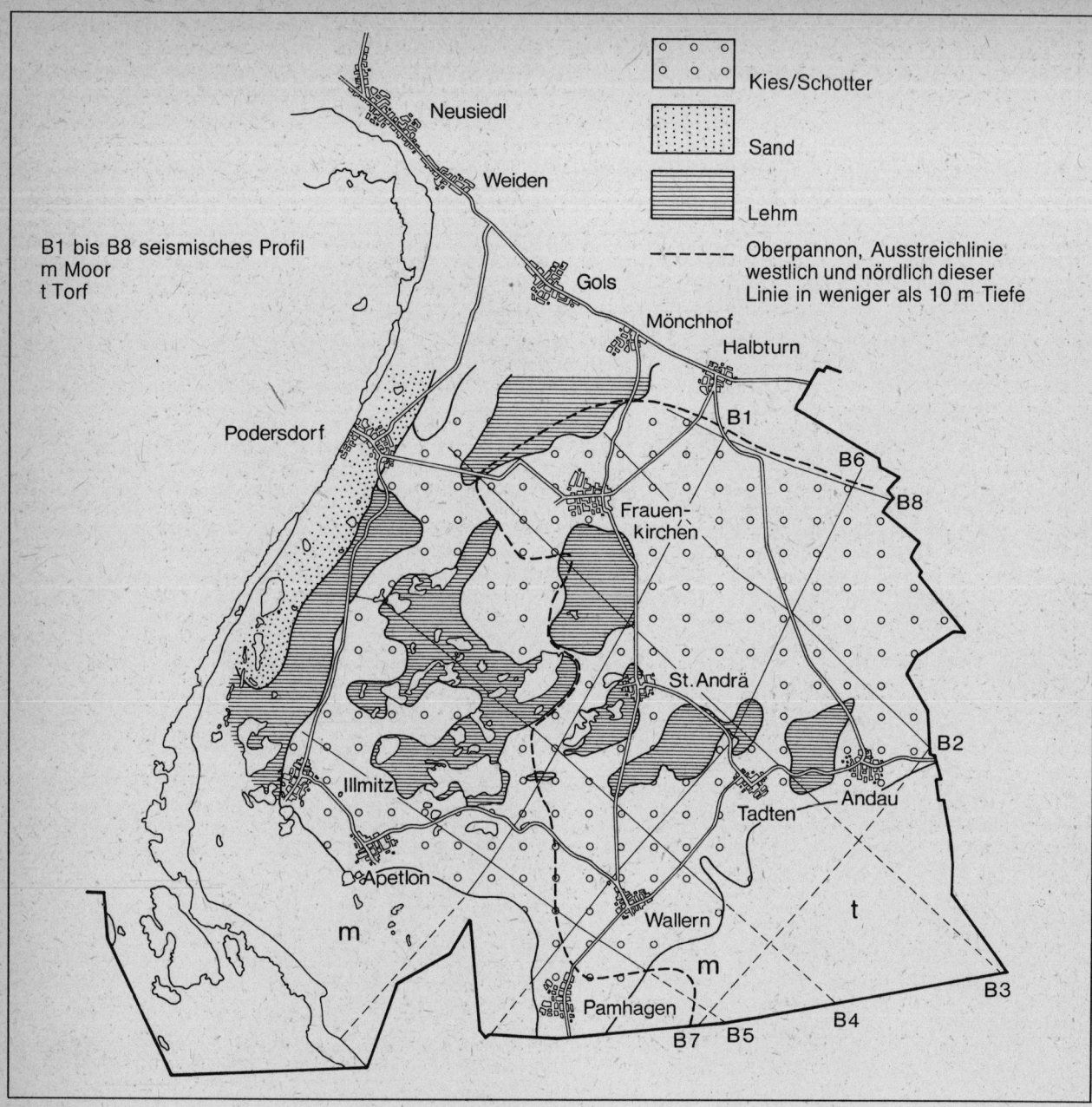

Legend:
- Kies/Schotter
- Sand
- Lehm
- Oberpannon, Ausstreichlinie westlich und nördlich dieser Linie in weniger als 10 m Tiefe

B1 bis B8 seismisches Profil
m Moor
t Torf

Map labels: Neusiedl, Weiden, Gols, Mönchhof, Halbturn, Podersdorf, Frauenkirchen, St. Andrä, Illmitz, Apetlon, Tadten, Andau, Wallern, Pamhagen, B1, B6, B8, B2, B3, B4, B5, B7, m, t

Abbildung 5: Die Verteilung von Kies/Schotter, Sand und Lehm im Seewinkel (nach Unterlagen der ÖMV)

Zonen sind. Im Seewinkel und im Neusiedlersee sind sie wohl seit mindestens 10 000 Jahren ausgestorben. Cytherissa lacustris findet sich, wie zahlreiche Bohrungen (1 bis 1,5 m Tiefe) ergaben, in der Randzone des gesamten Sees und konnte im letzten Jahr auch aus dem ungarischen Uferbereich nachgewiesen werden. Ihre derzeit bekannte Verteilung läßt erkennen, daß alle innerhalb eines Gebietes liegen, das der See auch in historischer Zeit nachweislich überflutet hat. Bei einer Flächenausdehnung von 500 km^2, wie sie der See im Jahre 1786 besessen hat, erreicht das Wasser alle Gebiete, die unterhalb oder gerade auf 118 m Seehöhe gelegen sind. Der einzige Fundpunkt, der aus diesem Rahmen fällt, liegt in Gols bei rund 122 m Seehöhe. Seine Deutung ist nicht ohne weiteres möglich, doch muß bedacht werden, daß das Niveau der Seewanne – derzeit bei rund 113 m, ohne rezentes Sediment bei 112,5 m – zu Beginn möglicherweise höher gelegen war und über Pegelstände der ersten Jahrtausende praktisch nichts bekannt ist. Erst seit ungefähr 5 500 Jahren liefern uns vereinzelte Funde einige brauchbare Anhaltspunkte für einen Wasserstand.

Unsere Vorstellung geht dahin, daß der Hanság zumindest Teil des ältesten Neusiedlersees, wenn nicht gar sein Vorläufer ist. Die Absenkungen im Raum des gegenwärtigen Seebeckens haben zu einer Verlandung und Wandlung in ein riesiges Niedermoor geführt, das schließlich, durch den Menschen, zuerst schon im 16. Jht. beeinflußt, im 19. Jht. durch die Errichtung eines Dammes im Raum von Pamhagen und im 20. Jht. durch die Anlage des Einserkanals endgültig trockengelegt wurde. Es wird freilich noch ausführlicher Untersuchungen bedürfen, um die zeitliche Abfolge der einzelnen Ereignisse genauer festzulegen, aber wir meinen, daß der grundsätzliche Ablauf der Geschichte des Sees nunmehr bekannt ist. Zu den vielen noch bei weitem nicht geklärten Problemen unseres Gebietes zählt sein Salzreichtum, wie er in Österreich einzigartig ist. Wohl gibt es Salzlagerstätten mariner Herkunft, die aus dem späten Erdaltertum (Perm) herstammen und namengebend für Städte (Hall, Hallein, Hallstatt) und Landschaften (Salzkammergut) waren, doch sind sie für Land,

Böden und Vegetation ohne Bedeutung. Nur der Abbau hat für einige Seen des Salzkammergutes wie Hallstätter See, Traunsee und wahrscheinlich auch Toplitzsee nachhaltigen Einfluß gehabt und hat ihn noch immer.

Salzanreicherungen in Böden und Binnengewässern entstehen entweder durch langfristige Anreicherung in trockenen Gebieten, wo das Ausspülen der im Wasser leicht löslichen Salze nicht mehr erfolgt, oder dort, wo Salzlagerstätten und Mineralwässer Einfluß auf die Oberfläche nehmen. Dazu bedarf es „gespannter" artesischer Tiefenwässer und/oder klimatischer Voraussetzungen für Anreicherung an der Oberfläche. Sehr viele Autoren waren nun der Meinung, daß sich der Salzreichtum des Seewinkels und des Neusiedlerseegebietes tatsächlich auf Vorgänge in jüngster oder älterer Zeit zurückführen ließe. So soll arides Klima in der letzten Zwischeneiszeit die Anreicherung von Salzen in einem bestimmten Horizont unter den Würmschottern (der „Schwemmlöß II", dem Riß-Würm-Interglazial zugehörend, nach Husz 1964) bedingt haben, und mehrere Autoren sind der Meinung, daß die Konzentration leicht-löslicher Salze auch im Neusiedlersee auf dem „Eindampfen" salzarmer Zuflüsse beruhe und durch die gegenwärtige klimatische Situation sowie durch ungünstige Abflußverhältnisse bedingt ist. Wir sind der Auffassung, daß ein oder auch mehrere salzreiche Horizonte durchaus vorhanden sein können, wie jener Schwemmlöß II (Husz 1964), der sich unter anderem an der Basis des Seedammes findet. Wir glauben aber, daß die Argumente für periodische Anreicherung jetzt oder während der letzten Zwischeneiszeit nicht für eine Erklärung ausreichen, sondern daß letzten Endes im gesamten Raum die junge marine Vergangenheit unseres Gebietes dafür verantwortlich sein muß. Es ist wohl in erster Linie ein Verdienst des Geologen Tauber, zahlreiche Mineralwasser-Lagerstätten von beträchtlichem Ausmaß nachgewiesen zu haben (Tauber 1962, 1963), die sich teils in weniger, hauptsächlich aber in weit mehr als 100 m Tiefe befinden, und zwar vorwiegend im südlichen Seebereich und im Südwestteil des Seewinkels. Sie wurden teils durch Bohrungen, teils durch geoelektrische Messungen ermittelt, wobei als Kriterium der Salzkonzentration der geoelektrische Bodenwiderstand dient und die Isoohmenkarte des Gebietes (Abb. 8) daher die Verteilung der Mineralwässer anzeigt. Das obere Mineralwasserstockwerk liegt, wie seichte Grabungen erkennen lassen, unmittelbar unter der Erdoberfläche, so daß die ehemaligen Ziehbrunnen dort Mineralwässer von 1 bis 5 g Salz/l lieferten. 1959 wurden alle damals noch existierenden Ziehbrunnen untersucht und ihr Wasser analysiert. Dabei zeigte sich in Übereinstimmung mit den geoelektrischen Messungen, daß die höchsten Chloridgehalte ebenfalls im Südwesten des Seewinkels zu beobachten waren, also innerhalb eines Bereiches, der ungefähr mit einer Linie von Pamhagen bis südlich Podersdorf abgegrenzt werden kann. Ein Großteil dieses Raumes gehört dem Ein-

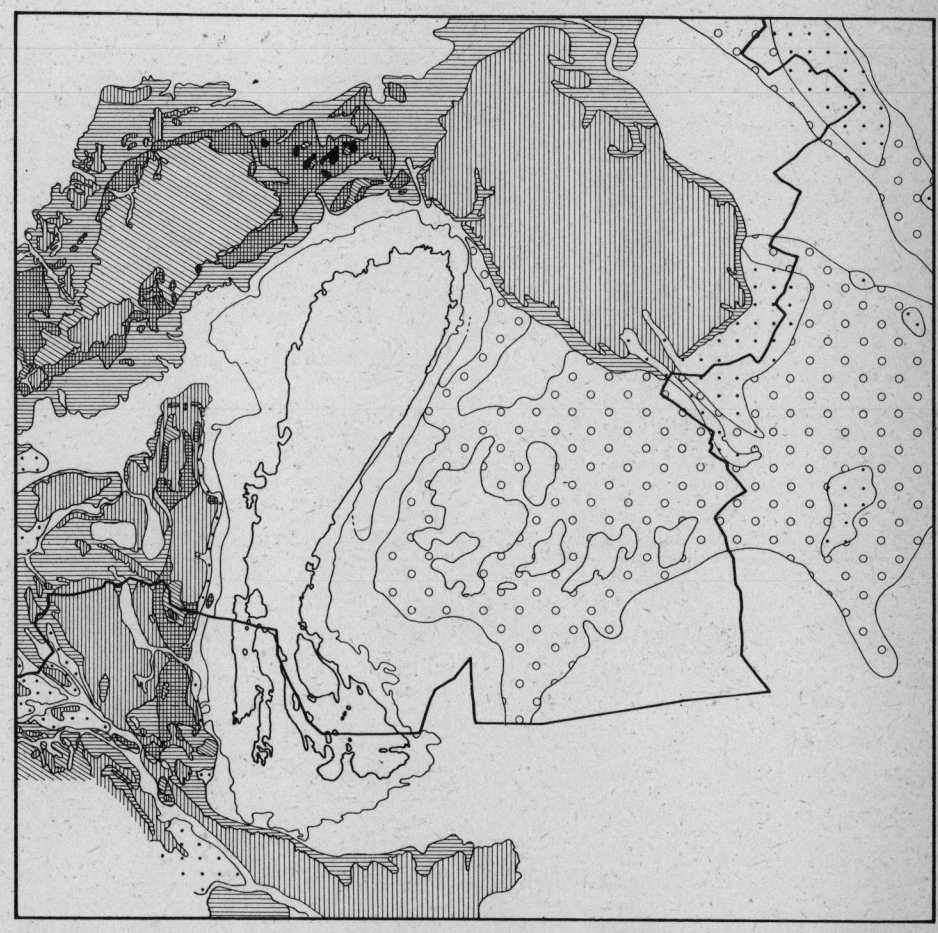

Abbildung 6: Geologische Karte des Neusiedlersee–Seewinkel-Raumes (vereinfacht nach T. Gattinger): 1 alluviale Talfüllungen, vorwiegend Feinsediment, 2 Löß, 3 jungpleistozäne Schotter, 4 tertiäre Tone, 5 tertiäre Schotter und Sande, 6 tertiäre Kalkserien, 7 kristallines Grundgebirge, 8 Dolomite (im Grundgebirgsbereich)

zugsgebiet des Neusiedlersees zu, dessen Areal – sehr wahrscheinlich mit erheblichen Schwankungen – westlich Mönchhof–St. Andrä und nordwestlich St. Andrä–Neudegg liegt.

Nun haben wir aber die Herkunft der Seewinkelsedimente in ihrer Hauptmasse vom obermiozänen „Süßwassersee" mit maximal 3 bis 15% Salzgehalt angeführt, und es erhebt sich natürlich die Frage, wie die Salzwässer gegen die Oberfläche und in quartäre Horizonte vordringen konnten. Dazu ist erstens zu bedenken, daß sich tektonische Bewegungen, verbunden mit Bruch- und Senkungsvorgängen, durch die ganze Eiszeit hindurch fortsetzten und Bruchlinien erzeugten, von denen die Mönchhofer und die Neusiedler Bruchlinie die bekanntesten sind. Entlang solcher Bruchliniensysteme können Tiefenwasser, durch die Sedimentlast ausgepreßt, hochsteigen und in geeigneten oberflächlichen Horizonten angereichert und verteilt werden. Zusätzlich kann gespanntes – artesisches – Wasser an der Salzversorgung oberflächennaher Sedimente mitwirken. Serien von artesischen Brunnen zwischen Neusiedl und Mönchhof, also entlang dem Abfall der Parndorfer Platte, sowie zwischen Illmitz und Neudegg spiegeln diese zusätzliche, wenngleich kaum bedeutende Rolle artesisch hochgepreßter Wässer wider. Es ist derzeit unbekannt, inwieweit pannonischer, sarmatischer und badeniensischer Anteil bei dieser Salzversorgung der Oberfläche eine Rolle spielen. Sicher ist nur, daß letzten Endes die tertiäre Tradition hier genauso wie in den bescheidenen Salzgebieten des nördlichen Weinviertels und der Marchebene die ausschlaggebende Rolle spielt.

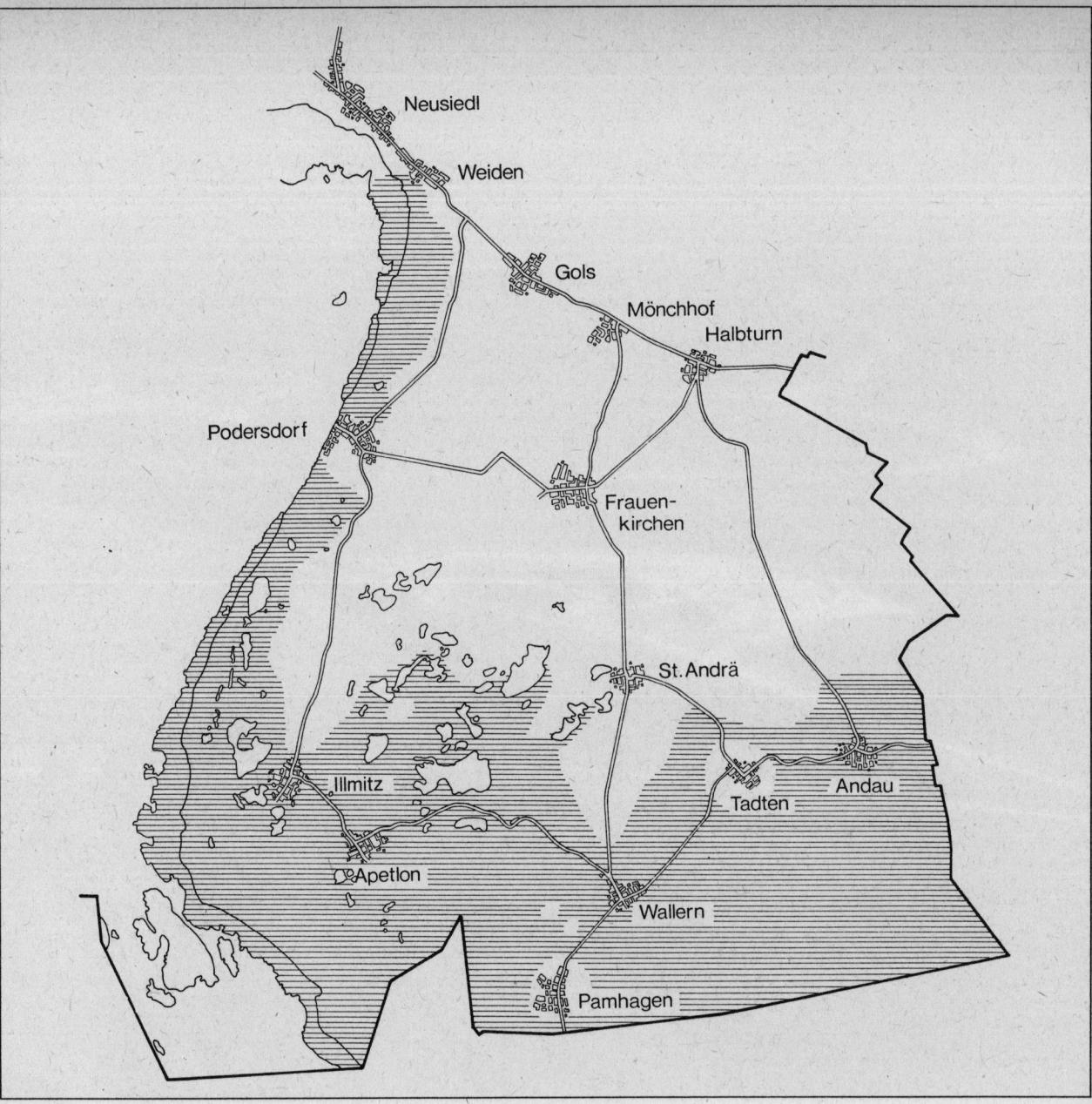

Abbildung 7: Anteil des Seewinkels unter 120 m Seehöhe (schraffiert)

Haidsee (58, ganz links), Obere Halbjochlacke (25) und Fuchslochlacke (26, rechts). Im Hintergrund: Oberer Stinker und Neusiedlersee. Noch 1959 waren diese Lacken nicht vom Weinbau bedroht. Vor Lacke 25: Schottergrube und Rosalienkapelle.

Kirchsee und Illmitzer Zicksee (Hintergrund).
Im Kirchsee kommt fallweise der
große Krebs Triops cancriformis vor.

Besonders im Herbst zeigen die Lacken ihr salziges Gesicht: Die Gansellacke (1) bei St. Andrä wird gerne vom Säbelschnäbler aufgesucht. Links die Geleise der Bahn zwischen Neusiedl und Sopron.

Getreide verliert eine Schlacht gegen Wein: Lange Zeit dominierend im Seewinkel, ist nunmehr diese Art der Nutzung auf den zentralen und den östlichen Teil beschränkt. Alte Aufnahme bei der Fuchslochlacke.

Die Landwirtschaft prägt weithin den Seewinkel: Durch sie wird auch die dunkle Erde des Hanság bloßgelegt.

Kleine Laubmischwäldchen, hier auf den Zitzmannsdorfer
Wiesen, geben dem waldarmen Seewinkel besondere Akzente.

*Sonnenblumenfelder gehören zur Seewinkellandschaft
(Blick gegen Parndorfer Platte bei Gols): Sie vermitteln
osteuropäische Stimmung.*

*Reste des Moorbirkenwäldchens im Hanság, der am
meisten von Trockenlegung betroffenen Landschaft des
Seewinkels. Schon um die Jahrhundertwende verschwanden
von dort Kranich und Stelzenläufer als Brutvögel.*

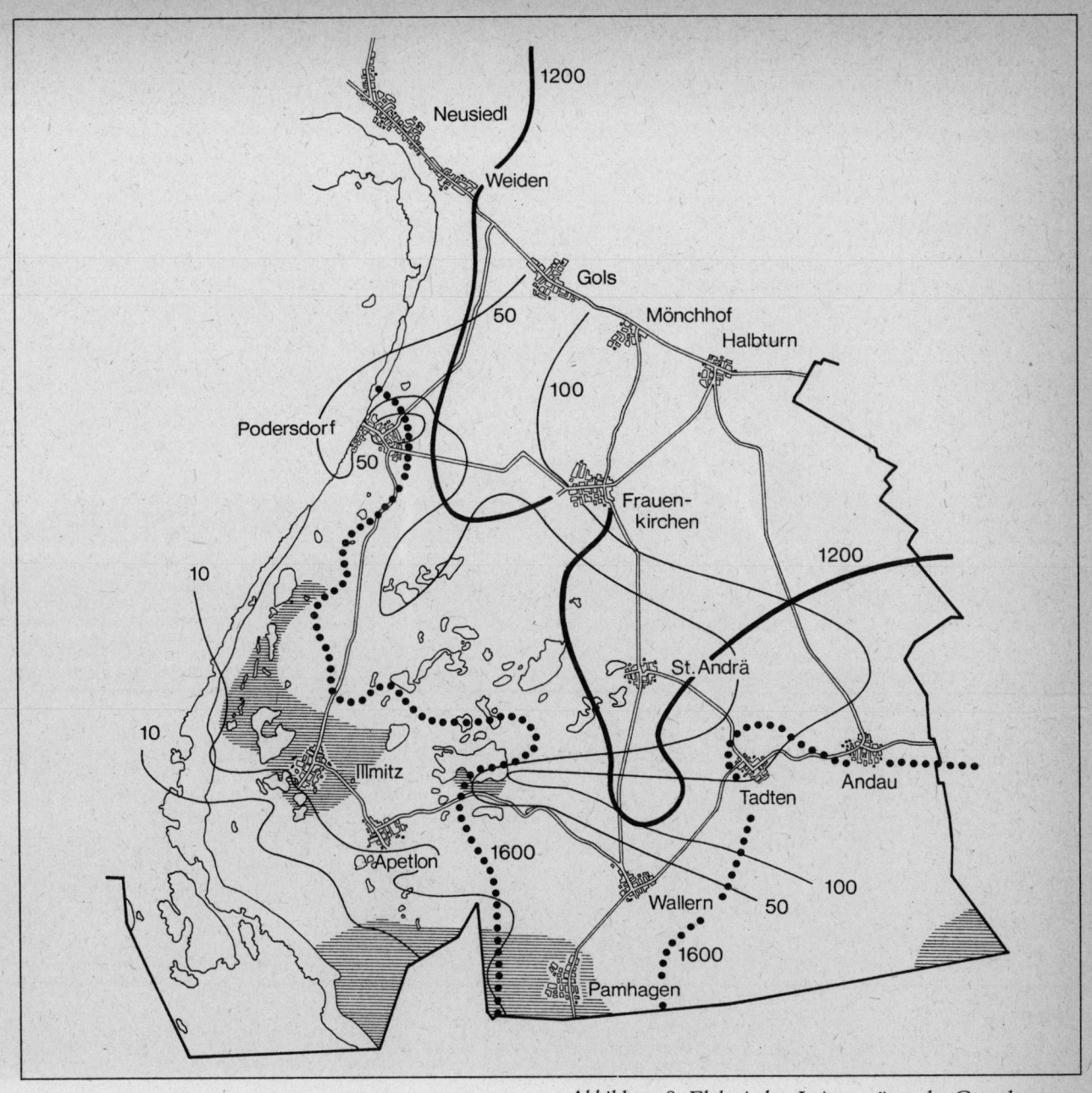

Abbildung 8: Elektrisches Leitvermögen des Grundwassers (Nordgrenze von 1 200 und 1 600 Mikrosiemens) sowie Widerstandswerte (Isoohmen, ermittelt durch geoelektrische Messungen) in 100 m Tiefe (10, 50 und 100 Ohm)

Von der Bojerwüste zum modernen Erholungsraum (Zivilisationswüste)

Das Problem des Niederbruchs von Kulturen ist augenfälliger als das Problem ihres Wachstums. In der Tat ist es fast so auffällig wie das Problem ihrer Entstehung.

Arnold J. Toynbee

Obschon im benachbarten Niederösterreich der Nachweis menschlicher Gegenwart bis in die Mittlere Altsteinzeit zurückverfolgt werden kann, liegen aus unserem Gebiet keinerlei Spuren vor. Die Siedlungsgunst mochte zwar ohne den gegenwärtigen Gewässerreichtum nicht allzu groß gewesen sein, doch durchzogen sicher Jäger das damals an Großwild reiche Land, wie die Bärenhöhle bei Winden mit Resten des Höhlenbären bezeugt. Erst aus dem Keramikum (oder Neolithikum, 5000 bis 1800 v. Chr.), da Klimagunst, offenes Waldland und Wasserreichtum günstige Lebensbedingungen boten, liegen Beweise von zum Teil dichter Siedlung aus dem Bezirk Neusiedl vor.

Kulturmäßig gehörten die Bewohner zunächst dem keramischen oder donauländischen Kreis zu, später traten südöstliche Einflüsse mit der auf dem Balkan entstandenen Lengyelkultur, ausgezeichnet durch bemalte Ware, in Erscheinung. Ferner gab es Ausläufer der nordischen Groß-Steingräberkultur, wie ein Grabfund vom Kalvarienberg bei Neusiedl und Wohngrubenreste in unmittelbarer Nähe davon zeigen.

Neuerliche, wahrscheinlich indogermanische Zuwanderung aus dem Norden und Mischung mit der bodenständigen Bevölkerung ließen die „Badener Kultur" im Späten Keramikum entstehen. Funde in Seenähe vom Beginn des Keramikums, rund 3600 v. Chr., und vom Ende dieser Zeit um 2000 v. Chr. lassen jeweils auf einen niedrigen Wasserstand schließen.

Die Bronzezeit (1800 bis 800 v. Chr.) ist in ihrem frühen Abschnitt durch die Wieselburger Kultur charakterisiert, die südlich der Donau von Westungarn bis zum Wienerwald verbreitet war und für welche Tasse und Doppelhenkelgefäß kennzeichnende Keramikformen sind. Grabfunde aus gegenwärtig versumpftem Gelände bei Oggau stammen aus dieser Zeit und bezeugen entweder einen abermals niedrigen Wasserstand oder aber eine Fortsetzung leichter Absenkungsbewegungen des Neusiedlerseegebietes. Waren in der Frühbronzezeit an die Badener Kultur anknüpfende Flachgräber üblich, so traten in der Mittleren Bronzezeit Hügelgräber als anspruchs-

vollere Bestattungsformen auf. Aus dieser Zeit liegen Funde aus Zurndorf und Illmitz vor. Illmitz ist auch Fundort eines reichverzierten Grabsteines aus der Späten Bronzezeit, deren Beginn durch kontinentweite Völkerverschiebungen gekennzeichnet war und während welcher Leichenbrand und Urnenbestattung (Urnenfeldkultur) vorherrschten. Daß die Funde aus dieser Epoche im Bezirk Neusiedl häufig sind, darf wohl auf einen Bevölkerungszuwachs zurückgeführt werden. Wahrscheinlich fällt die entscheidende Phase der Waldrodung in diese Zeit.

Wie Kupfer und Bronze trat auch das Eisen aus Westasien, allerdings rund 600 Jahre nach erster Anwendung durch Hethiter und Assyrer, im mitteleuropäischen Raum den Siegeszug als neuer Werkstoff an. Die Ältere Eisenzeit (800 bis 400 v. Chr.), nach dem österreichischen Hauptfundort auch als Hallstattzeit bezeichnet, deren Kulturträger die nordischen Illyrer waren, brachte dichte Besiedlung im Hügelland westlich des Sees. Nach Osten zu nahm sie wohl wie schon in vorangegangenen Zeiten ab. Grubenwohnungen im Bereich des St. Andräer Zicksees deuten auf langfristig niedrigen Wasserstand hin, mächtige Grabhügel, wie die bei Jois entdeckten, auf die Bestattung sozial hochstehender Persönlichkeiten.

Die Jüngere Eisenzeit (La-Tène-Zeit, 400 v. Chr. bis zur Zeitenwende) war durch die schon vorher einsetzende Keltenexpansion gekennzeichnet, von der fast ganz Europa mit Ausnahme des Nordens betroffen wurde. Die Stämme der Noriker und der Taurisker im Alpenraum und im Alpenvorland, jene der Bojer nördlich der Donau und im Sudetenraum nahmen starken Einfluß auf die illyrische Hallstatt- und Bauernkultur, ohne daß diese in unserem Gebiet völlig zum Schwinden gebracht worden wäre. Verbesserung von Bodenbau, Zunahme des Handels und Verkehrs sowie der Bevölkerung selbst waren neben Einzug der keltischen Töpferscheibe und der Rückkehr zur Körperbestattung Folgen dieses kulturellen Einbruchs. Im Seeraum stammen alle archäologischen Funde dieser Zeit aus höhergelegenen Landschaftsteilen, was aber nicht unbedingt die Annahme eines hohen Seespiegels bedeutet.

Im Jahre 113 v. Chr. erschienen die von der Nordseeküste durch Flutkatastrophen vertriebenen germanischen Stämme der Kimbern, Teutonen und Ambronen und versuchten – zuerst vergeblich – die Landnahme von bojischem Gebiet, um dann gegen Süden zu ziehen, wo sie den Römern eine Niederlage bei Noreia bereiteten. Die Kimbern gingen später in der Schlacht bei Vercellae in Oberitalien (101 v. Chr.) unter.

Während des letzten vorchristlichen Jahrhunderts sahen sich die Kelten Mittel- und auch Westeuropas den zunehmend expansiven Kräften der Germanen im Norden und der Römer im Süden ausgesetzt. Außerdem drückten nunmehr vom Osten her die Daker auf das Gebiet. Im letzten Jahrzehnt vor der Zeitenwende drangen die Markomannen vom Maingebiet aus unter König Marbod in Böhmen, also dem Siedlungsgebiet der Bojer, ein, die diesem Ansturm weichen mußten und über Niederösterreich in unser Gebiet einwanderten. Aber schon wenige Jahre später stießen die Daker unter Boirebistas nach Westen vor und setzten den Bojern abermals hart zu, ohne sie jedoch völlig aus dem Gebiet zu vertreiben. Reste der Bojer und anderer keltischer Bevölkerung verblieben wohl im Land, um dann zusammen mit illyrischen, germanischen und römischen Gruppen die Bevölkerung nachfolgender Jahrhunderte unter der Herrschaft Roms zu bilden.

Inzwischen hatten sich von Rom abtrünnige Stämme an Marbod, den Markomannen, angeschlossen und vergrößerten so dessen Macht, so daß man in Rom für die Sicherheit des verbündeten Königreiches Noricum und die östlich anschließende Landschaft Pannonien fürchten mußte. Daher wurde unter Kaiser Augustus die Sicherung der Nordgrenze gegen die Barbaren in Angriff genommen und bis 10 n. Chr. die Provinz Pannonia konsolidiert.

Als dann unter Tiberius das Standlager in Carnuntum errichtet und unter Kaiser Hadrian zur Bürgerstadt erhoben wurde und die Legionen an der Donaugrenze Schutz gewährleisteten, löste eine rund 150 Jahre dauernde friedliche Periode die Wirrnisse der vorangegangenen Zeit ab. Die Bedeutung unseres Gebietes war zweifellos durch die Nähe der Bernsteinstraße entlang dem Westufer des Sees und möglicherweise einer direkten Variante Savaria (Steinamanger) – Carnuntum, am Ostufer des Sees verlaufend, gegeben. Und Römerzeitliches wurde und wird im Seewinkel immer wieder geborgen. Eine Straßenstation namens „Ulmus" ist lagemäßig umstritten, Orte östlich und westlich des Sees werden dafür genannt. Einen Einbruch in die friedliche Entwicklung des Gebietes bedeutete der Einfall der Markomannen und Quaden im Jahr 166, mit dem möglicherweise ein Schatzfund von Wallern zusammenhängt und der nachhaltige Zerstörungen zur Folge hatte. Marc Aurel und sein Sohn Commodus waren mit der Befriedung der Invasoren befaßt. Doch berichten die Chronisten des 3. und 4. Jhts. vom kulturellen Niedergang. Aus jener Zeit stammen Römergräber bei Oggau, die einen längeren niedrigen Wasserstand des Sees bedeuten könnten. Der Verfall Roms und der Ansturm der germanischen Völkerschaften, von Valentinian (364 bis 375) nochmals aufgehalten, besiegelten schließlich das Schicksal unserer Landschaft und des Reiches. Nach unglücklicher Schlacht gegen Goten und Alanen an der unteren Donau stand Pannonien für den Einbruch der Völkerwanderung nun wehrlos und offen.

Schon 380 bot Kaiser Gratian den Ostgoten und den Alanen für Grenzschutz des Reiches Siedlungsland in Pannonien an, doch mußte der römische Heermeister Aetius die Provinz Pannonien später an den Hunnenkönig Attila abtreten. Nach der Niederwerfung der Hunnen 455 im Zusammenhang mit der Schlacht am Fluß Nedao (Leitha) waren bis 471 die Ostgoten unter ihrem Fürsten Thiudimer von Westrom bestellte Sachwalter, aber eigentlich die Herren Pannoniens. Gemäß des allerdings 100 Jahre später geschriebenen Werks „De origine actibusque Getarum" (Herkunft und Taten der Goten) des Historikers JORDANES soll der gotische Machtbereich von Sirmium (Gebiet im Mündungsbereich von Save und Drau) bis Wien gereicht haben. Übrigens erwähnt JORDANES im Zusammenhang mit einem kriegerischen Treffen Thiudimers und des Swebenkönigs Hunimund auch den Neusiedlersee.

In zunehmende Streitigkeiten mit anderen germanischen Wandervölkern wie Rugiern, Herulern und Skiren, aber auch sarmatischen Stämmen verwickelt, beschlossen die Goten 473 auf einer Volksversammlung, Pannonien zu verlassen. Nicht ausgeschlossen erscheint es, daß Thiudimers Sohn, der große Theoderich, in unserem Gebiet zur Welt kam . . .

In das nunmehr herrenlose Pannonien strömten Stammesteile und Bevölkerungsreste verschiedenster Abkunft, deren Führung der Skirenfürst Edika ergriff. Dessen Sohn aber war niemand Geringerer als Odoaker, der mit einem Staatsstreich (476) dem weströmischen Kaiserreich ein Ende setzte. Wer die späteren Herrscher in unserem Gebiet waren, ist unsicher. Zeitweilig mochte es Teil des Heruler-Reiches gewesen sein, von der Mitte des 6. Jhts. an waren jedenfalls die Langobarden seine Herren. Ab Ende des 5. Jhts. im Norden und Osten Österreichs in Erscheinung getreten, hatten sie ihre Herrschaft nördlich der Donau unter König Wacho (zirka 511 bis 539) gefestigt. Durch die Ausdehnung ihres Siedlungsgebietes nach Osten gerieten die Langobarden aber mit den im östlichen Karpatenraum siedelnden Gepiden in Konflikt, die sie zwar mit Hilfe der aus Innerasien stammenden Awaren zu besiegen vermochten, traten aber selbst bald darauf Pannonien in aller Form an ihre Verbündeten ab. Nach Abschluß eines Vertrages mit dem awarischen Chan Bajan führte König Alboin sein Volk nach Italien.

Mit den Awaren kamen nord- und südslawische Völkerschaften ins Gebiet, westlich davon setzten Awaren der Expansion der Baiern ein Ende, ein Volksstamm, der möglicherweise aus einem Konglomerat verschiedener germanischer Volksgruppen hervorgegangen war und schon zu Ende des 6. Jhts. in Abhängigkeit vom östlichen Frankenreich geriet. Mit der Absetzung Herzog Tassilos im Jahre 788, der durch einen Vertrag mit den Awaren Missionsmöglichkeiten in Pannonien sichergestellt hatte, trat die fränkische Macht als Nachbar des Awarenreiches auf. Grenzstreitigkeiten und die Vorstellung eines „Imperium christianum" mochten Karl den Großen (768 bis 814) bewogen haben, der Awarenherrschaft ein Ende zu setzen. Nach mehreren Feldzügen war es soweit, und 805 wurde der Rest des awarischen Reitervolkes um den Neusiedlersee angesiedelt. Letzte Spuren der

Awaren erloschen nach der zweiten Hälfte des 9. Jhts. Innerhalb der fränkischen Herrschaft, die sich schließlich bis Syrmien (Sirmium) ausdehnte, unterstand unser Gebiet nunmehr dem Markgrafen von Oberpannonien und entwickelte sich vor allem landwirtschaftlich unter dem Einfluß der neuen Machthaber. Doch schon 862 melden die Annalen des Erzbischofs Hinkmar von Reims das Auftauchen der Magyaren in Pannonien, eines neuen Feindes. Bereits 881 kam es zu einem Zusammenstoß mit fränkischen Streitkräften bei Wien (apud Weniam), das bei dieser Gelegenheit nach 400jähriger Pause erstmals wieder Erwähnung fand. Rund 20 Jahre später fiel den Ungarn die karolingische Mark im Südosten endgültig zum Opfer. Selbst aus dem Bereich nördlich des Schwarzen Meeres durch Russen und turkstämmige Petschenegen vertrieben, unternahm das vitale Reitervolk Vorstöße bis Norddeutschland, Frankreich und Italien. Am 5. Juli 907 kam es bei Preßburg zum entscheidenden Treffen zwischen Magyaren und dem ostfränkischen Heer, hauptsächlich bairischer Ritterschaft unter ihrem Herzog, das vernichtend geschlagen wurde. Nun lagen Mittel- und selbst Westeuropa Jahrzehnte für Kriegszüge aus dem Osten offen, befand sich doch das ostfränkische Reich, einziger möglicher Machtfaktor, in einer schweren Krise. Die große Wende kam erst mit dem sächsischen Königshaus und mit dem entscheidenden Sieg Ottos I. bei Augsburg am 10. August 955, wo ein ungarisches Angriffsheer völlig aufgerieben werden konnte. In die Verteidigung gedrängt, und wohl auch als Ergebnis einer Entwicklung, gingen die Magyaren nunmehr zu seßhafter Lebensweise über und suchten nach Christianisierung zunächst freundschaftliche und sogar verwandtschaftliche Beziehungen zum sächsischen Königshaus. So konnte schließlich Wajk, der Sohn Fürst Geisas, als Stephan I. (997 bis 1038) die Krone für ein Königtum empfangen und eine eigene ungarische Kirchenprovinz errichten. Ob diesem Königreich auch das Komitat Wieselburg zugehörte, ist nicht sicher. Jedenfalls mußte der burgenländische Grenzraum das ganze Spätmittelalter hindurch wegen der fortgesetzten Uneinigkeiten zwischen dem Deutschen Reich und Ungarn Kämpfe erdulden. So 1030,

als Konrad II. einen erfolglosen Kriegszug gegen Ungarn antrat, der in den Sümpfen um den Neusiedlersee scheiterte, so während der Thronstreitigkeiten nach dem Tode Stephans I. und so auch während der Regierungszeit Andreas' (1047 bis 1061), der mit zu einem Aufruhr in Baiern beitrug, als dessen Folge der bairische Pfalzgraf Aribo und sein Bruder Botho verurteilt wurden. Beide retteten ihr Leben durch Flucht nach Ungarn, und das Geschlecht der Poths, wie die Bothos nunmehr hießen, kam hier zu Ansehen und erheblichem Einfluß. Im Ortsnamen Podersdorf lebt dieser Name fort.

Auch der Thronbesteigung Salomons (1063 bis 1074), des Sohnes Andreas', gingen erhebliche Kämpfe voraus. Inzwischen waren jene Petschenegen, die einst an der Vertreibung der Magyaren aus ihrer südrussischen Heimat teilgenommen hatten, selbst durch neue Volksbewegungen teils nach Süden, teils nach Westen verdrängt worden. Salomon verwendete diese Einwanderer zum Teil als Schutz der Westgrenze, sie fielen aber bei einer kriegerischen Auseinandersetzung mit Heinrich IV. ihrem König in den Rücken; diesen Verrat büßten sie jedoch mit Vernichtung des Großteiles ihres Stammes: . . . et multiis ex eis interfectis, aliis in stagnis Ferteu submersis, pauci cum Zultan fugiendo evaserunt . . . (In: Historiae Hungariae fontes domestici I. Scriptores vol. II). Hier tritt zum ersten Mal die ungarische Bezeichnung des Sees „Fertö" (Sumpf) auf.

Das 12. Jht. war immer wieder durch Thronwirren in Ungarn und durch Auseinandersetzungen der beiden Reiche gekennzeichnet, wie die wahrscheinlich bei Bruck an der Leitha erfolgte Schlacht zwischen dem Babenberger Heinrich Jasomirgott (1141 bis 1177) und Geisa II. (1141 bis 1161), die mit einer vernichtenden Niederlage des österreichisch-bairischen Heerbannes endete.

In diese Zeit fallen die großen Kreuzzüge, die mehrmals durch unser Gebiet führten. So der Zug unter Gottfried und Balduin von Bouillon im Jahr 1096, dessen Vorhut nach Querung der Sümpfe um den Neusiedlersee von König Koloman zurückgeschlagen wurde. Erst mit Ankunft des Haupttheeres stand der Durchzug nach Verhandlung frei. Auch Zweiter und

Dritter Kreuzzug (1147 bis 1149 bzw. 1189/90) nahmen ihren Weg durch Westungarn; auf dem Vierfeld bei Kittsee hielt Barbarossa eine Heerschau vor dem Durchzug Ungarns.

Zu Beginn des 13. Jhts. entfaltete der Orden der Zisterzienser seine Tätigkeit im Raum des gegenwärtigen nördlichen Burgenlandes und erhielt von König Andreas II. 1217 das Gebiet von Leginthov, später Mönchhof. In den Urkunden des Stiftes Heiligenkreuz aus diesem Jahrhundert werden Gols (!) und Podersdorf als am See gelegen bezeichnet.

Eine neue Gefahr für Mitteleuropa bedeutete der Mongolensturm, der schwere Auswirkungen auf Mönchhof hatte und an dessen Abwehr im niederösterreichischen Raum der letzte Babenberger Friedrich der Streitbare Anteil hatte: Freilich nutzte er gleichzeitig auch die Not der ungarischen Nachbarn, um sich der Grenzkomitate Wieselburg, Ödenburg und Eisenburg (1241) zu bemächtigen. Wegen des unerwartet raschen Abzuges der Tataren konnten diese Eroberungen jedoch nicht lange gehalten werden, und Friedrich selbst verlor in einer Schlacht gegen die Ungarn 1246 sein Leben. Der Kampf um das Erbe der Babenberger führte zunächst zu Einfällen der Ungarn bis zum Alpenrand, später zu Auseinandersetzungen Otakars (Ottokars), erst Markgraf von Mähren und später auch König von Böhmen, mit den Ungarn. Während eines solchen kriegerischen Treffens im Jahre 1270 brachen 40 Reiter und 300 Fußsoldaten im Eis des Neusiedlersees ein, und manche von ihnen ertranken.

Mit dem Beginn der habsburgischen Herrschaft in Österreich wurden auch die Unruhen an der ungarischen Grenze beseitigt. Durch harte Maßnahmen gelang es dem Sohn Rudolfs, Herzog Albrecht, das Gebiet jenseits der Leitha bis zum Neusiedlersee zu besetzen, doch kam es noch im Sterbejahr Rudolfs 1291 zur Rückeroberung durch König Andreas III. und zur Friedensregelung von Hainburg. Im 13. Jht. begann im ungarischen Gebiet auch die Einflußnahme der Familie Esterházy, die ab 1238 urkundlich bezeugt ist.

Im 14. Jht. trat das Haus Anjou die Herrschaft in Ungarn an, was vor allem auch von kultureller

Bedeutung war. Unter der Regierung des Sohnes und Nachfolgers von Robert von Anjou (1310 bis 1342), Ludwig I. (1342 bis 1382), gelangte Ungarn auf den Höhepunkt der Macht. 1370 wurde Ludwig in Personalunion auch König von Polen; für unser Gebiet dürfte diese Regierungszeit eine der wenigen längeren Ruhepausen bedeutet haben. Schon aber bildete sich im Süden Ungarns ein Gürtel türkischer Vasallenstaaten. Des deutschen Kaisers Sigismund Regierung (1387 bis 1437), der als Schwiegersohn Ludwigs die ungarische Krone erhielt, war von Streitigkeiten mit den Großen des Reiches sowie vom Einbruch der Türken und von den Hussitenkriegen gekennzeichnet. Zu Beginn des Jahres 1405 fielen ungarische Scharen brennend und plündernd in Österreich ein. Herzog Wilhelm von Österreich sammelte seine Krieger und eilte von Wien nach Neusiedl, um dort dem Bandenwesen ein Ende zu bereiten.

Nach Sigismunds Tod ging die Krone zum ersten Mal an das Haus Habsburg, nämlich an Herzog Albrecht V. von Österreich, weil er mit Sigismunds Tochter vermählt war. Nach Albrechts frühem Tod (1439) wurden sowohl sein nachgeborener Sohn Ladislaus Postumus (1440 bis 1457) als auch der polnische Jagellone Wladislaw I. (1440 bis 1444) als ungarische Könige berufen, doch fiel Wladislaw 1444 bei Varna gegen die Türken, so daß die inneren Streitigkeiten über die ungelöste Herrschaftsfrage ein Ende fanden. 1453 fiel den Türken Byzanz in die Hände, und damit war für sie der Weg nach Europa offen. Nach Ladislaus' Tod wurde Hunyads Sohn Matthias Corvinus nicht nur der Herr Ungarns (1458 bis 1490), sondern auch Niederösterreichs, der Steiermark und von Teilen Kärntens. Zudem regierte er ab 1485 in dem von ihm besetzten Wien. Unter seinem Nachfolger, dem Jagellonen Wladislaw II. (1490 bis 1516), gingen die eroberten Gebiete wieder verloren, und die Tyrannis der herrschenden Schichten führte zu einem blutig unterdrückten Bauernaufstand. Auch sein Sohn Ludwig II. vermochte der inneren Schwierigkeiten nicht Herr zu werden, und eine Folge dieser Zerrüttung sowie europäischer Uneinigkeit war die Katastrophe von Mohács, 1526, die den letzten Jagellonen das Leben kostete und einen großen Teil Ungarns auf

160 Jahre zu einer türkischen Provinz machte. Jetzt stellten die Habsburger ihre im Frieden von Preßburg 1491 bestätigten Erbansprüche, die sie allerdings erst nach Auseinandersetzungen mit dem Gegenkönig Johann Zapolya durchsetzten. Ferdinand I. wurde König von Ungarn (1526 bis 1564), freilich nur des westlichen und des nordwestlichen Drittels, dem unser Gebiet zugehörte.

Nun wurde noch die kurze verbliebene Zeit zur Rüstung gegen die Türken vertan. Ein geplanter Angriffskrieg gegen die Pforte mußte aus Geldmangel aufgegeben werden, das Anbot eines Waffenstillstandes kam jedoch bereits zu spät. Denn schon am 10. Mai 1529 war Sultan Suleiman, ein Herrscher, dessen Macht sich mit jener der Habsburger durchaus messen konnte, mit einem Heer von rund 300 000 Mann aufgebrochen und zog unter ungeheuren Verheerungen gegen Österreich, wie es der Historiker GUTKAS (1973) treffend formuliert, mit „totalem Krieg" nach Art der Türken. Ende August 1529 strömten die Akindschi, die Reiterscharen der Vorhut, alles niederbrennend und zerstörend, durch unser Gebiet, und Ende September erreichte das türkische Heer, kaum von den Widerstand leistenden Festungen Bruck, Preßburg und Wiener Neustadt aufgehalten, das eigentliche Ziel Wien. Obwohl dort die Witterungsverhältnisse nach kurzem Eroberungsversuch schon Mitte Oktober zum Rückzug zwangen, war doch das Schicksal unseres Gebietes weithin besiegelt. Ortschaften wie Katzendorf, Lehndorf, Martenhofen, Michldorf (Loblo), Pahlendorf (Petlen), Vogeldorf, Zatschen und Zitzmannsdorf verschwanden für immer von der Landkarte, und nur noch Flurnamen erinnern teilweise an sie, die anderen Siedlungen büßten, zwei bis vier Jahrhunderte nach ihrer Gründung, Identität und kulturelles Erbe ein. Und wer heute nach gotischen oder gar früheren Bauelementen sucht, muß sich mit wenigen Resten zufriedengeben. Die in ihren Schrecknissen kaum noch nachvollziehbare Zäsur des Raumes war gleichzeitig der Auftakt zu mehr als 150jähriger Bedrohung.

Das entvölkerte Land wurde wohl zum Großteil mit nichtdeutschem Volk wiederbesiedelt, so mit Kroaten im Raum von Parndorf, doch wurden im Seewinkel

hauptsächlich Siedler aus dem benachbarten Österreich herbeigerufen, die zum Teil mit Unterstützung der Heiligenkreuzer Mönche darangingen, die Schäden wieder zu beseitigen. 1532 kamen die Akindschi, die „Renner und Brenner", im Zusammenhang mit einem neuerlichen Türkenzug durch das Gebiet. Da jedoch im Raum von Wien ein starkes Heer Karls V. stand, ließ der Sultan die geplante Invasion abblasen. 1547 kam es zwischen Ferdinand und Sultan Suleiman II. zu einem Waffenstillstand, doch mußte Ferdinand dafür ein jährliches Ehrengeschenk von 30 000 Dukaten entrichten. Allerdings hielten die Türken Verträge nur, wenn es ihren eigenen Interessen entsprach. Im Vertrag von Konstantinopel (1562) wurde zwar ein achtjähriger Friede mit den gleichen Zahlungskonditionen festgesetzt, aber es kam immer wieder zu Vorstößen der Türken und zu Grenzzwischenfällen. Allein von 1575 bis 1582 gab es 188 Attacken seitens der unruhigen Nachbarn. Inzwischen hatte sich seit 1520 der Protestantismus, hauptsächlich beim deutschen Bürgertum, bemerkbar gemacht und seit 1570 auch durchgesetzt. Die Kroaten wurden davon nur wenig beeinflußt. Schon vor 1600 begann die Gegenreformation, und bis 1750 kehrte dann ein Großteil der Bevölkerung zum katholischen Glauben zurück. Die Gegenreformation löste jedoch große Erbitterung beim magyarisch-calvinistischen Adel und dem lutherisch-deutschen Bürgertum aus. Unter Führung des Stephan Bocskay kam es im Jahre 1605 zu einem weiträumigen Aufstand, der bis in die Steiermark und nach Niederösterreich reichte. Und wieder waren Verwüstungen die Folge, die zu Beginn der zwanziger Jahre durch Unruhen unter Bethlen Gábor fortgesetzt wurden. In die Zeit des Dreißigjährigen Krieges fällt der Aufstieg des Hauses Esterházy und zufolge der riesigen Kriegskosten die Verpfändung der Herrschaften in unserem Gebiet durch die Habsburger, unter anderem an Graf Johann Draskovich (1648), dessen Familie für 24 Jahre Ungarisch-Altenburg als Pfand besaß.

Doch zurück zu den Türken: 1654 gelang ihnen die Einnahme von Raab, und die zurückflutenden schlesischen und pommerschen Reiter und das flüchtende Fußvolk raubten und plünderten und brandschatzten im Gebiet. Besonders schwer hatte Andau zu leiden. In der Regierungszeit Leopolds I. (1658 bis 1705) fielen die Türken unter Achmed Köprülü wieder ins Land ein, wurden aber bei Mogersdorf (1664) vernichtend geschlagen. Bald darauf erhoben sich ungarische Magnaten, doch konnte der Aufstand niedergehalten werden. Mit der Hinrichtung der Anführer im Jahr 1671, unter anderen des Grafen Nadásdy, sowie verschärfter Maßnahmen wurde ein schwerwiegender, von Türken und Siebenbürgern unterstützter Ausbruch ausgelöst, der zum jahrelangen Kuruzzenkrieg (Kuruzzen = Kreuzfahrer) ausartete.

1682 entschloß sich Leopold I., zum Krieg gegen die Pforte zu rüsten. Die ebenfalls zu neuerlichem Kriegszug entschlossene Türkei war jedoch truppenmäßig weit überlegen. Zu Beginn des Sommers schwärmten Tatarenhaufen bereits bis zum Neusiedlersee, und das Hauptheer gelangte von Raab aus am 8. Juli 1683 nach Ungarisch-Altenburg, wo es gewaltige, vom kaiserlichen Heer in Stich gelassene Vorräte an Lebensmitteln und Munition erbeutete. Wieder brannten die Dörfer, wieder war die wehrlose Bevölkerung den Türken ausgesetzt, und allein auf der Herrschaft Paul Esterházy kamen gegen 10 000 Menschen um. Die Niederlage Kara Mustafas bei Wien am 12. September 1683 brachte die entscheidende Wende, aber auch abermalige Verwüstung durch die zurückflutenden Türken. Ungarn konnte bald darauf gänzlich rückerobert werden, 1686 fiel den Kaiserlichen die Festung Ofen in die Hände, 1687 schlugen sie die Türken neuerlich in der Nähe des alten Schlachtfeldes von Mohács bei Harsány, und 1699 gab die Pforte im Frieden von Karlowitz Ungarn, mit Ausnahme des Bezirkes von Temesvár, nebst Siebenbürgen zurück. Nunmehr trat eine Änderung im Geschick der Herrschaft Altenburg zum Besseren ein. Deutsche Nachkolonisation und Wiederaufbau der zerstörten Siedlungen begannen. Paul Esterházy, 1687 wegen seiner Verdienste um das Reich in den Fürstenstand erhoben, ließ anstelle der schon einmal wiederhergestellten und im Türkenkrieg zerstörten Kirche von Frauenkirchen die gegenwärtige barocke Prunkkirche erbauen und trug zur Entwicklung der dort angesiedelten Judengemeinde bei. Zur Blüte gelangte ein Teil unseres Gebietes 1764

durch den Erwerb der Herrschaft Ungarisch-Altenburg für das habsburgisch-lothringische Haus, ein Besitz, der später an Maria Theresias Lieblingstochter Maria Christine und deren Gemahl, den Herzog Albert von Sachsen-Teschen, danach an Erzherzog Karl, den Sieger von Aspern, und schließlich an dessen Sohn Albrecht überging.

Zu Beginn des 18. Jhts. führten ungarische Unruhen unter Fürst Rákóczi zu einem neuerlichen Aufstand der Kuruzzen, bei dem abermals das Land verwüstet wurde; das war jedoch die letzte größere kriegerische Auseinandersetzung im Seewinkel. Unter dem rücksichtslos durchgreifenden General Heister siegten schließlich die habsburgischen Truppen, unterstützt von ungarländischen Serben (Raizen), wenngleich auch zuvor schwerere Verluste hingenommen werden mußten, so 1708, als den Kuruzzen Neusiedl in die Hände fiel. In diesem Kuruzzenkrieg baute man die „Alte Schanze" zwischen Neusiedl und Petronell aus, eine Befestigung, die auf den Prinzen Eugen zurückgeht. Im Todesjahr Josephs I., 1711, kam der Friede von Szatmár zustande, und Rákóczi ging ins Exil. In diesem Frieden wurde Ungarn zugebilligt, sich nach eigenen Gesetzen zu verwalten.

1713 trat zwar zum letzten Mal die Pest in unserem Gebiet auf, doch kam es in diesem und im nächsten Jahrhundert mehrfach zu Choleraepidemien.

Im Jahr 1740, als Maria Theresia den Thron bestieg, trocknete der Neusiedlersee fast völlig aus; rund 70 und 130 Jahre später wiederholte sich dann dieses Ereignis in weitaus dramatischerer Art.

In diesem Zusammenhang ist eine Mitteilung aus dem „Heimlichen Botschafter", einer handgeschriebenen Zeitung, vom 11. November 1793 bemerkenswert: „Es ist der Antrag gemacht worden, den Neusiedlersee im Königreich Hungarn, der die Ödenburger und Weissen-Gespannschaften benetzt und von Jahr zu Jahr mehr um sich greift (zu dieser Zeit, besonders 1786, hatte der See tatsächlich einen Höchststand und eine Fläche von 515 km², Anm. d. Verf.), nun gänzlich abzulassen und auszutrocknen. Die Ingenieure haben das ganze bereits in Augenschein genommen und es für ausführbar gefunden, welches für das Land kein geringer Vorteil wäre, indem dadurch sechs

Quadratmeilen festes Land gewonnen würden."
1761 verbietet Maria Theresia den Zigeunern das Wandern, freilich ohne Erfolg. Noch 1934 gab es im Seewinkel rund 150 seßhafte Zigeuner neben Wanderzigeunern, die hauptsächlich während des Winters im Gebiet lebten. Nur Reste davon überstanden die Schrecknisse der rasseideologischen Ära.

Im Revolutionsjahr 1848 kam es im Nordburgenland zu Kämpfen gegen die Aufständischen, und im folgenden Jahr brach zum letzten Mal Cholera aus, die schon zu Beginn der dreißiger Jahre zahlreiche Opfer gefordert hatte. Die sechziger Jahre brachten dann die letzte völlige Austrocknung des Sees, ein Ereignis, das zum vergeblichen Versuch führte, den wertlosen Seeboden zu bewirtschaften. Als zehn Jahre später der Wasserspiegel des Sees erneut anstieg, fielen die am Seegrund erbauten Häuser im gegenwärtig ungarischen Bereich des Sees wieder zusammen. 1879 wurde das Seewinkelgebiet durch eine Verbindung nach Neusiedl an das Bahnnetz angeschlossen. Erst 1897 entstand dann die Trasse der Raab-Ödenburger-Bahn, die bis heute alle Wirrnisse, selbst jene der Stalinära, als Privatbahn überstanden hat.

In den letzten Jahrzehnten des 19. Jhts. und während der Schlußphase der Doppelmonarchie traten nationalistische Empfindungen immer mehr in den Vordergrund. 1906 forderte der deutschnationale Wiener Lehrer PATRY die Angliederung der Komitate Preßburg, Wieselburg, Ödenburg und Eisenburg an „Deutsch-Österreich". Umgekehrt wurde seitens des ungarischen Unterrichtsministers 1907 der Gebrauch der deutschen Muttersprache im Unterricht verboten. Zu diesen Mißlichkeiten kam noch die unerfreuliche wirtschaftliche Lage der Bevölkerung Westungarns in dieser Zeit, die mehr als 14 000 Menschen aus dem Raum des gegenwärtigen Burgenlandes veranlaßte, zwischen 1899 und 1913 nach Übersee auszuwandern. Knapp vor dem Ersten Weltkrieg wurde noch der künstliche Ausfluß des Neusiedlersees, der Einserkanal, fertiggestellt, was gleichzeitig auch den endgültigen Niedergang des Hanság als Niedermoor einleitete. 1918 wurden in Deutsch-Westungarn nach dem Zerfall von Österreich-Ungarn abermals Forderungen auf Gewährung einer Kulturautonomie unter gleichzeitiger Erhaltung der „Unversehrtheit des ungarischen Vaterlandes", aber auch Anschlußwünsche an das deutsche Österreich erhoben. Eine spontane Ausrufung der „Republik Heinzenland" im Dezember 1918 beantwortete ungarisches Militär mit Waffengewalt. In der Staatserklärung der provisorischen Nationalversammlung Deutschösterreichs vom 22. November 1918 dagegen heißt es: „Die geschlossenen deutschen Siedlungsgebiete der Komitate Preßburg, Wieselburg, Ödenburg und Eisenburg gehören geographisch, wirtschaftlich und national zu Deutschösterreich, stehen seit Jahrhunderten in innigster wirtschaftlicher und geistiger Gemeinschaft mit Deutschösterreich und sind insbesondere der Stadt Wien zur Lebensmittelversorgung unentbehrlich." Im Frieden von Trianon 1920 wurde Ungarn zur Abtretung von Deutsch-Westungarn an Österreich verpflichtet, doch kam die Übergabe erst auf diplomatischen Druck Italiens im Rahmen des „Venediger Protokolls" am 13. Oktober 1921 zustande, freilich ohne Ödenburg, für das eine Abstimmung von ungarischer Seite gefordert worden war. Noch 1922 fanden Grenzkorrekturen, zumeist zugunsten Ungarns, statt, und die ursprüngliche Forderung Österreichs von 5 800 km² schrumpfte auf 3 977 km² zusammen. Die kleine deutschsprachige Bauerngemeinde Luising im südlichen Grenzlandbereich kam überhaupt erst 1923 zu Österreich. Am 1. August 1922 erhielt das Burgenland sein Landeswappen, am 10. Dezember 1924 bestimmte der Vatikan den hl. Martin als Landespatron, und am 30. April 1925 wurde Eisenstadt zur Landeshauptstadt.

Abermals führte die Wirtschaftslage während der Ersten Republik zu vermehrter Auswanderung. Erste Fremdenverkehrsaktivitäten fielen in die Zeit der späten zwanziger Jahre, doch traten in unserem Gebiet Veränderungen der Landschaft bis nach dem Zweiten Weltkrieg – zu Kämpfen kam es nur kurz im Raum von Parndorf – und nach dem Abzug der Russen auf. Erst in den sechziger Jahren setzte mit der Besserung der Wirtschaftslage eine Umformung von Landschaft und Siedlung ein, die bis heute nicht unter Kontrolle gebracht ist. Zerstörung wertvoller Landschaft und ehemals prächtiger Ortsbilder ist zu beklagen.

Reste rasch schwindender Kultur

Man glaubt . . . den Forderungen [des Denkmalschutzes] schon zu genügen, wenn man einzelne Baudenkmäler, oder auch nur deren Teile, restauriert und Kataloge von zu schützenden Einzeldenkmälern aufstellt, während daneben die Zerstörung ganzer Ortsbilder ungestört weitergeht.   Hans SEDLMAYR

Mit Ausnahme vereinzelter Gutshöfe, meist aus dem vorigen Jahrhundert und vielfach in Verfall begriffen, sowie mehrerer Feriensiedlungen ist das Wohnen im Seewinkel auf seine 14 Gemeinden, fast durchwegs Angerdörfer, beschränkt. Die offene Landschaft, jedem Zugriff preisgegeben, schloß Streusiedlungen oder gar Einödsiedlungen von vornherein aus. Wer noch das Vergnügen hatte, die schönen Ortsbilder fast aller dieser Gemeinden zu bewundern, kann nur schwer verstehen, wieso ihre fast völlige Zerstörung in weniger als 20 Jahren ohne Widerspruch geschehen konnte. Denn Denkmalpflege vermochte wohl am Westufer des Sees, und auch hier hauptsächlich nur in Rust, wirksam zu werden, im Seewinkel beschränkte sie sich hauptsächlich auf Kirchenbauten. Vielfach handelt es sich bei der Zerstörung nur um die straßenseitige Fassade, um das „Gesicht" des sich im rechten Winkel zur Straße ausdehnenden Streck- und Hakenhofes. Die Ausgangspunkte dieser katastrophalen „Modernisierung" waren meist Banken und Sparkassen, Institute, die mit ihrem Geld leicht als Vorbilder hätten wirken können.

Die Ortschaften des Seewinkels sind zum überwiegenden Teil Neuplanungen der Barockzeit, obwohl ihre Gründung durchwegs ins Mittelalter (10. bis 15. Jht.) fällt. Die kriegerischen Katastrophen des 16. und 17. Jhts. löschten die vorangegangene Bauweise praktisch völlig aus. Aber auch schon vorher war manch ein Ort verschwunden, so Götsch (Keych) in der Nähe der gleichnamigen Lacke (urkundlich von 1262 bis 1362 bezeugt), Tard (Tord) wahrscheinlich westlich von Apetlon (1291 bis 1410 erwähnt), St. Jakob (1425 bereits als öde angeführt) und Urkon (1429 zum letzten Mal genannt, vielleicht in der südöstlichen Ecke des Sees gelegen?).

Die langen Höfe sind mit der Giebelseite zur Straße hin aneinandergereiht, die da und dort eine Breite von 20 bis 40 m erreicht. Der Straße sind also nur die Toreinfahrt – und allein schon der Verlust der alten Torformen ist schmerzlich – und die Schmalseite des Hofes, nämlich die „Vorderstube" mit zwei Fenstern, zugewandt. Die Straßenseiten der Höfe und die Toreinfahrten sind bei den erschreckend wenigen noch vorhandenen Originalfassaden mit Stuckverzierung und nobler Färbung gestaltet. Eine oft braune Farbleiste schließt gegen den Grund ab und bietet Spritzwasserschutz. An der Rückseite der Höfe führen Wirtschaftswege oder -straßen zu den ebenfalls reihig angelegten Stadeln. Zum Ortsbild gehören die „Tschardaken", abgedachte Bretterverschläge zur Aufbewahrung von Mais.

Die Bauweise der sogenannten „g'machten" Häuser ist ein Stampflehm mit Beimischung von Strohgehäcksel oder Wergabfällen, der in Bretterverschalungen gegossen wurde, eine Vorform des modernen Stahlbetonbaus. Diese „g'machten" oder „g'satzten" Häuser mußten innen und außen mit dünnem Lehmbrei verschmiert werden, dann wurde darüber geweißigt, um Wetterfestigkeit zu erreichen. Auch die Technik des Lehmziegelbaus, der Vorform des Ziegelbaus, kam in Anwendung. Als Dachmaterial diente hauptsächlich Schilf. Der Kreuzstadel in Illmitz, ein in letzter Minute geretteter Bau, mag als Beispiel der vielen ehemaligen Stadeln mit weit herabgezogenen Schilfrohrdächern dienen.

Sehen wir nun, was an Resten erhaltener Bauten in den Seewinkelgemeinden noch vorhanden ist.

Andau reicht zumindest ins 15. Jht. zurück und gehörte zur Herrschaft Ungarisch-Altenburg. 1529 völlig verwüstet, erlitt der Ort nochmals während des Bocskay-Aufstandes (1605), des Bethlenkrieges (1620) und des zweiten Türkenzuges starke Zerstörungen. Der über 40 m breite, linsenförmige Anger ist verbaut, fast alle Häuser sind modernisiert oder überhaupt neu, wenige Ausnahmen finden sich in der Hauptgasse und im Lauviertel. An der 1931 umgebauten Kirche sind nur noch ein barockes dreijochiges Schiff (1747), Teile der klassizistischen Erweiterung (unter Albert von Sachsen-Teschen 1829 bis 1831) und vor allem der Fassadenturm erkennbar. Vereinzelte alte Rohrscheunen sind schon dem Verfall preisgegeben. Die einstmaligen Lacken wie die Lanlacke westlich der Ortschaft und Gewässer im Albrechtsfeld sind verschwunden. Andau hat seine ursprüngliche Seewinkellandschaft fast verloren, der Hanságanteil ist zur Gänze kultiviert, aber trotzdem in manchen Teilen von außerordentlichem landschaftlichen Reiz. Auch *Apetlon,* 1318 bezeugt, möglicherweise nach einer Überschwemmung Anfang des 15. Jhts. verlegt, ist ein Breitangerdorf, dessen ursprünglich bis 160 m breiter Anger teilweise verbaut wurde. Die älteste Ortsanlage wird als Banfalva am „Fluß Ferthew" (Neusiedlersee) genannt; der gegenwärtige Name mag sich von den Herren von Pathly (Pöttelsdorf) herleiten, aus Apathlan und später Apatlan entstand schließlich Apetlan und Apetlon. Der Ort wurde 1529 ebenfalls verwüstet, 1647 von Esterházy übernommen und in den Türkenjahren des 17. Jhts. abermals schwer in Mitleidenschaft gezogen. Hier ist noch Originelles erhalten, einige Häuser wurden sogar renoviert, viele Tschardaken und Rohrscheunen würden Denkmalschutz absolut rechtfertigen. Die gegenwärtige, zwischen 1792 und 1797 erbaute Pfarrkirche mit eingebundenem Fassadenturm und spätbarockem Schiffjoch hat eine Ostfassade mit geschweiftem Giebel. Der Turm mit Steinhelm ist weithin sichtbar. An die Kirche wurde 1975 ein moderner Bau angeschlossen. Auf der Straße nach Frauenkirchen ist die auf einem kleinen Hügel stehende Rosalienkapelle (1713) landschaftsprägend, desgleichen steht an der Straße eine Mariensäule aus demselben Jahr. Ein Dorfteich am Beginn dieser Straße könnte durch landschaftsgerechte Gestaltung eine Ortsattraktion werden. Nicht selten finden sich dort neben Hausgeflügel Säbelschnäbler ein.

Zur Gemeinde Apetlon gehören viele der wertvollsten Seewinkellandschaften, und die dadurch entstandene Konfliktsituation zwischen Bevölkerung und Naturschutz (Land und World Wildlife Fund) ist noch nicht beendet. Es wäre längst an der Zeit, daß durch eine gesamtösterreichische Aktion die Forderungen der Bauern hier und in anderen betroffenen Gemeinden erfüllt würden. Die vielen mit Ortsansässigen geführten Diskussionen lassen das lebhafte Temperament der Bewohner erkennen, und auch mundartlich fällt Apetlon durch besondere Freude an Zwie- und Dreilauten auf, wobei der Burgenländer schon an und für sich derartige Lautgemälde bevorzugt. Mundartforschung will diesem Dialekt höchste Altertümlichkeit zuerkennen. Die alte Vorstellung, daß hier schwäbische Relikte zu finden seien, wurde längst fallengelassen.

Das Wahrzeichen des Seewinkels, die berühmte Wallfahrtskirche Mariä Himmelfahrt, gehört zur Gemeinde *Frauenkirchen;* 1324 als „Zenmaria" (Szent Maria) genannt, 1379 als verödet erwähnt, war die Kirche nach der Türkenzerstörung 1529 fast 150 Jahre lang eine Ruine. 1668 ließ Paul Esterházy sie neu erbauen, und nach neuerlicher Türkenverwüstung wurde schließlich der Grundstein zur heutigen Kirche gelegt und diese dann 1702 geweiht. Der Baumeister des mächtigen einheitlichen Barockbaues mit der Doppelturmfassade war Francesco Martinelli. Der giebelgekrönte Mittelteil springt zwischen den 53 m hohen Türmen mit Doppelzwiebelhelmen nur wenig vor, das vierjochige Langhaus setzt sich im vierjochigen Chor fort. Weiß, Gelb und Gold bewirken den hellen, frohen Raumeindruck, Stuck von Pietro Antonio Conti und Fresken von Antonio Columba erhöhen den Reiz dieses schönsten barocken Kirchenraumes im Burgenland. In einer Nische des hochbarocken Hauptaltars steht die Gnadenstatue Madonna mit Kind aus dem 14. Jht., von Fürst Esterházy aus Forchtenstein nach Frauenkirchen gebracht. Die einfache Kanzel stammt aus dem Jahr 1795, die Orgel mit den zwölf Registern von 1794. Reich ausgestattete Seitenkapellen und eine Sakristei mit Votivbildern (u. a. Komorn nach dem Erdbeben) geben dem Kunstfreund Anlaß zu langem Aufenthalt.

Der 1683 errichtete Kalvarienberg mit seiner spiralförmig ansteigenden Rampe wurde 1958 an die Südseite der Kirche versetzt. Das Franziskanerkloster an der Nordseite der Kirche und die Rochuskapelle, östlich der Kirche gelegen, sind weitere barocke Baulichkeiten, zu denen noch die zahlreichen Bildstöcke, teils in Kirchennähe (Mariensäulen, Annasäule, Säule mit Mater Dolorosa), teils im Ortsbereich und seiner Umgebung gehören (Josephssäule in der gleichnamigen Gasse, Nepomukstatue bei der Schule und Mariensäule neben der Rochuskapelle). Am südlichen Ortsrand liegt der jüdische Friedhof mit Grabsteinen aus dem 17. bis zum 19. Jht., der an die schon im 17. Jht. bestehende Judengemeinde erinnert.

Leider konnte sich auch Frauenkirchen der Modernisierungswelle nicht entziehen, und so sind die noch erhaltenen alten Häuser in der Franziskanergasse, in

Vom Tabor in Neusiedl aus zeichnet sich die weite Ebene des Winkels hinter dem See ab. Neusiedl ist einer der größten Gewürzproduzenten Österreichs. Die Aufnahme stammt aus 1965.

Burgenländische Bauern nach dem Kirchgang.

In Schwarz zeigt sich die Burgenländerin zu Festen und sonntags.
Links: Das Backen des „Hausvaters" ist ein alter Illmitzer
Weihnachtsbrauch: Ein Teil des Kopfes wird dem
„Wassergeist" im Hausbrunnen geopfert.

Ein typisches Haus im Seewinkel (vor 20 Jahren in
St. Andrä) – heute eine Rarität.

Oben: Illmitzerin.
Unten: Alter Mann vor seinem Haus in Wallern.

St. Andrä ist wie Illmitz (und früher auch andere Orte) von Lacken gerahmt. Die Hausgänse gehören jetzt freilich nicht mehr im Ausmaß wie noch vor 20 Jahren zum Ortsbild.

Oben: 1702 wurde die von Francesco Martinelli wiedererbaute
Wallfahrtskirche Mariä Geburt in Frauenkirchen geweiht.
Links: Wallfahrer am Mariä-Himmelfahrtstag, dem „Großen Frauentag".

Der hochbarocke Altar der Wallfahrtskirche Mariä Geburt in Frauenkirchen.

Bildstöcke und Kapellen gehören zum Landschaftsbild: Die Rosalienkapelle nördlich von Apetlon.

Alte Fassaden: Der Schatz der Seewinkelorte – ungeliebt
und unverstanden – stirbt dahin.
Links oben: In Halbturn. Links unten: In Pamhagen.
Rechts: In der Kirchengasse in Wallern. Im Hintergrund
das „Piroschka-Haus".

*Sonnenblumen werden hauptsächlich im südlichen Teil des
Seewinkels angebaut. (Zwischen Andau und Tadten.)*

Das Ornament der Paradeiser: Symbol des Seewinkelsommers.

Noch vor zwei Jahrzehnten gehörten auch Schweine- und
Ziegenherden zum Seewinkel. Deren Weideflächen sind
nunmehr meist von Weingärten bedeckt. 1960 gab es noch
5 400 ha Hutweidefläche, jetzt sind es weniger als 1 000.

Einstmals dominierten im Seewinkel die Rinder, die durch Tritt für Erhaltung der Puszta und für Kontrolle des Schilfwachstums sorgten. Zusätzlich lieferten sie die Lebensgrundlage für eine reiche Dungkäfer-Fauna (Darscho, 22).

Im Überfluß liefert der Seewinkel Frucht, die oft kunstvoll dargeboten wird.

Fast verlorene Schönheit des Bauens. In künftigen Jahren werden sich auch die Bewohner des Verlustes ihrer Ortsbilder mehr und mehr bewußt werden. (Wallern, vor 15 Jahren.)

Ein Fischer mit Planktonnetz – Helfer des Limnologen am noch völlig unversehrten St. Andräer Zicksee (1a, vor 20 Jahren).

der Amtshausgasse und am Kirchenplatz sowie in der Josephstraße Opfer der häßlichen Bauerneuerungswut der letzten Dekaden geworden. So schön sich die Kirche zu allen Jahreszeiten ausnimmt, in der fast farblosen Winterlandschaft oder im üppigen Frühling, ihr Umland haben die Frauenkirchner nicht freundlich behandelt, denn die Pimezlacke und ihre Feuchtwiesen sind dahin.

Obwohl das Angerdorf *Gols* (ursprünglich „Galus bei See Fertev", ungar. Gálos) urkundlich 1217 bezeugt wird, dürfte es weitaus älter sein. Verwüstungen während der Türkeninvasion und im Bethlenkrieg 1620 sowie Großbrände 1818 und 1945 haben diesen traditionellen Weinbauort in seiner Bausubstanz arg getroffen. Nur wenige Häuser sind zudem der Modernisierung entgangen, darunter welche in der Unteren und der Oberen Hauptstraße. Am „Anger" findet sich noch eine Reihe von Tschardaken. Auch Scheunen, zum Teil in Straßen angelegt, sind noch erhalten. Die katholische Pfarrkirche mit ihrem massiven Ostturm, im 12./13. Jht. erbaut, 1721 abgebrannt und mehrfach renoviert, läßt noch den mittelalterlichen Charakter erkennen. Zwei Schiffjoche unter barockem Kreuzgratgewölbe und ein ostseitiger quadratischer kreuzgewölbter Altarraum unter dem Turm sowie ein hinter dem neugotischen Hauptaltar befindliches großes romanisches Schlitzfenster sind bemerkenswert. Auch wurde an der Südseite romanisches Mauerwerk freigelegt. Der Taufstein und der Bildstock am Kircheneingang stammen aus dem 18. Jht. Die Kirche war zeitweise evangelisch; gegenwärtig dient eine 1818 erbaute, nach einem Brand 1888 umgestaltete Kirche als protestantisches Gotteshaus.

Der Gemeinde Gols – mit dem größten Anteil protestantischer Bevölkerung im Seewinkel – gehören große Teile der Zitzmannsdorfer Wiesen, die gegenwärtig wieder von Kultivierung bedroht werden. Auch hier kann man nicht nur mit der Einsicht der Bevölkerung spekulieren, vielmehr müssen finanzielle Mittel für Pacht oder Ankauf ehestens bereitgestellt werden.

Halbturn, wie Andau im Mittelalter Bestandteil der Herrschaft Ungarisch-Altenburg, ist seit 1466 bezeugt und mußte zweimalige Türkenverwüstung dulden. Der zuerst erwähnte Name Felthoron entspricht der späteren ungarischen Bezeichnung Fél-Thorony, doch ist schon seit 1493 auch die Bezeichnung Holbenthurm bekannt. Seit dem 16. Jht. im Besitz der ungarischen Krone, wurde Halbturn als Breitangerdorf im Kolonialschema nachtürkischer Zeit angelegt. Scheunen und Tschardaken sowie schwindende Reste von Hausbestand, hauptsächlich in der Budapester, der Wiener Straße und in der Erzherzog-Friedrich-Straße, beweisen die gewichtige kulturelle Stellung des Ortes, ebenso auch die wahrscheinlich nach Plänen von Joseph Emanuel Fischer von Erlach im Jahre 1713 errichtete Kirche mit ihrem dreigeschossigen Westturm. Das kulturelle Zentrum des Seewinkels aber ist das von Lukas von Hildebrandt für die Herrschaft Harrach 1711 erbaute Schloß. Ab 1720 von Karl VI. als Jagdschloß benützt und von Maria Theresia umgebaut, kam das Schloß 1765 über Erzherzogin Maria Christine und Herzog Albert von Sachsen-Teschen schließlich in den Besitz Erzherzog Karls. Während eines verheerenden Brandes im Jahr 1949 konnte nur der Mittelteil des Hauptgebäudes gerettet werden, und die Restaurierungsarbeiten zogen sich bis 1974 hin. Seither dient das Schloß für bedeutende kulturelle Veranstaltungen, besonders Ausstellungen, doch ist schon allein das Deckenfresko von Franz Anton Maulbertsch, Allegorie der Zeit und des Lichtes, wert, nach Halbturn zu pilgern.

1905 wurden das Straßendorf *Oberillmitz* und das Angerdorf *Unterillmitz* miteinander vereinigt. Urkundlich 1217 als Ygmeleech, später als Ilmeuch am See und schon 1649 als Ilmicz genannt, wird der Ort 1363 als öde erwähnt und erlitt mehrmals Verwüstung während der beiden Türkenzüge, im Bocskay-Aufstand (1605), im Bethlen- und im Kuruzzenkrieg (1620, 1704 bis 1709). Auch hier hat mit dem Einzug von Post und Sparkasse die „Casa catastrophica" ihren Anfang genommen, und die alten Fassaden, teilweise mit barockisierendem Giebel, sind rasch im Schwinden. Florianigasse, Obere und Untere Hauptstraße, Söllnergasse, Triftgasse und Apetloner Straße lassen ahnen, wie noch vor wenig mehr als 20 Jahren das Ortsbild beschaffen war. Die katholische Pfarrkirche des hl. Bartholomäus, Nachfolgerin einer mittelalterlichen Kirche außerhalb des Ortes, wurde 1792 geweiht und ist ein einheitlicher spätbarocker Bau mit dreigeschossigem quadratischem Turm und dreijochigem Schiff. Der Hochaltar aus Eisenstadt geht auf das Ende des 17. Jhts. zurück, die Kanzel stammt aus dem Jahr 1812. Vier barocke Holzfiguren aus der ersten Hälfte des 18. Jhts. gehören zum sehenswerten Kunstschatz der Kirche. Wie in Apetlon wurde auch in Illmitz der Kirche nordseitig ein moderner Bau zugefügt, leider nicht zum Besten der schönen alten Kirche. Bildstöcke aus dem 17., 18., und 19. Jht. sind unter anderem eine Lichtsäule im Ort (1613), eine Vesperbildgruppe auf dem Hauptplatz, eine Mariensäule in der Unteren Hauptstraße, ein Marienkreuz auf dem Anger und eine Nepomuksäule vor dem Pfarrhof. Eine Pietàsäule an der Kirchenwand aus der ersten Hälfte des 18. Jhts. trägt das Nadásdy-Wappen. Außerdem erinnert ein Martinskreuz beim Kirchsee westlich vom Ort an den Standort der ältesten Kirche. Am Hauptplatz lädt die Bartholomäusquelle mit artesischem Wasser aus über 200 m Tiefe zu einem Trunk kohlensauren Wassers ein.

Wie Apetlon verfügt die Urbarialgemeinde Illmitz über schönste und wertvollste Landschaftsteile des Seewinkels. Auch hat die Bevölkerung wohl am meisten unter allen Gemeinden deren Wert für den Fremdenverkehr erkannt und in dankenswerter Weise von einer seeseitigen Feriensiedlung bisher Abstand genommen. Auf ihrem Gebiet liegt auch die Biologische Station nahe dem Albersee.

Das Angerdorf *Mönchhof* wird 1217 erstmals erwähnt, als König Andreas II. von Ungarn das Gut Leginthov den Zisterziensern von Heiligenkreuz übergab. Auch hier setzten Zerstörungen durch die Mongolen 1241 und während der beiden Türkenzüge der alten Bausubstanz ein Ende. Außerdem litt der Ort unter dem Bethlenkrieg. Zusätzlich überfielen 1678 die Husaren aus St. Michael in der Raabau die in Mönchhof damals ansässigen Juden, die dort eine Synagoge besaßen. Wohl nahm sich der Abt des Klosters bei General Montecuccoli der Juden an, befahl ihnen aber, Mönchhof für immer zu verlassen. Nach der

Zerstörung von zwei vorangegangenen Kirchen entstand der gegenwärtige einheitliche Barockbau in den Jahren 1729 bis 1734 mit hohem dreijochigem Saalraum und einjochigem Chor. Die stämmige Fassade mit den breiten Pilastern wird von einem Giebelturm mit Zwiebelhelm gekrönt. Am quadratischen Untergeschoß der Nordwestfassade finden sich ein Triumphbogenmotiv und das Wappen von Heiligenkreuz in Stuck. Der bemerkenswerte Bau wurde vom Mönchhofer Maurermeister K. Moispointner und unter der Leitung von Elias Hügel aus Kaisersteinbruch aufgeführt. Von letzterem stammt der Hochaltar (1739), ein Altarbild wird Altomonte zugeschrieben, ein anderes stammt nachweislich von diesem Künstler.

Weitere barocke Bauten sind der Pfarrhof, Schloß genannt, neben der Kirche, dessen Baubeginn bis 1729 zurückreicht, und der Glockenturm in der Hauptgasse von 1669. Er dürfte dem Wehrturm und dem Rest der ehemaligen Pfarrkirche entsprechen. Eine Chorkapelle an der landschaftlich außerordentlich schönen Strecke nach Zurndorf stammt aus dem Jahr 1838. Eine Lichtsäule an der Abzweigung nach Zurndorf aus dem 15. Jht. ist wohl das älteste Baudenkmal des Ortes.

Unversehrter Hausbestand ist rar, Hauptgasse, Neubaugasse, Stiftgasse und Wiener Straße zeigen, wie Mönchhof noch nach Kriegsende ausgesehen haben mag. Eine außerordentlich glückliche Idee war die Schaffung des Kurzentrums Marienkron westlich von Mönchhof, das von Zisterzienserinnen betreut wird und sich gut in die Landschaft einfügt. In krassem Gegensatz zu dieser vernünftigen und landschaftsgerechten Fremdenverkehrsart stehen die Bauentwicklungen in Weiden und in Pamhagen mit dem Feriendorf „Pannonia".

1282 wird *Neusiedl* erstmals mit diesem seinem Namen erwähnt, nachdem es schon 1209 als Sumbotheil (Szombathely-Samstagsmarkt) urkundlich genannt wurde. Zahlreiche Funde weisen auf vorangegangene Siedlungen, zuletzt wahrscheinlich der Petschenegen, hin. Auch dieser Ort erlebte Verwüstungen durch die Mongolen sowie Zerstörung, zweimal durch die Türken, Bethlenaufstand und die

Kuruzzen. Noch 1720 zählte der Ort knapp 100 Bürger und erholte sich nur langsam von den Schrecknissen. Der ehemalige Schmalanger ist fast zur Gänze modernisiert. Das älteste Baudenkmal ist eine Turmruine, der „Tabor" (türk. thâbûr = Lager), auf der Höhe der Parndorfer Platte, an die sich die Ortschaft anlehnt. Vielleicht einst Witwensitz der Königin Agnes (1296), spielte der Tabor 1708 im Kuruzzenkrieg als Teil der „Alten Schanze" von Petronell bis Neusiedl eine Rolle. Sein genaues Alter ist nicht festgestellt. Die wenigen Häuser mit erhaltener Fassade auf dem Hauptplatz sowie in der Unteren Hauptstraße und das ehemalige Salitterschlößl bei der Bezirkshauptmannschaft haben keinen Einfluß mehr auf das Aussehen des Ortes.

Die katholische Pfarrkirche der hll. Nikolaus und Gallus liegt abseits von der Hauptstraße. Ein ursprünglich gotischer, urkundlich 1464 erwähnter Bau brannte 1683 ab und wurde 1685 erneuert, während des Kuruzzenkrieges 1708 aber geplündert und im 18. Jht. erweitert. Der im Kern gotische Bau läßt die Ausdehnung des ehemaligen Schiffes an der Süd- und Nordfront noch erkennen. Der quadratische, dreigeschossige Ostturm trägt einen Zwiebelhelm aus 1737. Von der Inneneinrichtung sind die Kanzel aus der Mitte des 18. Jhts., die „Fischerkanzel", die Orgel von 1775 und ein Taufstein, ebenfalls 18. Jht., hervorzuheben. Die drei Kapellen aus dem 18. Jht. liegen am Südende der Stadt, Johanneskapelle, Zeinerkapelle und Florianikapelle. Unter den zahlreichen Bildstöcken sollen hier nur die Pestsäule (Dreifaltigkeitssäule) am Hauptplatz (1713), eine weitere an der Abzweigung nach Parndorf (1696) und die Florianisäule beim Kirchenaufgang (1745) genannt werden. An der Abzweigung Jois–Parndorf steht außerdem eine Mautsäule mit der Inschrift „Kön. Mauth Neusidl am See 1616".

Neusiedl war die erste progressive Gemeinde, die unglückseligerweise den Antritt zum Seewinkel von Parndorf her und an der Uferschwalbenkolonie vorbei gänzlich entstellt hat, ein Gelände, das anderswo sicher Landschaftsdenkmal geworden wäre. Die ehemalige Biologische Station, später Vogelwarte, derzeit ein kleiner Stützpunkt zur Erforschung des

Sees, erfreut sich der Förderung durch die Stadt. Die südlichste Ortschaft des Seewinkels, das Straßendorf *Pamhagen* (früher auch Pammaggen), wird 1268 erstmals als „Pomog" erwähnt und erlitt das Schicksal zweimaliger Verwüstung durch die Türken. Der Ort gehörte der Reihe nach zur Burgdomäne Ödenburg (13. Jht.), zur Herrschaft Mattersdorf-Forchtenstein (14. Jht., „villa Pomagh juxta fluvium fertew"), später Friedrich III. und der Familie Nadásdy. Mit letzterem Namen ist die Burgruine in der Nähe der 2 Bühel verknüpft. Eine erste Kirche gab es vor dem zweiten Türkenzug am Ortsausgang gegen Wallern, die gegenwärtige Pfarrkirche ist ein Bau aus dem Jahre 1754, der 1954 erweitert wurde. Dem vorgebauten Westturm ist eine glockenförmige Haube aufgesetzt. Bis auf das Taufbecken (1755) wurde die barocke Einrichtung entfernt. Von den beiden Kapellen ist die Kleinackerkapelle am Weg zu den 2 Bühel ein Bau von der Mitte des 18. Jhts., ebenso gehört der Glockenturm in der Hauptstraße zu den alten Baudenkmalen (1639). Pamhagens Häuser sind fast durchwegs „modernisiert", doch finden sich in der Hauptstraße und in der Rosengasse noch erhaltene Fassaden. Ebenso sind Zeilen von Scheunen erhalten. Pamhagens Lussäcker nördlich der Burgruine gehörten zum Schönsten und zumeist Unberührten, was der Seewinkel zu bieten hatte. Unverständnis und Unentschlossenheit der Entscheidungsträger haben zur Entwicklung der Monsteranlage „Pannonia" geführt, dem „Torremolinos" des Seewinkels, zu „Betonien", wie heimische Kritiker es gut formulierten. Die Unverfrorenheit der kulturlosen Projektanten reicht von der Werbung für das „einmalige Naturschutzgebiet" bis zum Verkauf ausgestopfter Seewinkel-Vögel. Wir werden auf diesen schweren Verlust an Seewinkelland noch mehrfach zurückkommen. Die zu Beginn der siebziger Jahre verkaufswillige Gemeinde kann man für diese Todsünde gegen den Seewinkel sicher nicht verantwortlich machen.

Von den Anfängen des Schmalangerdorfes *Podersdorf* war bereits im Zusammenhang mit der Familie Poth („Pothfalva") im historischen Abschnitt die Rede. Seit 1217 gehörte der Ort zum Stift Heiligenkreuz, zweimalige Türkenzerstörung und Kuruzzenkrieg sowie dreimaliger Brand im 19. Jht. haben auch hier die geschichtlichen Spuren fast gänzlich verwischt. Die alte Kirche fiel dem zweiten Türkenzug zum Opfer, der spätbarocke Neubau stammt von 1791. Der eingeschossige, mächtig wirkende Fassadenturm mit reicher Gliederung und Spitzhelm fällt vom See her besonders auf. Von den Bildstöcken stammt das Stoanprackakreuz südlich des Ortes von 1663, das Julakreuz an der Straße nach Neusiedl von 1615 und eine Dreifaltigkeitssäule in den Seeweingärten von 1687. Westlich vom Ort steht die kleine Florianikapelle mit einer sehenswerten Figur aus dem 18. Jht. Eine Windmühle, ähnlich jener von Neusiedl an der Straße nach Illmitz, wurde vor einigen Jahren restauriert. Auch hier ist der Bestand erhaltener Fassaden auf wenige Reste reduziert, die sich hauptsächlich im älteren Teil der Ortschaft, in der Seestraße, ferner in der Hauptstraße, der Söllnergasse und in der Neusiedler Straße finden.

Auch Podersdorf, derzeit größte Fremdenverkehrsgemeinde des Burgenlandes (350 000 Übernachtungen), kann sich nicht rühmen, zur Erhaltung des Seewinkellandes beigetragen zu haben. Trockenlegungen des Podersdorfer Zicksees und besonders der naturschutzwürdigen Grundlacke haben die Urbarialgemeinde praktisch aller Gewässer beraubt, und die Wohnwagensiedlung am Seeufer war einer der ersten Schritte hin zur Gefährdung des Seesaumes.

St. Andrä, urkundlich 1409 als Zenthandreas erwähnt, wurde mehrfach zerstört. Erst seit 1696 besteht von der Neugründung an ununterbrochene Tradition. Der unverbaute Breitanger (600 × 50 m), derzeit nicht sehr glücklich gestaltet, ist zweifellos ein besonderes Charakteristikum des Dorfes, das ähnlich wie Illmitz im Westen von Lacken umgeben ist. Die gegenwärtige Kirche aus dem Jahr 1934 ist Nachfolgerin mehrerer Kirchenbauten. Ihre Glocke stammt aus dem Geburtsjahr Maria Theresias. Ungefähr aus derselben Zeit sind zwei Kapellen, die Rochuskapelle südlich vom Ort und die Annenkapelle an der Straße nach Frauenkirchen, erhalten. Eine Dreifaltigkeitssäule (1713) vor der Kirche, eine Säule mit der Darstellung der Krönung Mariä und eine Immaculatasäule am Hauptplatz (beide 18. Jht.) sowie die

Josephssäule an der Straße nach Frauenkirchen sind die Reste alter Bautätigkeit. Sehr wenige erhaltene Häuser, unter anderem mit barocker Giebelform (Kirchengasse), laden zur Besichtigung ein. Längst ist die ehemalige hölzerne Windmühle aus der Umgebung verschwunden. Das Feriendorf am St. Andräer Zicksee, in den sechziger Jahren begonnen, war der erste derartige Einbruch in das Seewinkelland. Einziger Trost ist dort die Entwicklung eines Rehabilitationszentrums, einer für den Seewinkel durchaus adäquaten Fremdenverkehrsleistung, wie am Beispiel von Marienkron (Mönchhof) schon hervorgehoben wurde. Nur hätte sich dazu auch, naturschutzmäßig gesehen, weniger elitäres Seewinkelland geeignet. Das Angerdorf Tadten, das seit 1700 zum Großgrundbesitz Esterházy gehört, ist durch die Entdeckung einer Petschenegen-Nekropole aus dem 11. Jht. von historischem Interesse. Der Ort selbst, zweimal von den Türken verwüstet, wird 1230 das erste Mal bezeugt. Die klassizistische Pfarrkirche stammt, nach vorangegangenem Kirchenbau, aus dem Jahr 1804, wurde aber später erweitert. Ältestes Baudenkmal des Ortes ist das Weiße Kreuz an der Straße nach St. Andrä aus der Mitte des 18. Jht., aber mit neuen Nischenfiguren. Die Häuser sind fast durchwegs modernisiert. Reste belassener Fassaden finden sich in der Langen Gasse und in der Oberen Hauptstraße. Die Lacken auf dem Gebiet der Urbarialgemeinde wurden zur Gänze entwässert; darunter jene des Hanság. Dort liegt das Trappenschutzgebiet, das teilweise zum Bereich von Andau gehört.

1269 und auch noch später wird Wallern als „Bala" erwähnt. Das Breitangerdorf ist nach dem letzten Türkenkrieg entstanden und erlitt mehrfachen Brandschaden, zuletzt 1944. 1848 flüchteten die Bewohner vor den zurückflutenden Ungarn mit Zillen auf die Wörtäcker (Stelle des verödeten Michldorf). Der Ort ist fast völlig modernisiert, wenige alte Fassaden finden sich in der Hauptstraße und in der Kirchengasse. Die Pfarrkirche des hl. Matthäus stammt von 1734, wurde mehrfach erweitert und umgebaut. Der einfache Bau hat einen südseitigen, frei stehenden Turm mit vierseitigem Pyramidenhelm. Ein Glockenturm auf dem Anger stammt ebenfalls aus dem

18. Jht., desgleichen das älteste Baudenkmal am südwestlichen Ortsende, die Dreifaltigkeitssäule von 1702. An der Straße nach Tadten befindet sich ein Bildstock mit zwei Figuren der Viehpatrone und Inschrift „Denkmal welches Herr Johannes Unger Midnachbar Allhir im Jahr 1802 errichtet hat/RTW: PML 1849". Zur Urbarialgemeinde Wallern gehört ein gänzlich kultiviertes Stück des Hanság und die Fläche des seinerzeit ansehnlichen, jetzt trockengelegten Dorfsees.

Wir beschließen unsere Ortsrevue mit dem Markt Weiden, einem Straßendorf mit kleinem Dreiecksanger, das 1338 urkundlich bezeugt wird. Reiche prähistorische Funde, u. a. eine Nekropole der Wieselburger Kultur, geben alten Siedlungsraum zu erkennen. Türkenwüstungen, Bocskay- und Bethlen-Aufstand sowie Kuruzzenkrieg zogen auch diesen Ort in arge Mitleidenschaft. Die Pfarrkirche zur Hl. Dreifaltigkeit ist ein Neubau von 1782 bis 1786 und die einzige Kirche des Seewinkels, die zu Ausgang des letzten Krieges beschädigt wurde. Der spätbarocke Bau mit westlicher Turmfassade und eingeschossigem Turm mit Spitzhelm hat einen hohen zweijochigen Saal. Hochaltar, Kanzel, Orgel und Gestühl stammen aus der säkularisierten Klosterkirche der Augustiner-Eremiten in Bruck a. d. Leitha, und zwar von der ersten Hälfte des 18. Jhts. Dem Hochaltar liegt ein Entwurf von Lukas von Hildebrandt zugrunde. Mehrere Bildstöcke wie die Pestsäule gegenüber der Kirche (1745) und eine Ecce-Homo-Säule an der Hauptstraße (1612) stammen aus 17., 18. und 19. Jht. Wenig belassener Hausbestand ist auch von hier zu nennen. Obere und Untere Hauptstraße, Neustiftgasse und Markt bergen letzte Reste.

Die Weidener Urbarialgemeinde ist die kleinste des Seewinkels und hat durch die Duldung des Feriendorfes am See, einer trostlosen Anlage, weder sich selbst noch dem „Fremden Gast" (Wildgans) Gutes getan. Trost mag es sein, daß von dort aus heimat- und naturliebende Burgenländer sich zu einem Bund gegen die weitere Zerstörung von See und Seewinkel zusammengeschlossen haben („Ku-Lu-Leb"). Sowenig es verständlich ist, weshalb der Althausbestand der Orte straßenseitig sein Gesicht verloren hat

– in den Höfen sind diese Häuser oft noch intakt –, sosehr ist es begreiflich, daß Tracht und herkömmliche Kleidung, auch wieder hauptsächlich seit dem letzten Krieg, weitgehend verschwunden sind. Die Männer sieht man noch ab und zu mit weißem Hemd, Leibeln mit Metallknöpfen, darüber Janker, mit schwarzer Tuchhose und Stiefeln. Unbedingt gehört eine blaue Schürze, das „Fürta", dazu. Ein schwarzer Hut wird auch im Gasthaus nicht abgenommen, und das ist bis heute so geblieben. Für den Alltag reichte und reicht noch immer oft einfachste Kluft mit Gummistiefeln, doch wird auf das „Fürta" auch gegenwärtig von älteren Männern ungern verzichtet. Die älteren Frauen sind noch immer dunkel gekleidet, mit Kopf- und Umhangtuch.

Schon viel früher begann der Rückgang des Brauchtums. Der Untergang vieler Berufe, wie der des Hirten, hat dazu maßgeblich beigetragen, und auch die alten Drescherbräuche und die Burschenbräuche mit ihren Einführungszeremonien sind längst dahin. Reste sind vor allem im Zusammenhang mit den Kirchenfesten erhalten. Einer davon ist das in Illmitz übliche Backen des „Hausvaters" zum Weihnachtsfest, einer kunstvoll verzierten und farbigen Figur in Menschenform. Ihr schneidet der Familienvater am Weihnachtsabend ein Stück vom Kopf ab und wirft es als Opfer für den Wassergeist in den Hausbrunnen. Auch vom Osterbrauchtum ist noch einiges erhalten, und manches jetzt rasch Versinkende mag noch im Zusammenhang mit anderen Kirchenfesten zu beobachten sein. Geblieben ist die große Gastfreundschaft des Seewinkelvolkes, der zu gedenken in unseren Zeiten des zunehmenden Egozentrismus ein besonderes Bedürfnis ist.

Sonne und Salzböden: Klima und Bodenkunde

Ich brachte euch dann in das Gartenland, um euch seine Früchte und Güter genießen zu lassen. Aber kaum seid ihr dort gewesen, da habt ihr mein Land entweiht und mir mein Eigentum zum Abscheu gemacht.
                                                            JEREMIA 2,7

Mit seiner Lage in der pannonischen Klimazone und im Regenschatten der Alpen hat der Seewinkel die Voraussetzungen für die Eigenart der Bodenbildung, die vielfach periodische Wasserführung seiner Lacken, für trockenwarme (xerotherme) Standorte und Pflanzen und Tiere, die langwährender sommerlicher Wärme bedürfen. Mit einem Jahresmittel von fast 10 °C, hauptsächlich durch die hohen Sommertemperaturen, aber auch durch die relativ geringe Winterkälte bedingt, gehört das Gebiet mit durchschnittlich 240 Tagen mit mehr als 5 °C zu den wärmsten in Österreich, nur noch erreicht vom untersten Murtalbereich. Die wichtigsten Werte für Neusiedl lassen vor allem erkennen, daß die Zahl der Nebeltage mit einer Sicht von weniger als 1 km 22,5 beträgt, wovon die meisten auf den Dezember entfallen: Dazu trägt zumindest teilweise der See bei, und Nebel sowie Bewölkung, die ebenfalls ihr Maximum im Dezember hat, mindern wiederum die Ausstrahlung und damit die winterliche Kälte.

Hinsichtlich der sommerlichen Sonnenscheindauer gehört das Seewinkelgebiet mit mehr als 60% der möglichen Sonnenscheinzeit zusammen mit dem östlichen Niederösterreich, dem südlichen Burgenland und der Oststeiermark zu den am meisten begünstigten Landschaften Österreichs. Auch im Frühjahr und im Herbst sind diese Werte mit 45% bzw. über 50% hoch, stellen allerdings keine so exklusive Situation dar wie im Sommer. Im Winter endlich sinkt die Sonnenscheindauer, bedingt durch die eben erwähnte Bewölkung und den Nebel, auf unter 30%, und damit gehört der Seewinkel mit dem Norden Österreichs, mit dem Klagenfurter Becken und dem Bodenseegebiet zu den ungünstigsten Gebieten Österreichs, gerade noch etwas besser als Donautal und Marchgebiet.

Mit weiten Teilen Niederösterreichs und des übrigen Burgenlandes gehört der Seewinkel zu den niederschlagsarmen, jedoch nicht -ärmsten Gebieten Österreichs. Langjährige Mittel liegen, von Westen nach

Osten etwas abnehmend, bei rund 600 mm bis gegen 550 mm. Die regenreichsten Abschnitte des Jahres sind Spätfrühjahr und Frühsommer, die regenärmsten Monate Januar und Februar. Die Schneebedeckung hält durchschnittlich weniger als einen Monat an, und dementsprechend liegt auch die Zahl der Frosttage unter 30. Vegetationszeit von über 250 Tagen und zeitiger Frühjahrsbeginn begünstigen in außerordentlichem Maß landwirtschaftliche Tätigkeit wie zum Beispiel den Gemüseanbau.

Das ganze Jahr hindurch herrscht hohe Windhäufigkeit, wobei die Windrichtung in erster Linie aus Nordwest, in zweiter aus Südost vorherrschend und die Zahl der Sturmtage mit Werten nach der Beaufortskala gleich oder höher als sechs im Winter und im ersten Frühjahrsabschnitt am höchsten ist. (Der Monat Februar mit 5,1 Tagen steht dabei an der Spitze.) Diese starke Durchlüftung des Seewinkels ist einerseits für den beständig hohen Trübegrad der „Weißen Lacken", andererseits für den hohen Eintrag an Staub und damit an Nährstoffen von der landwirtschaftlich genützten Fläche her in die Lacken und den See verantwortlich. Auch die Flugaktivität vieler Insekten hängt vom Windgeschehen ab.

Die geringen Niederschläge, die niedrige durchschnittliche Luftfeuchtigkeit und die ständigen Winde bei hoher sommerlicher Temperatur führen zu starker Verdunstung, so daß zeitweise semiaride, das heißt trockene Bedingungen herrschen. Sie sind für sommerlich und herbstlich auftretende Salzausblühungen, aber auch für das Vorkommen von Pflanzen und Tieren mit Ansprüchen an ein trockenwarmes (xerothermes) Milieu verantwortlich.

Grundgestein, Klima und Organismen bilden die hautartig dünne Lockerdecke der Böden auf dem weitaus größten Teil der festen Erdrinde, sofern nicht besonders ungünstige Umweltbedingungen ihre Entstehung verhindern. Sie sind das Produkt physikalischer und chemischer Gesteinsverwitterung und biogener Umsetzungen und trotz geringer Dicke infolge ihrer arteneigenen Fruchtbarkeit die Träger allen terrestrischen Lebens auf der Erde und damit die Grundlage der menschlichen Kultur. Diese Bodenschicht oder „Pedosphäre" kann ausnahmsweise Mächtigkei-

ten von über 2 m erreichen, hat aber meistens weniger als 1 m. Innerhalb dieses Bereiches findet von oben nach unten abnehmend eine intensive Stoffumsetzung statt, die im Lauf der Bodenentwicklung zu einer immer deutlicher werdenden Horizontdifferenzierung führt. Am deutlichsten unterscheidet sich der Ober-Boden durch seine Anhäufung an organischer Substanz (Humusbildung). Der entsprechende Bereich wird als „A-Horizont" oder „Humushorizont" bezeichnet. Wenn durch Verwitterung oder durch Stoffeinlagerung ein eigener Horizont entsteht, wird dieser als B-Horizont bezeichnet. Verdunstung und Beregnung tragen vorwiegend zur Auf- oder Abwärtsbewegung von Stoffen bei, damit auch zur Salzkrustenbildung der Salzböden im Seewinkel. Vorwiegend auf dem nördlichen Teil der Schotterflur- oder Seewinkelterrasse lagern meist hochwertige Steppenschwarzerden (Tschernoseme) in einem Flächenausmaß von rund 120 km². Diese Böden entstehen, wenn Auswaschung und Anreicherung einander etwa die Waage halten, also in nicht zu feuchten – semihumiden – Klimazonen. Ihr Ausgangsmaterial ist im Seewinkel Sand und lößähnliches Material oder Löß, wie er teilweise am Abbruch der Parndorfer Platte offen zutage tritt. Diese Böden stellen hochwertige landwirtschaftliche Nutzflächen dar, unter anderem für anspruchsvollere Nutzpflanzen wie die Zuckerrübe. Dort, wo die Schotterflächen eingemuldet sind, treten Feuchtschwarzerden, Umformungsböden der Tschernoseme zufolge höherer Durchfeuchtung, auf; sie lassen oft eine schwache Versalzung erkennen.

Ein weiteres pedologisches (bodenkundliches) Merkmal der Schotterfluren ist das häufige Auftreten von Paratschernosemen, die aus kalkfreiem Lockermaterial entstanden, rund 50 km² Fläche bedecken (NELHIEBEL 1980) und besonders gut als Weingartenstandort geeignet sind. Rotbraune Horizonte sind für diesen ausschließlich dem Schotterbereich zugehörenden Boden, der auch für die Parndorfer Platte charakteristisch ist, kennzeichnend.

Die Niedermoorlandschaft des Hanság, die in Ungarn ihre Fortsetzung findet, wurde durch ein weitverzweigtes Kanal- und Grabensystem sowie durch

Pumpwerke in Tadten und in Wallern weitestgehend in den Einserkanal hinein entwässert und für die Landwirtschaft nutzbar gemacht. Gegenwärtig herrschen im Kerngebiet des Hanság, des Vorläufers des Neusiedlersees und noch im letzten Jahrhundert gewaltigen Sumpfgebietes, trockengefallene Niedermoore mit einer Ausdehnung von 18 km² vor. In niederschlagsarmen Sommern ist der Schilf- und Rohrkolbentorf, ein auffälliger Horizont dieser Niedermoore, völlig ausgetrocknet und leicht entzündbar. Ein besonders großer Torfbrand wütete in den Jahren 1945 bis 1947, aber auch im August 1978 wurden im Gebiet von Wallern rund 30 ha von einem Moorflächenbrand erfaßt.

Die restlichen Flächen werden zu einem Großteil von Salzböden eingenommen, die sich hauptsächlich im Südteil des Seewinkels befinden und mit rund 25 km² Österreichs größtes Salzbodengebiet repräsentieren. Nur kleine Vorkommen im nördlichen Weinviertel, im Marchbereich und im Wiener Becken finden sich außerhalb des Seewinkels. Über die Herkunft der Salze haben wir im zweiten Kapitel ausführlich berichtet. Diese sodahältigen Salz-, lokal Zickböden (ungar. szik = Soda), sind vorwiegend in der Seerandzone und in den schotterfreien Flächen des zentralen Seewinkels verbreitet und gehören den sogenannten Solontschaken und Solonetzen, zum Großteil aber dem Übergangstyp Solontschak-Solonetz zu. Der Solontschak, auch Weißalkaliboden genannt, tritt hauptsächlich dort auf, wo salzhaltiges Grundwasser hoch ansteht und Salzanreicherung an der Bodenoberfläche zur Bildung von weißen Salzkrusten führt. Er ist arm an organischer Substanz, und nur wenige Pflanzenarten, wie noch ausführlich zu berichten sein wird, siedeln auf ihm; vor allem Salzkresse (Lepidium cartilagineum) und Salzmelde (Suaeda maritima) sind auf diesen Böden häufig. Das auf der Oberfläche des Solontschak angereicherte Salz, hauptsächlich Soda, wurde früher abgekehrt und zur Seifengewinnung verwendet.

Der Solonetz, auch Schwarzalkaliboden, hat hingegen einen salzarmen A-Horizont, der zufolge stärker entwickelter und auch mannigfaltiger Vegetation dieses Bodens mit organischer Substanz angereichert wird und hellgrau bis braungrau gefärbt erscheint. Besonders charakteristisch ist aber der dem Solontschak fehlende B-Horizont, in den die Huminstoffe, aus dem A-Horizont stammend, verlagert werden. Er enthält oft mehr organische Stoffe als der A-Horizont und gewinnt dadurch eine tiefdunkle Färbung. Der hohe organische Gehalt dieses Horizontes führt bei Trockenheit zu starker Schrumpfung und damit zur Bildung von vielkantigen (polyedrischen) Säulchen, die im aufgeschlossenen Profil gut zu erkennen sind. Die Köpfe dieser Säulen sind an der Grenze gegen den A-Horizont kappenartig abgerundet. Erst unterhalb des B-Horizontes gewinnt der Salzgehalt ein höheres Ausmaß. Die Existenz des Solonetz hängt im Vergleich zum Solontschak oft mit einem tiefer anstehenden Grundwasser und damit mit periodischer Austrocknung zusammen. Knapper und exakter formuliert sind die Solonetze im Vergleich zum Solontschak salzärmer, jedoch reicher an Na-Ionen, welche an Ton-Humuskolloide (austauschbar) gebunden sind. Ist der Salzgehalt hoch und der Na-Anteil am Sorptionskomplex der Bodenkolloide gleichfalls hoch, so wird von einem Übergangstyp, dem Solontschak-Solonetz gesprochen.

Schließlich ist noch der sandige Rohboden des Seedammes zu erwähnen, der, wie bereits im ersten Kapitel erwähnt, geringes Alter besitzt und ein hervorragendes Milieu für Organismen mit trockenwarmen (xerothermen) Ansprüchen liefert. Im Zuge der Weingartennutzung, vor allem bei Podersdorf und Illmitz, sind diese Sande zu Rigolböden (Rigolsole) durch tiefgründige Bodenumschichtungen umgestaltet worden und entwickeln sich zum Teil in Richtung auf Tschernosemböden.

So läßt also der Seewinkel eine außerordentliche Mannigfaltigkeit an Bodentypen erkennen, die ein Gefälle hinsichtlich Großflächigkeit und Tschernosemhäufigkeit gegen den Süden zu zeigen, wo Salzböden und kleinflächige, mosaikartig ineinandergreifende Bodenflächen überwiegen. Ihre Genese ist erst zum Teil bekannt, ihr Alter vielfach – wie im Norden des Gebietes – umstritten.

Bodengüte und Klimagunst erklären leicht die jahrhundertealte landwirtschaftliche und vor allem die Weinbautradition des Gebietes. Bis in die Zeit nach dem Zweiten Weltkrieg spielte auch die Viehzucht noch eine bedeutende Rolle, wenngleich schon im 19. Jht. der Rückgang dieses Betriebszweiges begann. So heißt es im Ungarn-Band des Werkes „Die Österreichisch-Ungarische Monarchie in Wort und Bild" (1896): „Die Viehzucht hat quantitativ bei den Kleingrundbesitzern des ganzen Komitats [Wieselburger Komitat, Anm. d. Verf.] abgenommen, und zwar nicht nur, weil das Hanyer (Hanságer) Heu noch immer nach Wien verkauft und auf die Cultur der Futterpflanzen keine besondere Sorgfalt verwendet wird, sondern auch weil die Hutweiden unverhältnismäßig eingeschränkt wurden und wiederholte Viehseuchen den Viehbestand stark reducirt haben." Bei der Rinderzucht legte man vor 1900 weniger Wert auf Rassenreinheit. Allgäuer, Ungarisches Hornvieh, Berner und Simmenthaler Vieh waren im Komitat Wieselburg und wohl auch im Seewinkel beheimatet, und erst durch das Bemühen des Akademieprofessors Ujhely in Ungarisch-Altenburg wurde die Simmenthaler Rasse bis 1945 dominierend. Vor dem Zweiten Weltkrieg zählte der Rinderbestand mehrere tausend Stück, mußte aber nach 1945 praktisch neu aufgebaut werden. In den fünfziger Jahren erreichte der Rinderbestand noch einmal ein rundes Tausend, um dann nach und nach auf die gegenwärtige Zahl von etwa 400 Tieren abzusinken. Dieser Rückgang ist von eminenter Bedeutung für Pflanzen- und Tierwelt, da die Tierherden landschaftserhaltend für die Sekundärsteppe des Gebietes sind, das Schilfwachstum unterdrücken und neben diesem Weide- und Trittfaktor auch die Dungproduktion für zahlreiche Insekten – damit aber wieder für Insektenfresser – Existenz- und zusätzliche Nahrungsgrundlage liefert. Wir werden darauf vor allem bei der Beschreibung der Käfer und der Vögel wieder zurückkommen. Jedenfalls muß für die Erhaltung der Hutweiden und für die Unterdrückung des Schilfwachstums im Seewinkel – ein Problem, das zu Zeiten der starken Beweidung und damit der Wurzelschädigung durch Viehtritt nicht existierte – die Rinderbeweidung gefordert werden. Ungarische Steppenrinder, eine Attraktion für Besucher, könnten dabei in Zukunft vielleicht eine Rolle spielen. Übrigens ist das Burgenland, abgesehen von Wien, das einzige Bundesland, in welchem der Rinderbestand in letzter Zeit überhaupt stark abgenommen hat: waren es 1970 noch rund 98 500 Tiere, so gab es davon 1979 nur noch rund 72 700. Ähnlich verhält es sich mit den Pferden (hier ist auch Kärnten von starkem Rückgang betroffen), deren Zahl sich im gleichen Zeitraum von fast 3 000 Tieren auf rund 1 900 verringerte. Noch zu Ende des 19. Jhts. wurden im deutschsprachigen Raum des Komitates Wieselburg allein rund 14 000 Pferde gehalten, und im 16. Jht. befand sich sogar das kaiserliche Gestüt in Halbturn.

Schon im 19. Jht. nahm die einstmals blühende Schafzucht stark ab – der in Ungarn angebotene „Illmitzer" Käse erinnert noch daran – und spielt gegenwärtig, ebenso wie die Ziege, praktisch keine Rolle mehr. Seit Jahrhunderten besteht im Seewinkel wie im Nahraum Marchfeld das Ziel der Landwirtschaft, Versorgungsraum für Wien zu sein, wofür der zeitige Einsatz des Frühjahrs und die lange Vegetationszeit begünstigend wirken. Getreide, besonders Weizen und Gerste, spielen ebenso wie Mais schon lange eine wichtige Rolle. Der Rübenanbau, vor allem der Zuckerrübenanbau nahm wie der Gemüseanbau vor dem Zweiten Weltkrieg seinen eigentlichen Aufschwung. So wird der Wiener Markt zu einem Großteil mit Salat aus dem Seewinkel versorgt, und der Neusiedler Majoran findet in ganz Österreich und auch im Ausland Absatz. Wahrscheinlich ist gerade auf dem Gemüsesektor noch eine starke Entwicklung zu erwarten, denn hier gedeihen praktisch alle mitteleuropäischen Gemüsesorten, vom Pfefferoni bis zur Roten Rübe, vom Knoblauch bis zu Hülsenfrüchten aller Art. In jüngster Zeit wird die Pflanzenölproduktion (Raps und Rübsen) immer stärker betrieben; so ist der Seewinkel auf diesem Sektor derzeit einer der größten Produzenten (1979 Bezirk Neusiedl: 268 ha, gefolgt vom Bezirk Eisenstadt: 142 ha). Bedeutendste Gemüsegemeinden sind Wallern, Tadten und St. Andrä.

Lediglich dem Reisanbau, mit dem in den ersten Jahren nach dem Zweiten Weltkrieg vorwiegend in der Gegend von Weiden experimentiert wurde, war im Gegensatz zu dem großen Erfolg in Ungarn kein Durchbruch beschieden.

Obwohl auch Ackerland auf Kosten von Hutweiden, Feuchtwiesen und ganz besonders auf Kosten des Niedermoores im Hanság ausgedehnt wurde, steht dieser Raumverlust an Naturlandschaft doch in keinem Verhältnis zur Expansion des Weinanbaus. Der Weinbau geht im Bezirk Neusiedl, wie der Fund einer römerzeitlichen Weinpresse in Winden beweist, bis auf die Antike zurück, wahrscheinlich schon auf die norisch-pannonischen Kelten. Doch bezeichnet der römische Statthalter Pannoniens, CASSIO DIO, der zuvor als Statthalter in Nordafrika gewirkt hatte, die Qualität des pannonischen Weines als von „geringer Güte". Eine besondere Förderung zu Ende des 12. und zu Beginn des 13. Jhts. lassen die Zisterzienser von Heiligenkreuz aufgrund einer Schenkung (Mönchhof) durch König Andreas II. dem Weinbau angedeihen, doch kam es immer wieder zu starkem Rückgang, unter anderem durch Verwüstungen während der Türkenkriege und zuletzt, nach 1880, durch die Reblaus. So heißt es in dem schon zitierten Werk über die österreichisch-ungarische Monarchie 1896: „Auch Rebencultur ist [im Komitat Wieselburg, Anm. d. Verf.] vorhanden, doch gedeiht sie nicht mehr wie einst und beschränkt sich gegenwärtig auf 3 675 Joch [rund 2 500 ha, Anm. d. Verf.]. Den meisten Wein haben Gols (Gálos), Goys (Nyulas), Neusiedl am See (Nezsider), Weiden (Védeny), Winden (Sásony) und Mönchhof (Barátfalu). Meist ist es Weißwein, doch keltern Winden und Weiden auch Dessertweine. Neusiedl und Winden haben auch eine starke Ausfuhr von Trauben, besonders nach dem Auslande."

Die Reblaus (Viteus vitifolii) war vom Freiherrn von Babo, dem Direktor der Klosterneuburger Weinbauschule, 1868 mit Reben aus Amerika eingeschleppt worden und trat nach Verseuchung der Anstaltsgärten nach 1880 ihren „Siegeszug" in den österreichischen Weinbaugebieten an (SALZL-LIDY, 1978). In den neunziger Jahren wurden auch die Weinbaugebiete des Seewinkels von der Reblaus befallen, lediglich die Weingärten auf dem sandigen Seedamm bei Podersdorf hielten dem Schädling stand.

Doch schon zu Beginn des Jahrhunderts war der Wiederaufbau der Weinkulturen mit reblausresistenten amerikanischen Unterlagen zum Großteil vollendet, wofür besonders Professor Josef FETTER in Deutsch-Altenburg zu danken ist. Als Neubegründer des Weinbaus im Gebiet setzten ihm auch die Golser ein Denkmal. 1913 betrug die Weingartenfläche im Bezirk Neusiedl zwar erst 706 ha, erreichte aber nach einem durch den Ersten Weltkrieg bewirkten Stillstand 1931 bereits wieder 2 203 ha, 1936 gar 3 341 ha. Dies war hauptsächlich den Förderungsmaßnahmen der Landwirtschaftskammer zugute zu halten. So wuchs allein die Weinbaufläche im Illmitzer Gemeindebereich von 19 ha im Jahr 1913 auf 234 ha im Jahr 1936 an. Der Zweite Weltkrieg brachte wieder einen starken Ertragsrückgang ungefähr auf den Stand von 1920, und zwischen 1945 und 1955 blieb im wesentlichen die Rebfläche in ihrem Umfang erhalten, woran nicht zuletzt die wirtschaftliche Stagnation innerhalb der von den Sowjets besetzten Zone Schuld trug. Danach aber setzte die Weinbau-Explosion ein, wie aus der folgenden Tabelle entnommen werden kann. Am höchsten ist die Zunahme der relativ jungen Weinbaugemeinde Apetlon, deren Rebfläche sich zwischen 1950 und 1977 mehr als verzehnfachte, gefolgt von dem traditionellen Weinbaugebiet Illmitz, wo sich die Fläche verfünffachte. Und waren es dort 1926 25 000 Rebstöcke, so gab es 1958 bereits zwei Millionen. Mit fast 15 km² ist aber Gols noch immer führend unter den Seewinkelgemeinden, gefolgt von Illmitz und Podersdorf.

Dieser gesteigerte Weinbau hat natürlich auch Folgen für benachbarte Naturräume, werden doch pro ha Weingartenfläche rund 550 kg Mineraldünger, 1 000 kg organische Dünger und 45 kg Spritzmittel – in erster Linie Fungizide und Schwefelpräparate – verwendet. Die Rückwirkungen besonders der Spritzmittel auf Pflanzen und Tiere können nur aus Analogstudien abgeschätzt werden und geben zu betrüblichen Aussichten Anlaß.

Die Gründe für die enorme Ausweitung des Weinbaus, teils auf Kosten der Naturlandschaft, teils aber auch auf Kosten ehemaligen Ackerlandes, sind einerseits die günstige Preisentwicklung zu Beginn der sechziger Jahre, anderseits der Übergang von der Stock- zur Hochkultur, die die arbeitsmäßige Bewältigung größerer Flächen mit gleichem Personalstand – überwiegend handelt es sich um Familienbetriebe – gestattete. Dazu kommen Mechanisierung vieler Arbeitsvorgänge sowie der stagnierende Preis seit der Mitte der siebziger Jahre trotz inflationärer Geldbewegung, der zu einer neuerlichen Ausdehnung der Rebflächen führte. Da mit Ausnahme der extremen Salzböden praktisch keine Hindernisse für eine weitere Ausbreitung bestehen, kann nur von der Gesetzesseite her entschieden werden, ob der Seewinkel ein einziger großer Weingarten wird oder nicht. Großhandel, Flaschenweinverkauf und Buschenschank als Formen des Weinabsatzes sind jedenfalls noch ausbaufähig und die Wählerstimmen der Weinbauern ein gewichtiger politischer Faktor. Weingärten kontra Steppe – die Entscheidung bleibt offen.

Tabelle 2: Rebflächenumfang im Seewinkel von 1784 bis 1976 in ha (den nördlichen Seewinkelgemeinden gehören Teile der Parndorfer Platte zu. Die meist amtlichen Angaben sind wiederum zu niedrig)

1784	594
1858	1 350
1898?	2 115 (gesamtes Komitat Wieselburg)
1900	fast kein Weinbau
1937	2 508
1946	2 487
1953	2 672
1955	3 172
1971	6 455
1976	5 200 (ohne Anteil der Parndorfer Platte)

Der Salzgarten Österreichs – floristische Notizen

Wenn einer eine Blume liebt, die es nur ein einziges Mal gibt auf allen Millionen und Millionen Sternen, dann genügt es ihm völlig, daß er zu ihnen hinaufschaut, um glücklich zu sein.

Antoine DE SAINT-EXUPÉRY

Der Bezirk Neusiedl ist das waldärmste (nur etwas über 3%) Verwaltungsgebiet Österreichs, doch war dies nicht immer so. Noch im vorigen Jahrhundert gab es auf der Parndorfer Platte umfangreiche Flaumeichen-Hochwälder, Eichen-Ahorn- und Ulmen-Ahorn-Mischwälder, von denen gegenwärtig nur noch Reste vorhanden sind. Schon im Altertum verlor der Seewinkel seine Wälder, die zweifellos das Land rund um die Lacken hauptsächlich mit Flaumeiche und Hainbuche bedeckten, während der Hanság zum Teil mit einem Bruchwald aus Schwarzerle und Moorbirke (wie heute noch in Ungarn) bewachsen war. In Zusammenhang mit dieser Waldbedeckung mögen auch die Salzbodenflächen geringere Ausdehnung gehabt haben. Wer diesen Wald gerodet und beseitigt hat, wissen wir nicht, doch schon PLINIUS der Ältere schreibt in seiner „Historia naturalis" (Lib. III. cap. 24): „Noricus iungutur lacus Peiso, deserta Boiorum, iam tamen colonia Divi Claudii Sabaria et oppida Scarabantia Julia habitantur." (An Noricum grenzen der See Peiso und die Wüsten [deserta kann aber auch bloß mit Einöde oder Steppe übersetzt werden] der Bojer, die jedoch jetzt durch die Kolonie des göttlichen Claudius Sabaria und durch die Stadt Scarabantia Julia bevölkert sind.) Diese Bojer, deren Name in Bojohemum (Böhmen) weiterlebt, waren ein keltischer Volksstamm. Auch wenn PLINIUS die Bojer mit dieser Steppe oder Öde in Zusammenhang bringt, darf doch aus Funden Jüngerer Steinzeit und Bronzezeit auf schon damals weitgehende Entwaldung geschlossen werden. Kleine Aufforstungen mit Pappeln und Robinien oder gar Windschutzgürtel stellen gegenwärtig die hauptsächlichen Waldbestände dar, die meist jüngeren Datums sind. Lediglich zwei kleine Waldbestände westlich von Frauenkirchen, „Podersdorfer"- und „Pußta"-Remise (Remise = Schutzgehölz), und vielleicht auch das südlich des unfern gelegenen Althofes liegende „Gänsewaldl" reichen zumindest bis zum Beginn des 19. Jhts., wahrscheinlich aber viel weiter zurück. Erhalten sind diese feuchten Ulmen-Ahorn-Mischwälder wegen ihres Standortes in nicht nutzbaren Feuchtgebieten. Mit einer Gesamtfläche von nicht einmal 10 ha fürwahr ein winziger Rest ursprünglichen Waldgebietes.

Schlimmer noch ist es mit den Beständen des Hanság bestellt. Der Einserkanal und die Trockenlegung des Gebietes haben nach dem Zweiten Weltkrieg nicht nur zu lang anhaltenden Torfbränden geführt, sondern auch zum Niedergang eines Moorbirkenwäldchens. Auch in unserem Jahrhundert fielen und fallen also alte Waldreste Trockenlegung und Schlägerung zum Opfer, so auch das „Saugründl" südöstlich des Serbenfriedhofes bei Frauenkirchen, das 1921 geschlägert wurde. Vielfach zeigt noch die Zwergmandel (Amygdalus nana) einstige Gehölze an, soweit diese Zwergmandel nicht selbst, wie im Seewinkel, dem Weinbau weichen mußte. Die Mehrzahl der gegenwärtig bestehenden Baumgruppen, Wäldchen, Remisen und Windschutzstreifen wurde im 20. Jht. hauptsächlich mit Robinie, aber auch mit Pappel und Weide angelegt. Nußbaum, Kirsche und fallweise Maulbeerbaum säumen das ursprüngliche Straßennetz.
Der Seewinkel unseres Zeitalters ist also ein fast waldloses Land, eine Ebene mit Sekundärsteppe und ihren Lackenmulden, die beide mehr und mehr Kulturland und Siedlungsexzessen zum Opfer fallen. Noch gedeiht dort eine Pflanzenwelt, die viel Östlicheres vorwegnimmt als das ungarnwärts anschließende Land. Noch leben dort die Vorboten der Salzsteppen Südrußlands, ja des Irans, bedrängt von Weingärten, von trostlosen „Ferienparadiesen", die Badeteichideologie und Wohnwagenkulturen bedeuten; angelegt von Leuten, die blind für diese Kostbarkeit vor den Toren Wiens sind. Erst in der zentralungarischen Ebene ist ähnlicher floristischer Reichtum wieder zu sehen, dem hier nun ein Abschnitt gewidmet werden soll. Im Raum des Kaspimeeres und des Aralsees, einstmals Teile des riesigen Sarmatmeeres, wie im geologischen Abschnitt ausgeführt wurde, und noch weiter ostwärts bis zum Altai liegt das reiche Entfaltungszentrum der kontinentalen Salzpflanzen Europas, denen wir uns hier zuerst zuwenden wollen.
Vom asiatischen Entfaltungszentrum läßt sich die Ausbreitung dieser Salzpflanzen „in breiter Front" (WENDELBERGER 1950) bis zu den rumänischen Salzböden und dann entlang der Flüsse in den pannonen Raum hinein verfolgen. Sie erlischt bei uns im Wiener

Zickgras und Salzkresse sind typische Pflanzen des Solontschak-Bodens. Beide haben ihre Westgrenze im Seewinkel.

Links oben: Die Ungarische Salzbinse hat ihre Westgrenze im Seewinkel. – Rechts oben: Das Zick-Salz kann oft in dicken Lagen auskrusten: Hier verdeckt es teilweise die Salzkresse. – Unten: Glasig fleischiges Aussehen hat dem kosmopolitischen Glasschmalz seinen Namen verliehen. Lila und Korallenröte dominieren hier.

*Links: Salzboden mit Zickgras und blühender Salzkresse.
Rechts: Die Ungarische Salzmelde, eine der häufigsten
Salzpflanzen, hier wie Schriftzeichen auf den weißen
Boden gesetzt.*

Oben links: Der Haarblättrige Hahnenfuß, in stehenden, jedoch süßen Kleingewässern. – Oben rechts: Das letzte Vorkommen des Schlitzblättrigen Wermuts in Mitteleuropa sind die Zitzmannsdorfer Wiesen. – Unten links: Die Graue Aster der Zitzmannsdorfer Wiesen wird als Relikt einer Warmzeit vor rund 8 000 Jahren gedeutet. – Unten Mitte: Der Österreichische Salbei kommt auf Trockenrasen der Zitzmannsdorfer Wiesen vor. – Unten rechts: Weite Verbreitung hat im Seewinkel die Purpurkönigskerze.

Besonders reich sind die Zitzmannsdorfer Wiesen an verschiedenen Lilienarten: Bastard-Schwertlilie (einziges Vorkommen im Burgenland, oben links), Sibirische Schwertlilie (unten links) und Wasserschwertlilie (oben

Mitte) kommen an feuchten Standorten, die Zwerg-Schwertlilie (oben rechts) dagegen auf trockenen Flächen vor; sie ist im pannonen Raum weit verbreitet, aber bereits von vielen Standorten verschwunden.

Zu den häufigen Orchideen des Seewinkels gehört das Helm-Knabenkraut (unten Mitte), während die Spinnenragwurz (unten rechts) seltener Bewohner trockener Standorte ist.

Links oben: Eine Pflanze trockener Standorte ist auch der Gelbe Flachs.
Links unten: Der Lungenenzian ist wiederum im feuchten Teil der Zitzmannsdorfer Wiesen zu finden. Auf ihm leben bestimmte Bläulingsraupen.
Rechts: Wie Federbüsche sind die silbrig glänzenden Rispen des Fedrigen Pfriemengrases gegen den Boden trockener Standorte zu geneigt.

Links oben: Auf dürren Flächen steht der Feld-Mannstreu, dessen abgetrocknete sperrige Reste als „Steppenroller", vom Wind getrieben, über die Ebene rollen.

Links unten: Der Schmalährige Wegerich, eine botanische Kostbarkeit des Seewinkels, kommt in Österreich sonst nur noch im Marchfeld vor.
Rechts: Der Gänsefuß wartet mit leuchtendem Rot auf.

Wo der Herbizideinfluß noch nicht so stark ist, zieht sich
an Feldrändern das Blumenmosaik von Hundskamille,
Kornrade und Mohn hin.

Becken zwischen Gallbrunn und Margarethen am Moos, im Marchfeld und im Pulkautal und erreicht ihren letzten Höhepunkt als Kolonie der fernen zentralungarischen Pußta im Seewinkel. Hauptsächlich um die Sodalacken geschart, nimmt diese Enklave der Salzfluren einen bescheidenen Raum des Seewinkels ein. Sie klingen rasch gegen den Hanság einerseits und im Westufer des Neusiedlersees anderseits aus. Dort am Westufer war es neben der Joiser die Oggauer Heide. Sie ist zum Großteil einer Wohnwagensiedlung gewichen, in Anlage und Aussehen einem Friedhof nicht unähnlich: Friede der Asche einer wertvollen, schönen Landschaft!

Im Seewinkel gibt es rund ein Dutzend Pflanzenarten, die hier ihre Westgrenze erreichen, und zwar entweder als Endemiten, die auf den pannonen Raum beschränkt sind oder als irano-turanische Elemente (Turan = Landschaft zwischen Kaspimeer und Syr-Darja) vorkommen. Darüber hinaus siedeln hier aber salzbodenbewohnende (halobionte) und salzbodenliebende (halophile) Arten mit weltweiter (kosmopolitischer), eurasiatischer, zirkumpolarer (in diesem Fall rund um den Nordpol vorkommender) und mediterraner Verbreitung. Gerade der Mittelmeerraum stellt übrigens das zweite, für Europa maßgebliche Ausbreitungszentrum mit Ausstrahlungen über die Atlantikküste bis zur Ostsee und dem nordmitteleuropäischen Flachland dar. Nur sehr wenige Arten dieser marinen Küstengebiete sind im pannonen Raum anzutreffen, weitaus mehr dagegen im rumänischen Bereich.

Sehen wir uns zunächst die irano-turanischen Arten mit der Westgrenze Seewinkel an, so fällt auf, daß es sich zu einem Gutteil um Gräser (Poaceae) handelt:

Kampferkraut (Camphorosma annua, Chenopodiaceae)
Seitenblütiger Hahnenfuß (Ranunculus lateriflorus, Ranunculaceae), ausgestorben
Salzkresse (Lepidium cartilagineum, Brassicaceae)
Liegender Hornklee
    (Trigonella procumbens, Fabaceae)
Salzkamille (Matricaria bayeri, Asteraceae)
Sumpfschwaden (Puccinellia limosa, Poaceae)

Igelgerste (Hordeum hystrix, Poaceae)
Ungarischer Schuppenschwanz, auch: Pannonischer Dünnschwanz (Pholiurus pannonicus, Poaceae)

Kampferkraut und Salzkresse sind charakteristische Pflanzen der vegetationsarmen Sodaböden, und zwar des Solonetz bzw. des Solontschak. Die Salzkresse wurde früher als Mittel gegen Wanzen und Hautkrankheiten verwendet, wohl hauptsächlich wegen des eigentümlichen Geruchs, der von ätherischen Ölen herstammt. Unter den Gräsern ist besonders der Ungarische Schuppenschwanz hervorzuheben, der aus Ungarn weithin, aus dem Seewinkel aber erst seit seiner Wiederentdeckung durch den Wiener Botaniker Julius BAUMGARTNER bekannt ist. Er wächst in Pfützen und Mulden des tonigen Salzbodens oder in Rinnen der Wermutsteppe (Artemisia maritima) und bedarf während seiner Blüte großer Nässe. Im Gebiet der Langen Lacke ist diese bemerkenswerte Art noch regelmäßig zu finden. Vorher hatte sie nämlich der Botaniker KORNHUBER schon im Jahr 1886 angeführt, freilich aus dem damals ungarischen Gebiet. Der ehemalige Fundort Socs-tó zwischen St. Andrä und Tadten, 1949 nochmals bestätigt, dürfte wohl für immer dahin sein.

Auch die Igelgerste (Hordeum hystrix), eine Wildgerste, die mit der Strandgerste der Meeresküsten nahe verwandt ist, wurde vom Botaniker Julius BAUMGARTNER 1927 gefunden. Sie erinnert stark an die Mauergerste trockener Wegränder oder Schuttablagerungen und kommt am Ufer der Darscho-Lacke vor. Im Raum südlich von Apetlon hatte sie zuvor der Botaniker RONNINGER beschrieben.

Zu den pannonisch-endemischen Arten mit der Westgrenze Seewinkel zählen Zickgras (Puccinellia salinaria, Poaceae) und Balaton-Kammlaichkraut (Potamogeton pectinatus balatonicus). Letzteres ist eine Schlingpflanze, eine Wasserpflanze also, der schwächer konzentrierten Sodalacken; wir werden diese Art noch im Zusammenhang mit den Lacken zu erwähnen haben. Im Neusiedlersee wurde das Balaton-Laichkraut stark durch den (unbedachten) Besatz mit China-Karpfen zurückgedrängt. Mit seinen Beständen bildete es dort mäanderartige und kreisförmige

Bestände, nicht geklärte „Schriftzeichen" einer wunderlich wachsenden Vegetation.

Noch zwei weitere Arten mit der Westgrenze Seewinkel, aber nicht auf den pannonischen Raum beschränkt, lassen sich anführen: die Knopfbinsen-Segge (Carex divisa, Poaceae), eine in Österreich vom Aussterben bedrohte Pflanze, und die Ungarische Salzbinse (Cyperus pannonicus, Poaceae) mit eurasiatischer Verbreitung.

Die Halophytenflora umfaßt noch rund 50 zusätzliche Arten, die jedoch auch weiter westlich, vornehmlich in Südmähren und in der Südslowakei oder überhaupt kontinental, wenn nicht gar weltweit verbreitet sind. Dazu gehören noch acht weitere irano-turanische Elemente, wie Russische Salzmelde (Suaeda salsa, Chenopodiaceae), Schmalblattampfer (Rumex stenophyllus, Polygonaceae), Ausdauernder Stielsame (Podospermum canum, Asteraceae), Salzlöwenzahn (Taraxacum bessarabicum, Asteraceae), Salzwermut (Artemisia maritima, Asteraceae), Schwarzwurz (Scorconera parviflora, Asteraceae), Roggensegge (Carex secalina) und Falscher Schafschwingel (Festuca pseudovina, Poaceae). Festuca pseudovina, Rumex stenophyllus und Podospermum canum sind nicht an Salzböden gebunden.

Zu den pannonischen Arten mit noch weiter westlichem Vorkommen zählen Ungarische Salzmelde (Suaeda pannonica, Chenopodiaceae), Pannonische Salzaster (Aster tripolium pannonicus, Asteraceae), Graue Aster (Aster canus) und Kurzköpfige Kratzdistel (Cirsium brachycephalum, Asteraceae). Die Pannonische Salzaster unterscheidet sich von der Stammform durch schmälere Blätter, größere Blütenköpfchen und rot gerandete Hüllschuppen. Die Pannonaster – sie ist an Salzböden gebunden, wobei die Art des Salzes wenig Rolle zu spielen scheint – bildet zwischen Juni und Spätherbst mit ihren Blüten lilafarbene Flächen, in denen sich vornehmlich Schwebfliegen versäumen. Ähnlich wie Melden, Salzwermut und Salzkresse gehört sie zu den dominierenden Elementen der Salzfluren.

Alle übrigen Arten sind weltweit, holarktisch (gemäßigtes und nördliches Nordamerika und Eurasien), eurasiatisch, gesamteuropäisch oder ost- bzw. mitteleuropäisch verbreitet, einige wichtige von ihnen seien hier noch etwas ausführlicher dargestellt. Unter den Chenopodiaceae sind dies Meergrüner Gänsefuß (Chenopodium glaucum) und Krautiges Glasschmalz (Salicornia europaea). Glasig fleischiges Aussehen hat dem Glasschmalz seinen deutschen, der hörnchenartige Blütenstand („Salzkorn") den wissenschaftlichen Gattungsnamen eingetragen. Diese typische, kosmopolitische Salzpflanze (fehlt nur in Australien) kann mit kleiner (bis 2 cm) oder mit Wuchsform bis zu über 40 cm auftreten und wird von Fliegen bestäubt. Sie bevorzugt Kochsalzstandorte und ist so auf den Westen des Seewinkels zwischen Podersdorf und Sandeck beschränkt. Die Nelkengewächse (Caryophyllaceae) sind in den Salzfluren mit Flügelsamiger Schuppenmiere (Spergularia marginata) und Salzschuppenmiere (Spergularia salina), die Doldengewächse (Apiaceae) mit Salztrift-Hasenohr (Eupleurum tenuissimum) vertreten. Die Primelgewächse (Primulaceae) stellen einen unscheinbaren Vertreter, die bei Illmitz und Podersdorf wachsende Salz-Bunge (Samolus valerandi). Von den Wegerichgewächsen (Plantaginaceae) finden sich der häufige Meeresstrandwegerich (Plantago maritima) und der Schmalährige Wegerich (Plantago tenuiflora), von den Asteraceae die Salz-Schafgarbe (Achillea asplenifolia).

Die artenarme Familie der Dreizack-Gräser (Scheuchzeriaceae) kommt mit dem Meerstrand-Dreizack (Triglochin maritimum) im ganzen Seewinkel vor und ist trotz des Namens nicht streng an Salzböden gebunden. Die Salzbinse (Juncus gerardi) stellt einen häufigen Vertreter der Binsen (Juncaceae) dar, während die Strandbinse (Juncus maritimus) eine Pflanze von höchster Seltenheit ist und mit Ausnahme des Seewinkels (Neudegg) und des Plattenseegebietes nur an Meeresküsten der gemäßigten Breiten zu finden ist. Sie wird deshalb auch als ein Tertiärrelikt aus der Zeit der Paratethys angesehen (WENDELBERGER 1949).

Diese kleine Übersicht hat die Sonderstellung des Seewinkels wieder belegen können, und sie wird noch in mehreren Abschnitten gefestigt werden. Hier sei nun noch auf die Vielfalt der Bodenformen und ihre Konsequenzen zurückgegriffen, die sich bei der Halo-

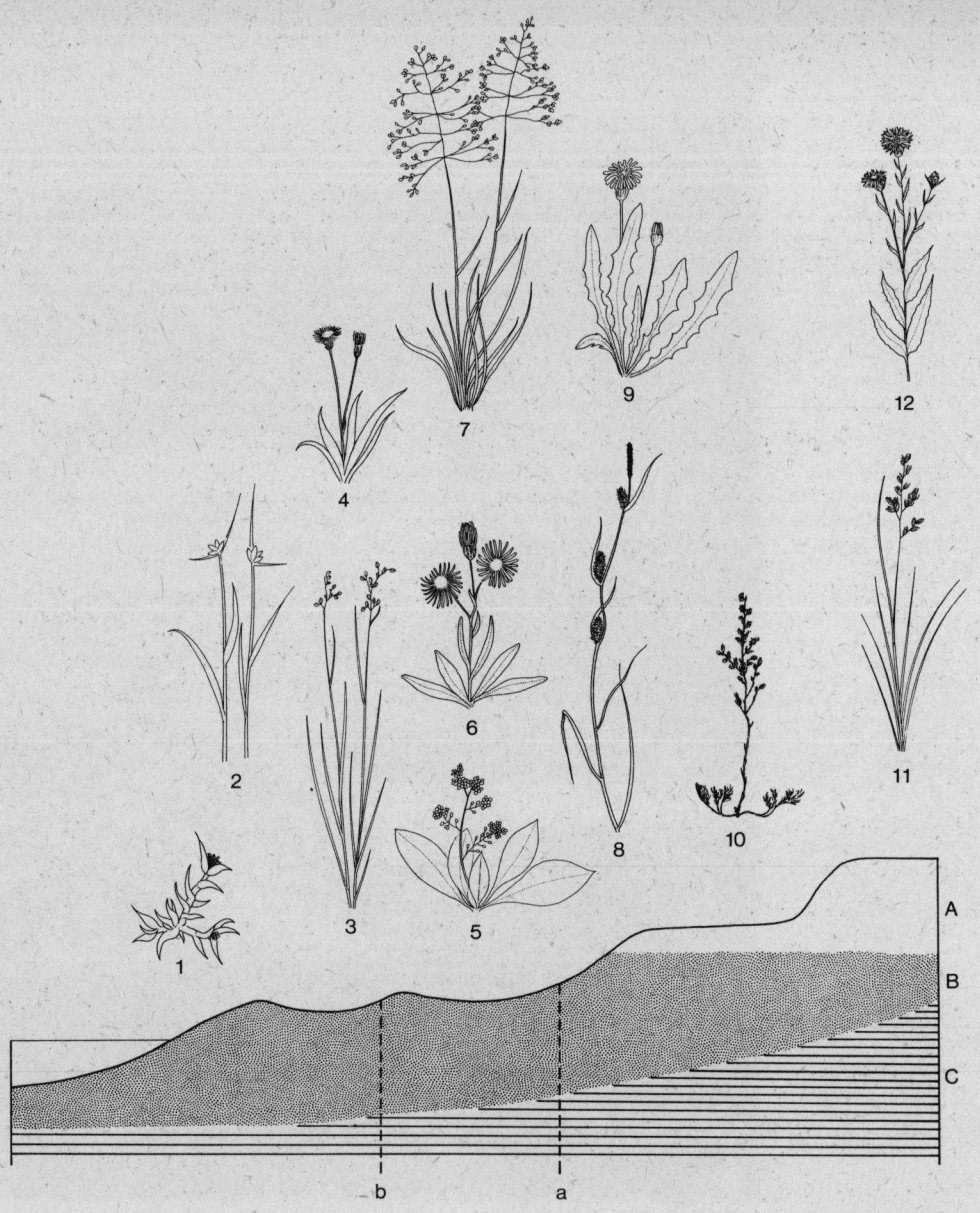

Abbildungen 9 und 10: Alkalistandorte auf Solontschak und auf Solonetz mit ihren charakteristischen Pflanzen (nach G. Wendelberger, verändert)

a) Grenze der jährlichen Frühjahrsüberschwemmung
b) Grenze der sommerlichen Durchnässung
A Feinsand, B Sand und Schotter (Solonetz: Säulchenhorizont), C Ton

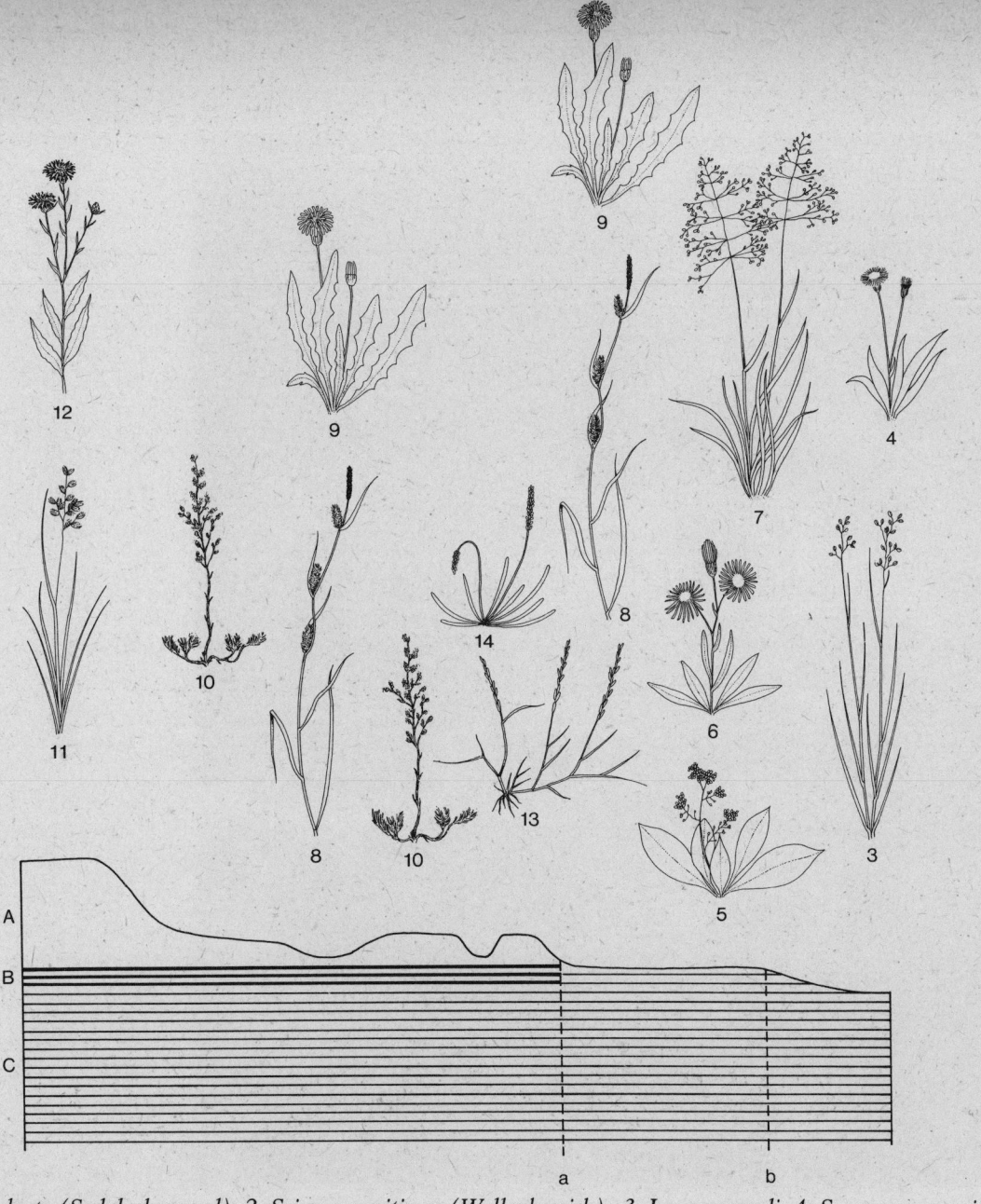

1 *Crypsis aculeata (Sodalackenrand); 2 Scirpus maritimus (Wellenbereich); 3 Juncus gerardi, 4 Scorconera parviflora (Mulden, „Tälchen"); 5 Lepidium cartilagineum, 6 Aster tripolium pannonicus, 7 Puccinellia limosa (Überschwemmungsraum); 8 Carex distans, 9 Taraxacum bessarabicum (Lackensaum); 10 Artemisia maritima („Bänkchen"), 11 Festuca pseudovina, 12 Centaurea pannonica (Rücken); 13 Pholiurus pannonicus, 14 Plantago tenuiflora (in Eintiefungen des Solonetz – „Szikfok")*

phytenflora durch Bevorzugung der Solonetz- oder Solontschakböden belegen läßt. Dabei ist zu bedenken, daß der Solonetzboden in räumlicher Ausdehnung beschränkt ist, u. a. auf Gebiete südlich und östlich von Apetlon, während der größte Teil der Alkaliböden dem ungeschichteten Solontschak zugehört. Damit in Übereinstimmung sind auch die Salzfluren, soweit bodenabhängig, entsprechend räumlich angeordnet: Solonetz-Pflanzen wie Camphorosma annua, Puccinellia limosa und Pholiurus pannonicus siedeln zum Beispiel im Gebiet der Langen Lacke, während die Solontschak-Gewächse wie Lepidium cartilagineum, Puccinellia salinaria, Suaeda maritima weite Verbreitung im Soda-Gebiet haben. Von der Wasserabhängigkeit des Solonetz-Grases Puccinellia limosa war bereits die Rede, und daß Salicornia europaea Kochsalz bevorzugt (obwohl sie auch höheren Sodakonzentrationen gegenüber tolerant ist), wurde ebenfalls erwähnt: diese Pflanze ist denn auch erwartungsgemäß entlang des Seedammes östlich vom Neusiedlersee zu finden. Die Igelgerste, auch Meerstrandgerste (Hordeum hystrix) genannt, ist stickstoffliebend (nitrophil) und war daher zu Zeiten des Viehtriebes weiter verbreitet als gegenwärtig, wo sie vor allem in der Nähe des Kirchsees vorkommt. Die Salzfluren lassen also in Abhängigkeit von den beiden hauptsächlichen Salzbodentypen, Solontschak und Solonetz, sowie im Niveau über den Sodalacken charakteristische Arten bzw. Artengefüge – der Pflanzensoziologe spricht von Assoziationen – erkennen, die der Botaniker WENDELBERGER eingehend in seiner Habilitationsschrift beschrieben hat (Abb. 9 und 10). Im Profil von der Lacke her gegen Bodenerhebungen lassen sich im Solontschakbereich folgende Pflanzengesellschaften definieren: In den Sodalacken selbst findet sich, wenn eine bestimmte Konzentration nicht überstiegen wird, eine Gesellschaft von Potamogeton pectinatus balatonicus und Zannichellia palustris pedicellatus, die am flachen Ufer von einem Gürtel des Dorngrases Crypsis aculeata oder aber (auf sandigem Boden) von Ungarischer Strandbinse (Cyperus pannonicus) abgelöst wird. Auf besonders feinsandigen, feuchten Lackenrändern und extremen Salzstellen des Solontschak vertritt die Salzmelde (Suaeda maritima), die genannten Pflanzen. Im Feuchtbereich schwach konzentrierter Lacken ist Brackröhricht oder Strandbinse (Juncus maritimus) charakteristisch oder Meerbinse (Bolboschoenus maritimus), Teichbinse (Schoenoplectus tabernaemontani), auch häufig Schilf (Phragmites communis) bestandsbildend. Die anschließenden, noch immer niedrigen Uferzonen werden von der feuchtigkeitsliebenden Verlandungszonengesellschaft Salzbinse (Juncus gerardi) – Salz-Schwarzwurz (Scorconera parviflora) eingenommen. Diese Assoziation umfaßt zahlreiche Arten, wie Meerstrand-Dreizack (Triglochin maritimum), Gemeines Sumpfriet (Eleocharis palustris), Weißer Windhalm (Agrostis alba), Erdbeerklee (Trifolium frangiferum), Schmalblättriger Hornklee (Lotus corniculatus ssp. tenuifolius), Kurzköpfige Kratzdistel (Cirsium brachycephalum) und verschiedene andere Arten. Der Boden des Überschwemmungsraumes wird von Zickgrasgesellschaften besiedelt. Das Zickgras selbst (Puccinellia salinaria) kann bis ins Wasser der Lacken vordringen. In den Zickgraswiesen wurzelt die Pannonische Salzaster (Aster tripolium pannonicus) und der Meerstrand-Wegerich (Plantago maritima) oder – bei hoher Sodakonzentration – die Salzkresse (Lepidium cartilagineum). An den Überschwemmungsraum schließt dann der Lackensaum als oberer Uferbereich der Lacken an. Dieser meist schmale Gürtel ist durch die Entferntblättrige oder Lückensegge-(Carex distans)-Salzlöwenzahn-Gesellschaft gekennzeichnet, der sich als Charakterart noch das Sumpfriet (Eleocharis pauciflora) zugesellt. Das höchste Niveau ist schließlich mit Wermutsteppe (Artemisia maritima) besetzt.

In der Solonetzabfolge reiht sich vom Lackenniveau her an eine Salzbinsen-Salz-Schwarzwurz-Assoziation (also wie in der Solontschak-Serie) in der Anreicherungszone des Solonetz (Szikfok) zunächst die Solonetzgrasgesellschaft (Puccinellia limosa). Durch Beweidung und Düngung würde sie in ein nitrophiles Störungsstadium mit Meerstrandgerste (Hordeum hystrix) übergeführt werden. Soweit die Abflußrinnen der höhergelegenen Wermutsteppe in Anreicherungshorizonte einschneiden, wird einer charakteristischen Pflanzengesellschaft mit Ungarischem

Schuppenschwanz (Pholiurus pannonicus) und Schmalährigem Wegerich (Plantago tenuiflora) die Existenzgrundlage geboten. An besonders salzreichen und höhergelegenen Stellen gedeihen hier Kampferkraut (Camphorosoma annua) und Salzkamille (Matricaria bayeri).

Als eigene, eigentlich nicht hierhergehörende Assoziation ist die Gesellschaft des Glasschmalzes (Salicornia europaea), die als Kochsalzpflanze die Meeresküsten bevorzugt, anzusehen. Sie kommt, wie bereits hervorgehoben, entsprechend dem relativ hohen Kochsalzreichtum zwischen Podersdorf und Sandeck entlang des Seedammes und seltsamerweise vorwiegend an menschlich beeinflußten Standorten, häufig in Ortsnähe, vor.

Noch einige allgemeine Bemerkungen zu den Salzpflanzen: Häufig zeigen sie sukkulentes Wachstum (Sucus: Saft), also saftig-fleischiges Aussehen. Hierher gehören die Melden (Gattung Suaeda), das Glasschmalz (Salicornia europaea), die Salzkresse (Lepidium cartilagineum), die Wegericharten des Gebietes (Plantago maritima und tenuiflora) und der Meerstrand-Dreizack (Triglochin maritimum) sowie der Salzlöwenzahn (Taraxacum bessarabicum), um nur einige zu nennen. Diese Sukkulenz der Salzpflanzen ist, wie bekannt, durch direkte Einwirkung der Salze verursacht, dagegen sind andere morphologische Eigenheiten wahrscheinlich entwicklungsgeschichtlicher Art und haben keine unmittelbare Beziehung zum Salzgehalt des Bodens. So die weißfilzige Behaarung beim Salzwermut (Artemisia maritima), so die häufige Kleinblättrigkeit bei Kampferkraut (Camphorosma annua) und Melden (Gattung Suaeda). Bei einigen Gänsefußgewächsen (Chenopodiaceae) wie zum Beispiel beim Glasschmalz (Salicornia europaea) sind die Blätter reduziert oder verhärtet (skleromorph) wie beim Dorngras Crypsis aculeata. Vielfach besteht eine Beziehung von Halophyten und Ruderal-(Ödland-)Arten, und in einigen Fällen kann als sicher angenommen werden (WENDELBERGER 1950), daß ursprüngliche Salzbodenbewohner zu Ödlandsiedlern wurden. So ist die Salzkamille (Matricaria bayeri) Stammform der ruderalen Kamille (Matricaria chamomilla), und die Kleeart Trigonella

coerulea ist von der im Salzgebiet vorkommenden Trigonella procumbens abzuleiten. Auch der umgekehrte Weg, Ödland – Salzboden, dürfte beschritten worden sein, wofür die Gattung Lepidium (zum Beispiel Lepidium perfoliatum) als Beispiel dienen mag.

Ein Übergang von den halophilen Vergesellschaftungen zu den Trockenrasenassoziationen ist durch feuchte Niederungen (Neusiedlerseewiesen) gegeben, die im Westen der Zitzmannsdorfer Wiesen, einer sekundären Steppenvegetation über der Wüstung von Zitzmannsdorf, anschließen und vom Neusiedlerseebecken durch den Seedamm getrennt werden. Diese Niederungswiesen, durch eine Pfeifengras-(Molinia-coerulea-)Assoziation charakterisiert, sind durch Pflanzen wie Rutenförmiger Weiderich (Lythrum virgatum), Kurzkopfdistel (Cirsium brachycephalum), Vielblütiges Leinkraut (Silene multiflora) und Bastard-Schwertlilie (Iris spuria) gekennzeichnet. Letztere ist wohl ein eurasiatisch-mediterranes Element, das im Burgenland nur noch auf den Zitzmannsdorfer Wiesen vorkommt. In den feuchten Niederungswiesen finden sich außerdem als Eiszeitrelikte Alpenfettkraut (Pinguicula alpina) und Weißer Germer (Veratrum album). Das Alpenfettkraut zählt zu den fleischfressenden Pflanzen, bedarf aber nicht unbedingt der Fleischnahrung. Es ist ein arktisch-alpines Element, das von der Schweiz bis in das Baikalseegebiet verbreitet ist. Die Art kommt übrigens im Burgenland noch in den Wiesenmooren bei Sauerbrunn vor. Ferner sind im feuchten Bereich der Zitzmannsdorfer Wiesen Sibirische Schwertlilie (Iris sibirica), Prachtnelke (Dianthus superbus) und Fieberklee (Menyanthes trifolia) anzutreffen. Außerhalb der Pfeifengrasbestände mit Binsen vergesellschaftet, findet sich die Weidenblättrige Wolfsmilch (Euphorbia salicifolia), während die seltene Entferntährige Segge (Carex distans), die Salz-Schwarzwurz (Scorconera parviflora) und die Salzbinse (Juncus gerardi) in kalkreichen Anmooren in der Schwarzkopf-Ried-(Schoenus nigricans-)Gesellschaft wurzeln. An wechselfeuchten Stellen treten übrigens auch in den Zitzmannsdorfer Wiesen Halophyten, wie Meerstrandwegerich (Plantago maritima) und Pannonaster (Aster tripolium pannonicus) auf. Dort, wo nicht unbedingt Salz angereichert ist, kommt ein europäisches Unikat, nämlich der Schlitzblättrige Wermut (Artemisia laciniata) vor, der wieder ein zentralasiatisches Element darstellt und früher auch in Mitteldeutschland und im Marchfeld beheimatet war. Schlitzblättriger Wermut, Bastard-Schwertlilie und auch Graue Aster (Aster canus) werden als Relikte einer Warmzeit, wie sie vor rund 8 000 Jahren geherrscht hat, aufgefaßt. So sind also auf den Zitzmannsdorfer Wiesen Eiszeit- und Warmzeitrelikte auf engstem Raum vereint, Zeugen einer durch die Jahrtausende wechselvollen Klimageschichte.

Wir sind aber mit den Schätzen der Zitzmannsdorfer Wiesen noch lange nicht zu Ende und werden überdies bei der Besprechung der Tiere wieder auf sie zurückkommen. Auch die mitteleuropäischen Trockenrasen, soweit ursprünglich, werden als warmzeitliche Relikt-Landschaften aufgefaßt, die auf Fels, Sand, Löß oder Salzboden überdauern konnten: Dies trifft auf die Trockenrasen der Zitzmannsdorfer Wüstung freilich nicht zu, und trotzdem sind hier gegenwärtig die schönsten Wiesen erhalten, freilich kaum mehr als 400 Jahre alt. Mit Gräsern und Seggen wie Falschem Schaf-Schwingel (Festuca pseudovina) und Schmalblättriger Segge (Carex stenophylla, die übrigens einstmals auf der Türkenschanze in Wien vorkam) sind die trockenen Standorte ausgewiesen, die von mehreren Tragantarten, wie Österreichischem, Stengellosem und Rauhem Tragant (Astragalus austriacus, exscarpus und asper), Österreichischem Salbei (Salvia austriaca: auch diese Art kam einstmals auf der Türkenschanze vor), Purpurkönigskerze (Verbascum phoenicium) und Österreichischem Wermut (Artemisia austriaca) besiedelt werden. Außerdem wachsen hier Spätblühender Löwenzahn (Taraxacum serotinum), Silberweißes Fünffingerkraut (Potentilla argentea), Österreichischer Flachs (Linum austriacum), Piemontisches Labkraut (Galium pedemontanum), mehrere Schafgarben-Arten (Achillea) und Schmalblättrige Traubenhyazinthe (Muscari tenuiflorum), um nur einige zu nennen.

Die meisten übrigen Trockenrasen des Seewinkels sind stark degradiert und haben als vorherrschende Arten Dornigen Hauhechel (Ononis spinosa) und Gemeine Flockenblume (Centaurea jacea). Dominierendes Gras ist oft der Gefingerte Hundszahn (Cynodon dactylon).

Eine einstmals gänzlich anders geartete floristisch und faunistisch reiche Landschaft war der Vorläufer des Neusiedlersees, der zum Niedermoor verlandete Hanság oder Waasen. Nunmehr trockengelegt und größtenteils landwirtschaftlich genutzt, läßt er diesen ehemaligen Reichtum nicht einmal mehr ahnen. Auf einer Exkursion im Jahre 1856 erlebte ihn der Botaniker Hugo HITSCHMANN (1858) noch so: „Doch man würde sich sehr täuschen, wenn man glauben würde, der Hanság sei so einförmig; vorzüglich im südöstlichen Theile kommt . . . eine Menge offener Teiche und Seen, von welchen der Königsee der tiefste ist, die Zick-, Lad- und Ganslacke, der Rothsee und der Szöketo etc. vor . . . Die Hauptnahrungsquellen für die Bewohner dieser Gegenden bilden die Jagd nach den mannigfachen Wasservögeln, die Fischerei, der Verkauf des Heus (von dem vorzüglich nach Wien viel geführt wird) und das Flechten von Matten, hier Dacken genannt, aus Typha angustifolia (Schmalblättriger Rohrkolben) und Typha latifolia (Breitblättriger Rohrkolben)." HITSCHMANN fand hier auch noch eine reiche Flora mit Arten, die heute im Burgenland als stark gefährdet, im Hanság aber als ausgestorben gelten, wie den Zungen-Hahnenfuß (Ranunculus lingua; lange vorher kam diese seltene Art auch im Prater vor!). War der österreichische Anteil des Hanság noch nach dem Zweiten Weltkrieg weithin mit Steifer Segge (Carex elata), einer ergiebigen „Rauf-Streu" (nicht mähbar), bewachsen, so ist gegenwärtig bestenfalls eine degradierte Pfeifengrasgesellschaft anzutreffen.

Während der Flora des Gebietes schon in der ersten Hälfte des 19. Jhts. Aufmerksamkeit geschenkt wurde, ja sogar Angaben aus dem 18. Jht., u. a. von dem berühmten holländischen Botaniker Nicolaus JACQUIN, vorhanden sind (Flora Austriacae Icones), stammen die zoologischen Angaben fast alle aus unserem Jahrhundert, wie im folgenden gezeigt werden wird.

Von Würmern, Schnecken, Spinnen

Archäologen sollten den Würmern dankbar sein, da sie jeden Gegenstand von der Erdoberfläche, der nicht verwest oder zersetzt wird, unter ihren Exkrementen begraben und so erhalten und vor Zerstörung schützen.
Charles DARWIN

Die Tiere des Seewinkels sind sehr ungleichmäßig bearbeitet: Während die Wasserfauna, während viele Insektenordnungen, Spinnen, Schnecken und besonders die Wirbeltiere dort großes Interesse gefunden haben, ist die Kleintierfauna der Böden kaum untersucht. So wissen wir über die Protozoenfauna (Einzeller) und die Rädertiere feuchter Böden so gut wie nichts, und nur eine einzige Arbeit liegt derzeit über Fadenwürmer (Nematoda) vor (GUNHOLD und PSCHORN-WALCHER 1956), die erkennen läßt, daß die meisten der dreißig gefundenen Arten in grundwasserbeeinflußten Böden leben. Bindung an Salz- oder gar Sodaböden läßt sich hier kaum ablesen. Eher noch zeigt sich eine Abhängigkeit vom Feuchtigkeitsgrad der untersuchten Böden, die in dieser Arbeit alle aus dem Raum des nördlichen Neusiedlerseegebietes stammten. Auch die Regenwurmfauna ist nur unzureichend bekannt.

Naturgemäß sind die Trockenrasen von einer artenarmen Schneckenfauna besiedelt, die auf Hitze und mangelnde Feuchtigkeit mit einer Ruhepause, einem Trockenschlaf, zu reagieren vermag. Dazu gehören Vertreter der Hain- und Schnirkelschnecken (Helicidae) wie die Große Heideschnecke (Helicella obvia) und weitere Angehörige dieser Gattung (striata, geyeri). Diese Landlungenschnecken befestigen sich bei Dürre mit Schleim an Pflanzen wie dem Hauhechel (Ononis spinosa) und können dort bei flüchtiger Betrachtung für Früchte gehalten werden. Die Mündung des Gehäuses verschließen die Tiere durch mehrere hintereinanderliegende Schutzhäute, welche die Austrocknung des Weichkörpers hintanhalten. Alle Lebensfunktionen wie Atmung und Herztätigkeit sind herabgesetzt, und mit einem Minimalstoffwechsel können diese Schnecken viele Monate ohne Regen und ohne Nahrung existieren. Bei Eintritt von Regen werden sie aktiv, trinken Wasser und nehmen Nahrung auf. Die Große Heideschnecke ist im Seewinkel über weite Strecken die einzige häufige Landschnecke. In den Trockenzonen leben noch Windelschnecken mit walzigem bis spitz-eiförmigem Gehäuse, wie die Getreideschnecke (Abida frumentum) und die Moosschraube (Pupilla muscorum), Vertreter der Chondrinidae und der Pupillidae. Desgleichen die Grasschnecke (Jaminia tridens, Vallonidae) und die überaus anpassungsfähige Bernsteinschnecke (Succinea oblonga). Alle diese Arten sind in Mitteleuropa weit verbreitet.

In weniger trockenen Rasenzonen kommt die Wiesenschnecke (Vallonia enniensis) und die Gartenschnecke (Cepaea hortensis, Helicidae) vor, die Gartenschnecke allerdings nur in Siedlungsnähe und in Deckung von Gebüsch, das auch von der Kartäuserschnecke (Monacha cartusiana, Helicidae) bevorzugt wird. Im feuchteren Wiesengelände lebt die Egelschnecke (Limax tenellus), ein Vertreter der Familie der Limacidae (Egelschnecken). Zusammen mit den Wegschnecken (Arionidae) gehören sie zu den „Land-Nacktschnecken" ohne Gehäuse, die im Seewinkel noch kaum untersucht sind. Aus einem Wäldchen beim Unteren Stinkersee ist schließlich die Kugelige Glasschnecke (Vitrina pellucida, Vitrinidae), die eher an kühlen und feuchten Orten lebt und auch während des Winters aktiv ist, bekannt geworden.

In den Lacken, soweit sie süß sind – auch auf Salzböden fehlen Schnecken –, schließt die Fauna der Schlammschnecken (Lymneidae) mit den Arten Radix peregra, Galba palustris und Lymnaea stagnalis sowie den Tellerschnecken (Planorbidae) mit Anisus spirorbis an. Über die Wasserschneckenfauna des Seewinkels ist recht wenig bekannt. Eine vermittelnde Rolle zwischen Wasser- und Landschnecken nimmt die auf nassen Wiesen lebende Zwergwindelschnecke (Vertigo pygmaea) ein. Sie gehört zur Familie der Vertigidae und zu der schon angeführten Gruppe der Grasschnecken.

Die Milben der Seewinkelböden sind ebenfalls bei GUNHOLD und PSCHORN-WALCHER (1956) und vom bekannten Spezialisten SCHUSTER (1959) behandelt: Über 110 Arten allein von Moosmilben (Oribatei) werden aus dem Neusiedler Raum angeführt, was etwa einem Fünftel der aus Österreich bekannten Oribatidenfauna entspricht.

Allerdings ist die systematische Bearbeitung dieser kleinen Bodenbewohner so schwierig, daß nur wenige Zoologen imstande sind, diese Tiere zu bestimmen. Obwohl sich die meisten dieser Moos- oder Käfermilben im Waldboden finden, gibt es doch

Wärme und Trockenheit liebende (thermo- bzw. xerophile) Arten in trockenen Steppenböden und Hutweiden. Oribatula pannonica zählt unter anderem dazu.

Auch von den Laufmilben (Trombidiformes), einer ebenfalls systematisch außerordentlich schwierigen Gruppe, sind aus dem Gebiet gegen 30 Arten bekannt. Dem Laien ist meist nur die Rote Spinne (Gattung Trombidium) geläufig, die auch wie Trombidium mediterraneum an trockenen Standorten im Gebiet vorkommt.

Zu den Laufmilben gehören neben Pflanzenparasiten auch Arten, die in ihrem Larvenstadium als Ektoparasiten auf Reptilien, Vögeln und Säugern leben, ja sogar den Menschen befallen.

Der Zoologe KEPKA hat aus dem Seewinkel sogar neue Arten dieser Milben bekannt gemacht, nämlich Euschoengastia pannonica und Trombicula parndorfensis, die an Zieseln, Maulwürfen und Feldmäusen parasitieren. Die reifen Tiere leben übrigens wie Käfermilben in den oberen Bodenschichten, wo sie sich besonders von Eiern anderer Kleinarthropoden ernähren. Da auch die Wassermilben des Seewinkels bearbeitet sind, gehören die Milben (Ordnung Acari), eine der formenreichsten Gruppen mit gegen 10 000 Arten, zu den relativ gut untersuchten Tieren des Seewinkels.

Ähnliches gilt für die Spinnenfauna (Ordnung Araneae), deren Bearbeitung mit den Namen REIMOSER und NEMENZ verknüpft ist und deren Umfang im Seewinkel rund 90 Arten beträgt. Merkwürdigerweise fehlen in den Sodagebieten die als halophil bekannten Arten. Nur bei Dactylopistes digiticeps, einer Spinne mit sonst südlicher Verbreitung (Türkei, Südfrankreich), die zur Familie der Micryphantidae gehört, liegt der Verdacht auf eine Salzbindung nahe. Sonst sind an den Salzstellen einerseits herumschweifende und jagende Wolfsspinnen (Lycosidae), wie Pardosa monticola und Pirata piraticus, oder aber netzbauende Formen aus der Familie der schon erwähnten Micryphantiden anzutreffen. Zu ihnen zählt unter anderem Erigone vagans, die in Trockenrissen des Sodabodens ihre Netze anlegt. Unter den Lycosiden ist die Südrussische Tarantel (Allohogna

signoriensis) mit Westgrenze Neusiedlerseegebiet und Niederösterreich östlich von Wien wohl am bekanntesten geworden, da sie die größte heimische Spinnenart ist. Sie lebt tagsüber in mit Spinnenfäden ausgekleideten Gängen, die sie schräg abwärts und an leichten Bodenerhebungen anlegt, und ist Nachtjäger, dessen Augen im Lampenlicht so deutlich reflektieren, daß sie dadurch leicht gefunden werden kann. Ihr Vulgärname, der sich von der süditalienischen Stadt Tarent herleitet, bezieht sich auf den dort üblichen wilden Tanz „La Tarantola", welcher als Heilmittel gegen den Biß dieser Spinne empfohlen wurde. „Wie von der Tarantel gestochen" ist also ein Mißverständnis von Symptom und Therapie. Der alte Brockhaus, Ausgabe 1886, weiß darüber zu berichten: „Ältere Reisebeschreibungen wiederholen ohne Unterschied diese Fabel [des Spinnenbisses der „Tarantola"] und geben als Symptome an: Schmerz einer gebissenen Stelle, Mißstimmung, Angst, Schwindel, Zittern, Fieber, Übelkeit, Erbrechen, Wutanfälle, bei einigen Kranken ausschweifende Lustigkeit, Haß gegen schwarze Farbe, Liebe zu Grün und Rot, mit einem Wort eine Menge von Zeichen von hypochondrischen und hysterischen Leiden . . ." Möglicherweise ist der Biß etwas schmerzhaft, jedoch sicher nicht gefährlich. In feuchtem Gelände und in Wiesen lebt der häufigste Vertreter der Radnetzspinnen (Araneidae), nämlich Araneus cornutus. Zu dieser Familie zählt auch die auffällig gefärbte Wespenspinne (Argiope bruennichi), deren Weibchen immerhin über 2 cm lang werden. In den Blütenköpfen der Weichen Bisamdistel (Jurinea mollis) lebt die Krabbenspinne Thomisius onustus, und auch in den kleinen Wäldchen des Seewinkels kommt ein Vertreter dieser Familie, nämlich Xysticus audax, vor. Ebenso wie mediterrane Elemente – wir erwähnten Dactylopistes digiticeps, und auch Thomisius onustus gehört hierher – sind auch südöstliche Arten im Gebiet vorhanden, darunter die Springspinne (Salticidae) Euophrys obsoleta. Zu den östlichen Arten zählt die weit nach Asien verbreitete Tarantel. Allerdings ist die Kenntnis der Verbreitungsareale der meisten Spinnen noch stark von der Tätigkeit der Spezialisten abhängig.
Viel weniger als über Spinnen kann derzeit über

Weberknechte (Ordnung Phalangida) des Seewinkels mitgeteilt werden. Der Gemeine Weberknecht (Phalangium opilio) ist von dort bekannt, doch müßten sich weitere Arten im Gebiet befinden.

Die Bücherskorpione (Ordnung Pseudoscorpiones) sind lediglich aus Wäldchen des Illmitzer Gebietes angeführt. Unter den drei bisher entdeckten Arten auch Atemnus politus, ein Erstfund für Österreich.

Die Klasse der Krebstiere (Crustacea) ist im Seewinkel vorwiegend aquatisch verbreitet. Landkrebse, bei uns durch Asseln (Isopoda) vertreten, sind kaum untersucht. Lediglich Armadillidium zenckeri, Porcellio collicola und Tracheoniscus rathkei sind von dort beschrieben. Sicher kommen noch mehr der bisher aus dem Burgenland bekannten 20 Arten vor.

Von den Tracheentieren (Unterstamm Tracheata) ist die Klasse der Tausendfüßer (Myriapoda) ebenfalls unbearbeitet. Sicher ist der bis zu 10 cm lange Gürtelskorpion (Scolopendra cingulata), aus dem Gebiet westlich des Neusiedlersees bekannt, hier nicht zu erwarten. Doch sind in den Trockenrasen Schnurasseln (Diplopoden) der Art Chromatojulus unilinneatus häufig.

Der liebe Gott und die Käfer – das Heer der Insekten

Zu ihnen gehören, wie der Name anzeigt, alle diejenigen, welche auf der Bauch- und auf der Rückenseite oder auf beiden Seiten Einschnitte haben und bei denen die Substanz des Körpers weder knochen- noch fleischartig ist, sondern zwischen beiden die Mitte hält: denn ihr Leib ist innen und außen gleichmäßig hart. ARISTOTELES

Die weitaus größte Klasse des gesamten Tierreiches mit mehr als einer Dreiviertelmillion Arten ist die der Insekten (Insecta). Vier von den fünf Unterklassen werden als Urinsekten zusammengefaßt und ihrer Flügellosigkeit wegen als Flügellose (Apterygota) den Geflügelten (auch hier sind Rückbildungen der Flügel möglich), Pterygota, gegenübergestellt. Von den vergleichsweise eher artenarmen Urinsektengruppen sind sicher alle vier Unterklassen im Seewinkel vertreten. Nur die Springschwänze (Collembola), die mit den Fadenwürmern, den Käfermilben und weiteren Tiergruppen die wichtigsten Vertreter der Bodenfauna stellen, haben mehrfach Aufmerksamkeit gefunden. Dem Laien sind sie durch den allerdings hier nicht vorkommenden Gletscherfloh bzw. als unwillkommene, namenlose Gäste der Topferde von Zimmerpflanzen bekannt. Viele Arten besitzen einen namengebenden Hinterleibsanhang, die Sprunggabel, mit der sie beachtliche Sprünge leisten. Wegen ihrer dünnen Haut fühlen sich die Springschwänze meist an hohe Luftfeuchtigkeit gebunden und finden sich daher im Boden, an Ufern und teilweise auch auf der Wasseroberfläche wenig bewegter Gewässer, getragen von der Oberflächenspannung des nassen Mediums. Eigentliche, untergetauchte Wasserbewohner haben sie nicht hervorgebracht.

Der Artenreichtum nimmt gegen Lackenufer und Seerand zu. Hier finden sich auch von Meeresküsten bekannte Tiere, wie Hypogastrura viatica und Ballistura crassicauda sowie Xenylla maritima. Auf den Lackenoberflächen selber findet sich der Kugelspringer Sminthurides aquaticus, der als Nahrungsspezialist bekannt ist und am liebsten Wasserlinsen verzehrt. Außerdem ist dieser winzige Collembole wegen der in dieser Gruppe sonst meist mangelnden Geschlechtsunterschiede hervorzuheben: Die viel kleineren Männchen haben als Klammerorgane ausgebildete Antennen (Fühler), mit denen sie sich an den Fühlern der Weibchen festhalten, von diesen hochgeschwenkt werden, so daß eine Lage Rücken an Rücken die Folge ist. All dies bedeutet nur das Vorspiel der Samenübertragung, die vom wieder losgelösten Männchen auf der Wasseroberfläche erfolgt. Diese sogenannte Spermatophore („Samenträger") ist für

Collembolen, aber auch für andere Tiere (zum Beispiel Spinnentiere, manche Insekten, Copepoda oder Ruderfüßer und sogar Molche) charakteristisch. Sie wird schließlich vom Weibchen aktiv aufgenommen. Von den geflügelten Insekten (Pterygota) haben die ursprünglichen Tiere der Ordnungen Eintags- und Steinfliegen (Ephemeroptera und Plecoptera) bisher wenig Beachtung gefunden. Letztere dürften im Seewinkel zumindest stark zurücktreten. Unter den Eintagsfliegen ist bislang nur die Gattung Cloeon (wahrscheinlich C. dipterum) bekannt, die stehende Gewässer (beide Ordnungen sind zum Großteil auf Fließgewässer beschränkt) bevorzugt. Tiere dieser Gattung sind im Gegensatz zu anderen Eintagsfliegen durch Lebendgebären bekannt. Das Weibchen legt also keine Eier ab, sondern gebiert im Fluge über dem Wasser 600 bis 700 Lärvchen.

Die Libellenfauna des Burgenlandes (von insgesamt 50 bekannten Arten ist der Großteil aus dem Raum Neusiedlersee–Seewinkel bekannt) ist eine Mischfauna mediterraner und eurosibirischer Elemente. Es fehlen hier vor allem die auf Hochmoore beschränkten und kältebedürftigen Libellen. Der Libellenfachmann STARK unterscheidet eine Teichgesellschaft der Schottergruben, die durch die Königslibelle (Anax imperator und Anax parthenope) und die Gattung Erythromma (E. najas und viridulum) charakterisiert ist, sowie eine Verlandungszonengesellschaft im Uferbereich der Lacken, für die Vertreter der Binsenjungfern (Lestes sponsa und dryas) und Heidelibellen (Sympetrum sanguineum und vulgatum) typisch sind. In beiden Fällen gibt es eine umfangreiche Begleitfauna, der in den Verlandungszonen der Lacken u. a. weitere Binsenjungfern (L. viridis, macrostigma – eine pontisch-mediterrane Art – und barbarus), Mosaiklibellen (Aeshna affinis und mixta) und Vierflecklibelle (Libellula quadrimaculata) zugehören. Binsenjungfern fehlen an den Schottergruben, während Königslibellen die Lackenufer meiden. Vierflecklibellen und Blaupfeile (Orthetrum cancellatum) gibt es in der Begleitfauna beider Gesellschaften. Über die Lebensweise der Larven in den Lacken und über ihre Toleranz Salz- und Sodagehalt gegenüber ist so gut wie nichts bekannt. Über die Hälfte der Arten

Das Wiener Nachtpfauenauge ist der größte heimische Schmetterling Mitteleuropas, der auch im Mittelmeerraum zu Hause ist.

Links oben: Die Gottesanbeterin ist die in Europa am weitesten nach Norden verbreitete Art. In Österreich kommt sie im Osten und in Südkärnten vor. – Links unten: Die Tarantel ist die größte heimische Spinnenart, die bis nach Zentralasien verbreitet ist und im pannonischen Raum Österreichs ihre Westgrenze in Mitteleuropa hat.

Rechts oben: Die Turm- oder Nasenschrecke besitzt einen kegelförmig verlängerten Kopf. Diese merkwürdige Schrecke ist Bewohner trockenwarmer Vegetation und in Österreich auf den südlichen pannonischen Raum beschränkt. – Rechts unten: Die große Raupe des Wiener Nachtpfauenauges ist mit himmelblauen Warzen geziert und lebt u. a. auf Obstbäumen.

Die auffällig gefärbte Wespenspinne gehört zu den Radnetzspinnen (links Unterseite, rechts Oberseite).

Oben: Der Walker fliegt im Juli und bevorzugt Kiefern und Eichen in sandigen Gebieten.
Rechts: Der Mondhornkäfer ist mit dem fast vollständigen Rückgang der Viehwirtschaft wohl bereits aus dem Seewinkel verschwunden.

Der Steppenfrostspanner (links) hat im östlichen Österreich die Westgrenze seiner Verbreitung. Das Weibchen (rechts im rechten Bild) ist flügellos.

Oben: Der Moorfrosch kommt in feuchten Wiesen und in niedermoorigen Gebieten vor. Noch kann er dort regelmäßig gesehen werden. – Rechts: Die Grünfrösche sind die häufigsten Amphibien des Seewinkels. Ihre Systematik steckt voller Probleme.

Die Wechselkröte, einstmals im Seewinkel außerordentlich häufig, ist rapide im Rückgang begriffen. Pestizide, Zunahme des Weinbaus und andere Eingriffe in die Landschaft tragen daran die Hauptschuld.

Oben: Der vorwiegend dämmerungsaktive Hamster ist in manchen Jahren sehr häufig. – Rechts: Das Ziesel als Bewohner des pannonischen Raumes Österreichs ist besonders im Seewinkel häufig, aber auch hier von Weinbau und Rückgang der Weideflächen betroffen.

fliegt während des Sommers, an zweiter Stelle stehen die Frühjahrslibellen. Nur zwei Arten, die Binsenjungfer Lestes viridis und die Heidelibelle Sympetrum striolatum, haben eine Flugzeit, die erst Ende August beginnt. Die Heidelibelle kann manchmal, ebenso wie die Vierflecklibelle, in großer Zahl schwarmmäßig auftreten. Auch während böiger Winde ist oft eine Konzentration Hunderter Libellen an den Leeseiten von Baum- und Buschbeständen zu beobachten: Dann sind fast alle im Gebiet und zu entsprechender Jahreszeit vorkommende Arten anzutreffen. Die Vierflecklibelle (Libellula quadrimaculata) führt zuweilen große Wanderzüge aus. Wo ein solcher erscheint, muß das Hausgeflügel eingesperrt werden, denn diese Libellen sind Wirte eines Parasiten, des Saugwurms Prosthogonimus pellucidus. Frißt ein Huhn eine Libelle mit ihrem Parasiten, so dringt der Parasit über Darm und Kloake in den Eileiter ein. Dies führt zur Ablage von „Windeiern" oder sogar zum Tod des Vogels.

Die Überordnung der Orthoptera (Geradflügler) und hier wieder besonders die Ordnung der Schrecken (Saltatoria) haben schon ähnlich früh wie die Käfer Beachtung gefunden, so durch den hauptsächlich als Reptilienfachmann bekannten österreichischen Zoologen WERNER (1932).

Ähnlich einigen anderen Insektengruppen reagieren die Geradflügler oft empfindlich auf mikroklimatische Einflüsse. Rund 60 Schrecken (zu denen auch die Grillen, Grylloidea, zählen) sind aus dem weiteren Neusiedlerseeraum bekannt, und rund ein Drittel davon gehört dem ost-, südosteuropäischen und dem pontomediterranen Verbreitungstypus an. Darunter sind wieder solche, die im Seewinkel ihre Westgrenze erreichen, wie das Südöstliche Grüne Heupferd (Tettigonia caudata), das sonst noch im südlichen Österreich vorkommt, oder solche, die wenigstens im Neusiedlerseegebiet ihren äußersten Vorposten haben, wie die Südliche Beißschrecke (Platycleis affinis), der Grashüpfer (Chorthippus dichrous) oder die Neusiedler Strandschrecke (Epacromius coerulipes pannonicus), die erst 1909 von dem bekannten österreichischen Entomologen KARNY entdeckt wurde. Darüber hinaus kommen zahlreiche Arten vor, die im

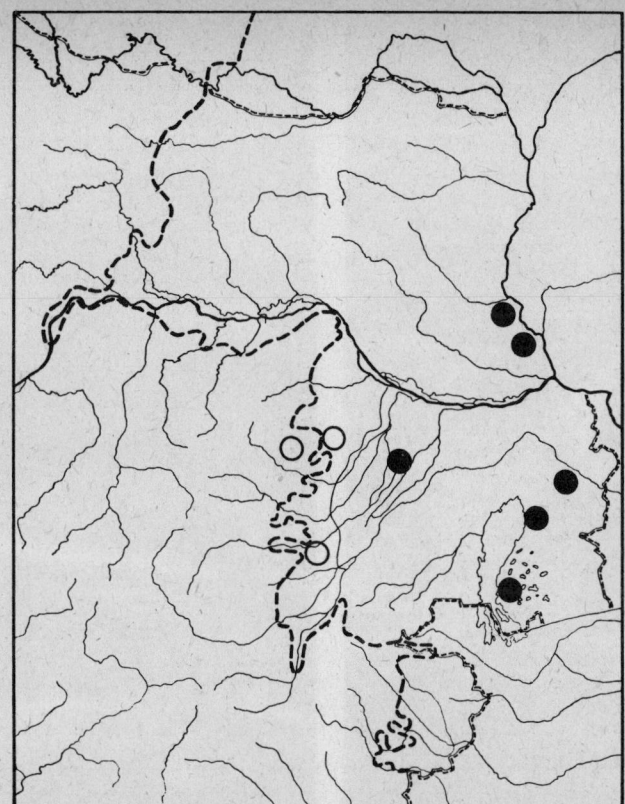

Abbildung 11: Die Verbreitung von Gampsocleis glabra (strichliert: die Westgrenze des pannonischen Raumes, weiße Kreisflächen: ehemaliges Vorkommen). Nach A. Kaltenbach

pannonen Raum Österreichs mehr oder weniger weite Verbreitung haben, also zum Teil auch im Wiener Bereich vorkommen. Dazu gehören die Braunfleckige Beißschrecke (Tesselana vittata), der Südosteuropäische Grashüpfer (Dociostaurus brevicollis), der Dicke Grashüpfer (Stenobothrus crassipes) und Bolivars Dornschrecke (Tetrix bolivari). Unter den Grillen hat die gänzlich schwarze Steppengrille (Melanogryllus desertus) entsprechende Verbreitung. Auch die Nasenschrecke (Acrida hungarica), deren Kopf kegelförmig verlängert ist und deren lokales Vorkommen bei Podersdorf und Illmitz stark gefährdet erscheint, gehört hierher. Schließlich muß dieser Gruppe auch die kleine metallisch glänzende Grabschrecke (Tridactylus pfaendleri) zugezählt werden, die zwar, flüchtig betrachtet, wie eine kleine Maulwurfsgrille aussieht, jedoch eine grabende Feldheuschrecke ist.

Natürlich lassen sich unter den Geradflüglern je nach Standort - gesteuert hauptsächlich durch Feuchtigkeitsgrad, Wärmeanbot und Vegetation – charakteristische Vergesellschaftungen unterscheiden. Auf den trockenen Hutweiden ist oft der Wiesengrashüpfer (Chorthippus dorsatus) die dominierende Art, begleitet vom Dicken Grashüpfer und Verkannten Grashüpfer (Glyptobothrus mollis) sowie Grüner Strandschrecke (Ailopus thalassinus). Diese tritt besonders an Lackenrändern und zusammen mit der Blauflügeligen Ödlandschrecke (Oedipoda coerulescens), mit Italienischer Schönschrecke (Calliptamus italicus), die auch in Österreich durch Massenauftreten – der Heuschreckenspezialist EBNER (1948) berichtete darüber – gelegentlich schädlich werden kann, und mit Blauflügeliger Sandschrecke (Sphingonotus coerulans) auf. In den Niedermoorwiesen des Hanság ist der schon genannte Grashüpfer Chorthippus dichrous neben De Geers und Charpentiers Grashüpfer (Chorthippus albomarginatus und montanus) häufig. Die oben erwähnten Beißschrecken, Angehörige der Laubheuschrecken, die immer durch lange Fühler ausgezeichnet sind, kommen als Wärme und Trockenheit liebende Arten an geeigneten Stellen, besonders im Seedammgebiet zwischen Podersdorf und Illmitz, vor.

Zu den Geradflüglern werden schließlich die Ohrwürmer (Dermaptera) gezählt, die durch mächtige Hinterleibszangen, für Nahrungserwerb und zur Verteidigung dienend, ausgezeichnet sind. Die im Seewinkel vorkommenden Arten sind alle kosmopolitisch wie der Sandohrwurm (Labidura riparia).
Im Gegensatz zu früherer Auffassung werden die Fangschrecken (Gottesanbeterinnen, Mantodea) nicht mehr zu den Geradflüglern gezählt, sondern zusammen mit den Termiten der Überordnung der Schabenverwandten (Blattaria) zugerechnet. Sie alle lassen sich auf die Urschaben des Erdaltertums und damit in die Zeit der Anfänge von Insektenleben überhaupt zurückführen. Gemeine Waldschabe (Ectobius lapponicus) und Podas Waldschabe (Ectobius silvestris), in Europa weit verbreitet, kommen auch in unserem Gebiet vor. Viel auffälliger als die in Bodenstreuschicht lebenden Schaben ist der einzige bei uns heimische Vertreter der Fangschrecken, die Gottesanbeterin (Mantis religiosa). Dieses Augentier mit frei beweglichem Kopf und hochspezialisierten Fangbeinen wird fast 8 cm lang, ist in Österreich auf Wärmeinseln im pannonen Raum und in Südkärnten beschränkt und wahrscheinlich afrikanischen Ursprungs. Die räuberischen Tiere neigen zu Kannibalismus, und wie bei den Spinnen betreiben die Weibchen gelegentlich Gattenmord. Dabei können Männchen, deren Vorderende bereits abgefressen wurde, dank autonomer nervöser Zentren noch weiterhin Besamung leisten.
Sind unter Geradflüglern und Schabenverwandten des Seewinkels salzliebende Tiere nicht bekannt (der Neusiedler Strandschrecke wird vielfach Bevorzugung von Salzböden zugeschrieben), so finden sich Bewohner von Salzböden um so mehr unter den Schnabelkerfen (Hemiptera, früher Rhynchota). Hierzu zählen von Schild- und Blattläusen über Zikaden bis zu den Wanzen etwa 50000 sich stechend-saugend ernährende Insekten, deren Vergangenheit bis in die Jüngere Steinkohlenzeit zurückreicht. Die Wanzen (Ordnung Heteroptera = Ungleichflügler) sind mit rund 170 Arten im Gebiet vertreten, darunter auch mit den relativ wenigen Wasserwanzen, über die im Lackenkapitel berichtet wird. Zu den Bewohnern

von Salzböden und Halophytenvegetation zählen die erst 1980 erstmals für Österreich nachgewiesene Wanze Limnonabis lineatus, Sichelwanzen (Nabidae), ferner die Langwanzen (Henestaris halophilus) und Geocoris albipennis (Lygaeidae), welche an der Salzmelde, und Orthotylus rubidus (Miridae), der auf Glasschmalz lebt. Zu dieser Familie zählt auch die salzliebende Art Conostethus hungaricus, oftmals massenhaft in Salzschwadenrasen (Puccinellia salinaria) lebend. Auch die Springwanzen (Saldidae) sind mit der Gattung Saldula vertreten und zeigen Bindung an Salzböden. Ihre Nahrung dürfte hauptsächlich aus Collembolen bestehen, während die Wanze Piesma quadratum, Meldenwanzen (Piesmatidae), wiederum Pflanzenfresser an der Salzkresse ist, aber auch als Rübenschädling lebt.
Typische Bewohner der Hutweiden sind die Ritterwanzen Nysius thymi, senecionis und Angehörige der Schildwanzen (Pentatomidae), Gattung Sciocoris. Nur eine Feuerwanzenart (Pyrrhocoridae) ist aus dem Gebiet bekannt (Pyrrhocoris marginatus), und auch die Raubwanzen sind mit wenigen Arten vertreten, darunter die mediterrane Art Metapterus linearis, in Österreich nur aus der Umgebung von Illmitz bekannt.
Von den Pflanzensaugern (Homoptera = Gleichflügler) sind die Zikaden wenig untersucht, Arten der Gattung Cicadula (Jassidae) und die Gemeine Schaumzikade (Philaenus spumarius, Cercopidae) sind bekannte Beispiele des wenig bearbeiteten, sicher umfangreichen Formenschatzes, dem ebenfalls Arten mit Westgrenze Seewinkel zugehören (Psammotettix ornaticeps). Die Schaumzikaden sind übrigens nach der Eigentümlichkeit ihrer Larven, sich mit Schaum – „Kuckucksspeichel" – zu umgeben, benannt, der ihnen gegen Austrocknung und Feinde Schutz gewähren dürfte. An seiner Bildung sind offenbar Darm und Exkretionssystem beteiligt. Zu den Jassiden gehören auch innerhalb der genannten Gattung Cicadula gefürchtete landwirtschaftliche Schädlinge, wie sie von mehreren anderen Unterordnungen der Homoptera (Blattflöhe – Psyllina, Mottenschildläuse – Aleurodina, Blattläuse – Aphidina und Schildläuse – Coccina) bekannt sind und in Vielzahl auch im

Seewinkel auftreten. So schmarotzt die Schildlaus (Lecanium robiniarum) dort an den Robinien, indem sie ihren Rüssel tief in die Gewebe der Pflanze einsticht und deren Säfte saugt. Zu den Feinden dieser Schildlaus gehört der Breitrüßler Anthribus nebulosus, dessen madenartige Larve sich unter dem Lecanium-Schild der Weibchen entwickelt.
Unter den Blattläusen fällt Aphis crassivora an Lepidium cartilagineum auf. Diese Blattlaus wird vom Marienkäfer Coccinella-11-punctata gefressen.
Mit mehr als zwei Fünftel aller bekannten Insekten und rund 300000 Arten hat die Ordnung der Käfer (ein Wort, das sich von Kiefer herleitet) den größten Umfang aller derartigen systematischen Einheiten. Fast jede vierte Tierart ist demnach ein Käfer, und dies hat wohl den berühmten englischen Biologen Lord HALDANE auf die Frage eines Priesters, wie man sich Gott auf Grund seiner Schöpfung vorstellen müsse, zu folgender Antwort bewogen: mit einer großen Vorliebe für Käfer. Dieser Genetiker, der durch eine mathematische Theorie natürlicher Selektion oder Auslese bekannt geworden ist, formulierte übrigens, an Krebs erkrankt, noch selbstironisch: „Cancer many people kills, but so do cars and sleeping pills."
Besonders unter den kleinen und großen Laufkäfern (Carabidae) und unter den Kurzflüglern (Staphylinidae) finden sich wieder zahlreiche Arten, die als pontische oder mediterrane Elemente im Seewinkel ihre Nord- bzw. Westgrenze haben. Darunter aus verständlichen Gründen besonders halobionte und halophile Käfer, unter denen der bekannteste der Sandläufer, Cicindela nemoralis, wahrscheinlich ein wichtiges Beutetier der Tarantel ist. Dieser schnelle und gewandte Käfer entzieht sich bei entsprechender Wärme der Verfolgung durch rasches Auffliegen und ist nur bei niedrigen Temperaturen leicht zu fangen – wenn man ihn trotz seiner guten Tarnfarbe zu entdecken vermag. Wie viele andere Arten ist auch dieser Käfer stark im Rückgang begriffen. Wie bei Spinnen und anderen fleischfressenden Käfern vermag dieser Sandläufer mittels einer abgesonderten Flüssigkeit seine Beute zu zersetzen und als Nahrungsbrühe aufzunehmen. Er ist also zur Außenver-

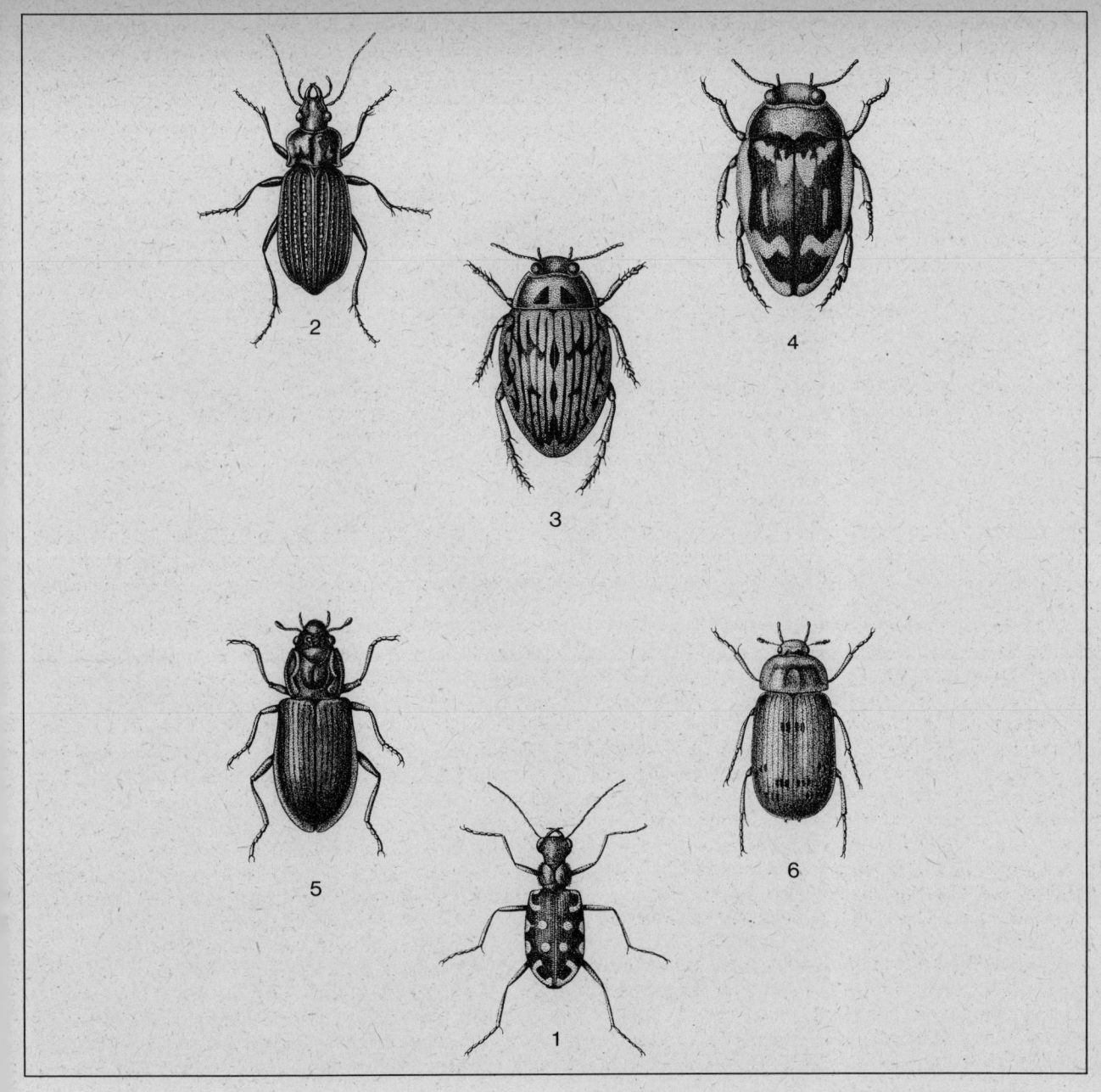

dauung befähigt. Die Larven der Sandläufer leben in selbst gegrabenen senkrechten Röhren in sandigem Boden. Sie tragen am Rücken des fünften Hinterleibsringes zwei gekrümmte Haken, mit welchen sie sich an den Röhrenwänden anstemmen und fortschieben können. Kopf und Halsschild vermögen den Ausgang der Röhre völlig zu verschließen. Gerät so ein Insekt oder ein anderes kleines Tier in den Fangbereich der Larve, so wird es ergriffen und ausgesaugt. Weitere halobionte und halophile Arten sind die Laufkäfer Scarites terricola, Pogonus persicus peisonis und der grabende Dyschirius pusillus. Gerade die zuletzt genannte Art bewohnt extreme Alkaliböden der Ungarischen Tiefebene und des Seewinkels mit pH-Werten von 9,0 und darüber. Sie ist zusammen mit Pogonus luridipennis und dem Ahlenläufer Bembidion ephippium anzutreffen und verfolgt die ebenfalls grabenden Kurzflügler der Gattung Bledius (unicornis, tricornis und spectabilis), die gleichfalls Leitformen für stark salzhaltige und hinreichend feuchte Böden in Lackennähe sind. In weniger stark alkalischen Feuchtböden mit geschlossener Rasendecke treten viele kleine Laufkäfer hinzu. So aus der Gattung Dyschirius (salinus, extensus, strumosus, chalceus usw.), so der Ahlenläufer Bembidion minimum, der schon erwähnte Pogonus persicus peisonis und Anisodactylus pseudoaeneus; ferner Kurzflügler aus den Gattungen Trogophloeus, Atheta, Paederus und Philonthus, wie etwa Philontus salinus. Zu den merkwürdigen Laufkäfern der stärker ausgesüßten Uferzonen gehört der völlig abweichend gebaute, oberseits halbkugelig gewölbte Bewohner tieferer Sandschichten, Omophron limbatus, über dessen Lebensweise nur wenig Information vorliegt. Gleichfalls bemerkenswert ist der auffällige halophile Laufkäfer Scarites terricola, dessen Verbreitung im Osten bis in die Mandschurei reicht und der im Seewinkel bisher nur aus den westlichen Lackenbereichen zwischen Illmitz und Podersdorf bekannt ist. Die Erstfunde stammen in diesem Fall schon aus dem Jahr 1866 und sind im Werk Ludwig REDTENBACHERS, Fauna Austriaca, publiziert. In diesem Werk (Erstauflage 1849, Redtenbacher war damals noch Assistent am Hofnaturalienkabinett) ist übrigens schon eine Reihe von Funden

Abbildung 12: Einige der charakteristischen Käferarten:
1 Cicindela nemoralis (12–14 mm), 2 Carabus clathratus
(30 mm), 3 Hydroporus halensis (4–4,5 mm),
4 Laccophilus variegatus (3,5 mm), 5 Ochthebius
marinus (2 mm), 6 Berosus spinosus (4,5–5,5 mm)

aus dem Neusiedler Gebiet notiert, wie Pogonus luridipennis oder Dyschirius salinus.

Für den sandigen Seedammbereich, deren Heuschreckenfauna wir schon mit Beißschrecke (Platycleis) und Turmschrecke (Acrida hungarica) beschrieben haben, sind bemerkenswerte Blatthornkäfer charakteristisch: es ist dies einerseits ein Vertreter der fast rein tropischen Gruppe der Dynastiden Pentodon idiota, anderseits die selten auch in Wien bei Dämmerung schwärmende Art Anoxia pilosa.

Die Trockenrasen weisen ebenfalls eine Vielzahl hauptsächlich Wärme und Trockenheit liebender (xerothermophiler) Arten auf. Unter den größeren Laufkäfern zählen hierher Cicindela campestris, ein grüner Sandläufer, ferner Vertreter der umfangreichen Gattungen Harpalus (u. a. autumnalis), Amara und Pterostichus. Im Frühjahr fallen Vertreter der Ölkäfer (Meloidae), später Erdböcke der Gattung Dorcadion (fulvum und pedestre) auf. Der mattgrüne Ungarische Rosenkäfer (Potosia hungarica) kam auf Disteln im Gebiet regelmäßig vor, ist aber gegenwärtig kaum noch zu finden. Die Blatthornkäfer Homaloplia ruricola und Anisoplia agricola gehören zu den häufigeren Arten der Trockenrasen und Wiesen. Bei Illmitz konnte in jüngster Zeit der Dunkelkäfer (Tenebrionidae) Lichenum pictum, bisher nur aus Ungarn und weiter südöstlich bekannt, nachgewiesen werden. Zu dieser Familie zählen mehrere Trockenrasenbewohner, wie zum Beispiel Gonocephalum pusillum.

Es ist leicht einzusehen, daß mit dem Rückgang der Trockenrasen, übrigens nicht nur im Seewinkel, zahlreiche Arten gefährdet oder sogar schon ausgestorben sind. Darauf hat vor allem der Zoologe Herbert FRANZ hingewiesen und vor einer weiteren Zerstörung ausdrücklich gewarnt. Trockenrasen, Sumpfwiesen und Lacken – der rasch schwindende Reichtum des Seewinkels!

Eine Käfergruppe, die weitgehend von der Art der landwirtschaftlichen Tätigkeit abhängig ist, umfaßt die Dungfresser oder koprophagen Coleopteren, von welchen einstmals fast 100 Arten im Seewinkel vorkamen. Das ist mehr als 80% des gesamtösterreichischen Formenschatzes. Diese Käfer sind natürlich vom Mist der Weidetiere abhängig, deren günstige Auswirkungen auf den Seewinkel noch mehrfach hervorzuheben sein werden, deren Bestand aber in den letzten Jahrzehnten auf weniger als 10% abgesunken ist. So wird man gegenwärtig lange nach dem Mondhornkäfer (Copris lunaris) suchen müssen, der Rinderkot bevorzugt und durch das lange „Nashorn" der Männchen auffällt. Ebenso dürfte der Pillendreher Sisyphus schaefferi mit dem Schwund von Rindern und Pferden bestenfalls noch eine Rarität des Seewinkels sein; nicht viel besser dürfte es mit dem Pillenmistkäfer Onthophagus taurus stehen, dessen Männchen stierartig zwei lange Hörner am Kopfschild trägt, die ebenso wie die Nashörner der Mondhornkäfer dem Dungtransport dienen.

Wenig ist über die Neuropteren (= Netzflügler) des Seewinkels bekannt. Sicher gibt es hier alle drei Ordnungen dieser Überordnung, doch liegen Mitteilungen hauptsächlich von den Ameisenlöwen (Myrmeleonidae) vor, die neben den goldäugigen Florfliegen (Chrysopidae) zu den bekanntesten Gruppen der Ordnung Hafte (Plannipennia) gehören. Unter diesen Ameisenlöwen verdient die Art Grocus inconspicuus Interesse, die erst 1969 entdeckt wurde und bislang nur aus Ungarn, der Slowakei, aus Südeuropa und aus Kleinasien bekannt war. Wie andere Ameisenlöwen bevorzugen auch hier die Larven sandiges Gelände zum Bau ihrer Fangtrichter. Bezeichnenderweise wurden die Tiere deshalb im Seedammgelände gefunden. Eine besondere Rarität stellt die Gelbgehörnte Ameisenjungfer (Megistopus flavicornis) dar – Ameisenjungfer ist die Bezeichnung für die Adulttiere –, die gleichzeitig eine der kleinsten mitteleuropäischen Arten mit nur 50 mm Flügelspannweite ist. Die Larven, also die Ameisenlöwen, leben im Sand oder auf morschen Bäumen und haben einen 13 mm langen, birnenförmigen Körper. Dieser mediterrane Netzflügler konnte in jüngster Zeit zweimal nachgewiesen werden.

Wie vielleicht noch nicht allgemein bekannt, werden in der Überordnung Mecoptera die fünf Ordnungen der Schnabelfliegen, Köcherfliegen, Schmetterlinge, Zweiflügler und Flöhe zusammengefaßt, die stammesgeschichtlich mit Vorläufern der Schnabelfliegen (Mecoptera) in Verbindung stehen. Letztere haben im Seewinkel noch wenig Beachtung gefunden.

Die Köcherfliegen (Trichoptera = Haarflügler), zum überwiegenden Teil Fließwasserbewohner mit vielfach hohen Ansprüchen an die Fließgeschwindigkeit, sind aus dem Seewinkel vorwiegend durch Lichtfallen bekannt. Über die Verteilung der Larven in den Lacken weiß man wenig, wir werden im Kapitel über die Gewässer nochmals darauf zurückkommen. Die meisten Arten gehören der umfangreichsten Familie der Limnephilidae zu, darunter die Gattung Limnephilus allein mit rund zehn Arten. Sie sind auch die hauptsächlichen Lackenbewohner, ihre Adulten haben, wie der Trichopterenspezialist Hans MALICKY feststellen konnte, zwei Häufigkeitsmaxima, im Frühjahr und im Herbst, während des Sommers jedoch eine Ruhepause oder Dormanz. Auch eine der größten Köcherfliegenarten aus der Familie der Phryganeidae, Phryganea grandis, kommt im Gebiet vor. Ihre Larven bauen bis über 50 mm lange Köcher, die aus spiralig angeordneten Pflanzenteilen bestehen. Zur selben Familie gehören noch Arten der Gattung Agrypnia (pagetana und varia) mit weiter Verbreitung und großer Häufigkeit im Seewinkel. Für die Lacken typisch dürfte auch Ecnomus tenellus (Ecnomidae) und Cyrnus crenaticornis (Polycentropodidae) sein. Eine spezielle zoogeographische Position läßt sich für den Seewinkel auf Grund seiner Köcherfliegenfauna kaum hervorheben.

Ganz anders verhält es sich bei den Schmetterlingen (Lepidoptera = Schuppenflügler), wo wieder zahlreiche Arten durch ihre Bindung an Halophyten und damit an Salzböden gebunden und dadurch zum Teil in ihrer Verbreitung auf den Seewinkel beschränkt sind. Rund ein Dutzend solcher halophiler Schmetterlinge ist aus dem Gebiet bekannt, darunter sind es besonders die Arten, deren Raupen auf Artemisia maritima und Camphorosma annua leben, die hier ihre Westgrenze haben. Dabei handelt es sich um kleine Falter aus den Familien der Wickler (Tortricidae), der Sackmotten (Coleophoridae), deren Arten zumeist Nahrungsspezialisten sind, und um Spanner (Geometridae) wie Narraga tessularia. Zu den Spannern gehört in wechselfeuchten Wiesen (Zitzmannsdorfer Wiesen) Chondrosoma fiduciarium, ein östlicher Steppenspanner, der zu den sogenannten Frostspannern gehört, da er erst Ende Oktober oder Anfang November schlüpft. Er hat flügellose Weibchen. Die Raupen leben auf Centaurea iacea und Achillea asplenifolia. Diese bis Zentralasien verbreitete Art, die ursprünglich südlich von Wien vorkam, ist dort der Kultivierung zum Opfer gefallen. In den Blättern des Wiesenkopfes (Sanguisorba officinalis) miniert die Raupe des Eulenschmetterlings (Noctuidae) Plusia zosimi, die erst an der March, später in den Zitzmannsdorfer Wiesen entdeckt wurde: auch diese Art hat im östlichen Österreich ihre Westgrenze. Übrigens sind gerade von den Eulenschmetterlingen zahlreiche Arten mit Westgrenze Neusiedlerseeraum bekannt. Auch die Zünsler (Pyralididae) sind mit einer in Österreich sonst außerordentlich seltenen Art Nymphula rivularis vertreten, deren Raupe überdies im Wasser lebt. Allen Zünslern, meist bunte und glänzende Falter, ist übrigens ein an der Hinterleibsbasis liegendes Trommelfellorgan (Tympanalorgan) eigen, das die Falter als Gehörorgan vor den Ultraschalltönen ihrer gefährlichsten Feinde, der Fledermäuse, warnt. Unter den großen Schmetterlingen ist das Wiener Nachtpfauenauge (Saturnia pyri), dessen Raupen in Obstbäumen leben, in manchen Jahren häufig. An diesem Falter wies der französische Entomologe Jean-Henri FABRE im 19. Jht. erstmals weibliche Duftstoffe (Pheromone) nach, die zum Anlocken der Männchen die ausschlaggebende Rolle spielen. Auch das Mittlere Nachtpfauenauge (Saturnia spini) war bis vor kurzer Zeit oberhalb von Neusiedl häufig. Nunmehr ist dieser Spinner völlig verschwunden. Weitere auffällige Falter sind der Schwalbenschwanz (Papilio machaon), der dem Posthorn verwandte Falter Colias chrysotheme, ein Heufalter (Epinephele pamphilus) sowie einige Bläulingsarten.

Die Zweiflügler (Diptera), die ebenfalls zu den Mecoptera gestellt werden, sind wenig untersucht und für keine der Familien liegt aus unserem Gebiet eine Übersicht vor. Dies gilt für Zweiflügler mit land- als auch wasserbewohnenden Larven, die im Lackenkapitel noch behandelt werden sollen. Die Haarmücken (Bibionidae) gehören zu der Unterordnung der Mücken (Nematocera = Fadenfühler) und sind im Gebiet u. a. durch die Johannisfliege (Bibio hortulana) vertreten. Sie erinnern durch ihren gedrungenen Bau nur wenig an typische Mücken, sie haben einen schwerfälligen Flug, und ihre Larven ernähren sich von Graswurzeln oder Pflanzenresten. Stechmücken (Culicidae), Zuckmücken (Chironomidae), Gnitzen (Ceratopogonidae) mit wasserbewohnenden Larven sind bisher nur völlig unzureichend bearbeitet worden. Auch die Trauermücken (Lycoriidae, früher Sciaridae) sind nur durch eine Art (Neosciara solani) bekannt. Noch schlimmer steht es mit der Bearbeitung der Fliegen (Brachycera = Kurzhörner), von denen die Raubfliegen oder Jagdfliegen (Asilidae) auf den Hutweiden mit der Art Dasypogon diadema auffallen. Larven und Fliegen leben zum größten Teil räuberisch. Für den Systematiker und Ökologen verspricht die Untersuchung der Zweiflügler im Seewinkel zweifellos noch große Überraschungen und jedenfalls einen außerordentlichen Formenreichtum. Wir beschließen nun unseren Überblick der Seewinkel-Insekten mit den Hymenopteren (= Hautflügler), die mit über 100 000 Arten die zweitgrößte Gruppe der Insekten bilden. Von ihnen sind bislang lediglich Ameisen (Formicidae) und die umfangreiche Überfamilie der Bienen (Apoidea) gut untersucht. Beide gehören zu den Taillenwespen (Unterordnung Apocrita) mit „Wespentaille". Pflanzenwespen ohne Einschnürung des Körpers (Unterordnung Symphyta) sind hauptsächlich (Ausnahme: u. a. Halmwespen oder Cephidae) auf Baumbestände angewiesen und daher im Gebiet eher spärlich vertreten und kaum bekannt. Auch die Kenntnis der Taillenwespen ist, was Schlupfwespen (Ichneumonidae) und viele andere Familien anlangt, äußerst dürftig.

Die Dolchwespen (Scoliidae) mit hauptsächlich tropischer Verbreitung lähmen mit ihren Stichen Käferlarven, die der Ernährung eigener Larven dienen. Die Familie ist mit der Gattung Scolia vertreten. Ähnlich verhalten sich die aus dem Seewinkel bekannten Rollwespen (Tiphiidae). Zu ihnen gehört die Art Methoca ichneumonoides, deren flügelloses Weibchen bis 8 mm groß wird und – ähnlich wie die ebenfalls im Seewinkel vorkommenden Mutilliden (Ameisenwespen) – Ameisenhabitus besitzen. Ihre Beute ist die besonders wehrhafte und räuberische Larve der Sandläufer (Cicindela), die in einer senkrechten Röhre auf Beute lauert. Die Methoca trachtet, auf den Kopf der Käferlarven zu gelangen und wird dort von den nach hinten geworfenen sichelförmigen Kiefern des Beutetieres umfaßt, jedoch wegen des schmalen Körperbaues der Wespe nicht verletzt. Wird sie nun von der Larve hochgehoben, so gelingen ihr lähmende Stiche, meist in die Kehlgegend. In der Tiefe ihres Schachtes wird die wehrlose Larve von der Wespe gefressen. Zu den Grabwespen (Sphecidae) zählt der bemerkenswerte Bienenwolf (Philanthus triangulum), der im Bereich des Seedamms seine Brutkammern anlegt. Er nützt für die Ernährung seiner Larven Bienen, die er mit den Augen ortet, deren Identität er jedoch mit den chemischen Sinnesorganen feststellt. So werden alle Gegenstände mit Bienen-Ähnlichkeit angeflogen, wobei der Bienenwolf nach Art eines Hubschraubers eine Position einhält, um die Duftprobe durchzuführen. Ist das Opfer erkannt, so stürzt sich die Grabwespe darauf und ergreift es mit den Beinen. Noch im Sturz von der Blüte, wo die Biene verweilte, versetzt ihr der Bienenwolf einen lähmenden Stich durch die dünne Haut hinter dem ersten Beinpaar. Drei bis vier gelähmte Tiere je Brutloch werden dann mit einem Ei besetzt und dienen der Larve als frischbleibender Fleischvorrat. Auch die Sandwespen der Gattungen Ammophila und Psammophila sowie die Kreiselwespe (Bembex rostrata) kommen hauptsächlich im Bereich des Seedamms vor. Bei diesen Grabwespen geht die Brutpflege (als Nahrung dienen Raupen) noch weiter, indem ein Weibchen mehrere Nester im Verlauf der Larvenentwicklung mit zusätzlichen Opfertieren versorgt.

Unter den staatenbildenden Insekten haben die Ameisen (Formicidae) am besten die Besiedlung der verschiedenartigen Lebensräume gemeistert und kommen sowohl in den feuchten Tropen als auch in Wüstengebieten und in polaren Zonen vor. Auch in den trockenen Zonen der Hutweiden mit sonst verarmter Bodenfauna fällt das Massenvorkommen der Rasenameise (Tetramorium caespitum) und der Diebsameise (Solenopsis fugax) auf. Dazu kommt noch die im pannonischen Raum Österreichs weitaus häufigste Ameise Lasius alienus. Letztere gehört den Schuppenameisen (Unterfamilie Formicinae), erstere den Knotenameisen (Myrmicinae) zu, die mit mehr als 3 000 Arten rund ein Drittel aller Ameisen stellen. Die Diebsameise ist insofern bemerkenswert, als sie, durch kleinwüchsige Arbeiter ausgezeichnet, bisweilen in den Nestern anderer Arten und von Diebstahl, oder besser: Mundraub, lebt. Dagegen ist die Rasenameise oft Wirt anderer Arten und hat bei ihnen Ammenfunktion, indem ihre Arbeiter die Larven des Schmarotzers ernähren. Die Beziehung kann so weit führen, daß die Schmarotzerart überhaupt auf die Produktion von Arbeitern verzichtet und nur noch Geschlechtstiere erzeugt. Die Unterfamilie der Myrmicinae oder Knotenameisen ist im Gebiet noch durch die Rote Knotenameise (M. rubra) und andere Arten dieser Gattung vertreten, besonders durch M. scabrinodis.

Zu den Bienen (Apoidea) gehört nicht nur die Honigbiene, sondern auch viele verwandte Gruppen wie Hummeln, mit insgesamt rund 20 000 Arten. Sie haben durch den österreichischen Spezialisten PITTIONI schon in den vierziger Jahren Beachtung gefunden und abermals bestätigt, daß der Seewinkel ein Gebiet reich an östlichen, südöstlichen und pontisch-mediterranen Elementen ist. So gehören die in Österreich bislang nur im Seewinkel gefundenen Langhornbienen der Gattung Eucera (parvicornis, clypeata und seminuda) zu der südöstlichen Gruppe, die u. a. die Ochsenzunge (Anchusa officinalis) als Futterpflanze bevorzugt, während unter den Sandbienen Andrena czikiana nur aus Sibirien, Rußland und aus dem Seewinkel bekannt ist. Mehr als 1 000 Arten werden zu dieser Familie der Andrenidae gezählt, viele Arten mit südöstlicher Verbreitung gehören in unserem Gebiet dazu. Die mit einer ähnlich hohen Artenzahl bekannte Gattung der Blattschneidebienen (Megachile), die ausgeschnittene Blatteile zu Fingerhüten drehen und in Brutgänge eintragen, sind ebenso wie die Hosenbienen, in diesem Fall durch die seltene Dasypoda braccata, vertreten. Dazu kommen noch zahlreiche schmarotzende Bienen wie die bisher lediglich aus dem Seewinkel bekannte Art Psammabatodes schmidti und die häufigere Melecta luctuosa. Unter den Hummeln (Gattungsgruppe Bombini), die hauptsächlich in den gemäßigten Zonen der Nordhalbkugel verbreitet sind, fallen die von Ostasien bis in den pannonischen Raum Österreichs vorkommenden Arten Steppenhummel Bombus fragans und Bombus laesus mocsaryi u. a. auf Disteln (Cirsium pannonicum) auf. Neben diesen besonderen Arten kommt auch die in Europa weit verbreitete Erdhummel (Bombus terrestris), Steinhummel (B. lapidarius) und Ackerhummel (B. agrorum) vor. Übrigens sind manche Pflanzen wie der Rotklee für ihre Vermehrung weitestgehend auf Hummeln angewiesen. So konnte der Klee, den die Engländer nach Neuseeland gebracht hatten, nicht fruchten, bis auf den Rat von Charles DARWIN Hummeln dorthin gebracht wurden.

Die Kaltblüter des Seewinkels

Dann streifte ich auf der Straße nach Hirson mit dem Rade ganz dicht an einem Molch vorbei – an einem Weibchen . . . Ich trug die kleine Frau, die sich in meinen Fingern gar zierlich wand, auf eine kleine Wiese, wodurch ich ihr das Leben rettete. Schon ungezählte Male hat mich der Anblick der Tiere gleich einem Lebensquell mit neuer Kraft begabt.

Ernst JÜNGER

Die Amphibien sind trotz ihrer starken Wasserbeziehungen hier eingeordnet. Von ihnen wie von Reptilien, Vögeln und Säugern ist im Anhang eine Artenliste des Seewinkels aufgeführt. Bei den Amphibien stoßen wir auf eine der vielen Dissertationen – auch sie sind im Literaturverzeichnis zusammengestellt –, die aus dem Seewinkel stammen und zeigen, welche Bedeutung dem Seewinkel im Rahmen der naturwissenschaftlichen Ausbildung zufällt, eine erzieherische Rolle, die gewiß nicht an letzter Stelle der möglichen Funktionen des Gebietes einzuordnen ist.

Zwei Molche, Donau-Kammolch (Triturus cristatus dobrogicus) und Teichmolch (Triturus vulgaris), leben im Seewinkel, u. a. im Apetloner Raum. Ersterer ist in den Donauniederungen verbreitet und im Vergleich zur Hauptart, dem Kammolch, ziemlich klein und durch eine oft rötliche Oberseite ausgezeichnet. Beide Arten kommen häufiger im Neusiedlersee vor. Der Donau-Kammolch ist viel aquatischer als der Teichmolch und kann den größten Teil des Jahres im Wasser angetroffen werden. Über die Verteilung dieser Schwanzlurche im Seewinkel ist kaum etwas bekannt.

Unter den Froschlurchen sind die Scheibenzüngler (Discoglossidae) nur durch die Tiefland- oder Rotbauchunke (Bombina bombina) vertreten, die in Norddeutschland und in Osteuropa verbreitet ist. Sie bedarf der Gewässer mit Schilf-, Rohr- und Seggenbeständen und kommt daher vorwiegend in den „Schwarzlacken" oder in trüben Lacken mit Klarwasser-Bereichen zufolge der dichten Ufervegetation vor. Sie fehlt in konzentrierten Sodalacken, findet sich regelmäßig in Schottergruben und ist auch gegenüber stark anorganisch getrübtem Wasser empfindlich.

Den Krötenfröschen (Pelobatidae) gehört die Knoblauchkröte (Pelobates fuscus) zu, deren riesige Quappen bestenfalls in schwach alkalischen Gewässern (Alkalinität bis 10) leben. Die erwachsenen Tiere haben nächtliche Lebensweise und sind nur während der Paarungszeit aktiv. Ihre senkrechte Pupille erinnert an ein Katzenauge, und ihr besonderes Merkmal ist die scharfgerandete Grabschaufel aus Horn auf der Fußinnenseite: Damit kann sich das Tier rasch eingraben.

Und nun zu den Echten Kröten (Bufonidae). Obwohl die Erdkröte (Bufo bufo) in Österreich die häufigste Art ist – im Seewinkel stellte sie bis vor kurzem eine Rarität dar –, scheint sie auf lokale Vorkommen wie jenes im Raum der fast zerstörten Szerdahelyer Lacke beschränkt zu sein. Dies ist an sich nicht ohne weiteres verständlich, weil diese Kröte eigentlich trockene Standorte bevorzugt. Offenbar sind es die fast durchwegs erhöhten Sodakonzentrationen der Seewinkelwässer, die diese Art auf den Lebensraum der wenigen schwach alkalischen Lacken einschränken. Im Gegensatz dazu ist die Wechselkröte oder Grüne Kröte (Bufo viridis) eine Art, die leicht salzige und auch alkalische sowie anorganisch getrübte Gewässer durchaus nicht scheut. Erwachsene Tiere wurden von FISCHER-NAGEL, dem Verfasser der Dissertation über Froschlurche in unserem Gebiet, noch bei Alkalinitätswerten bis gegen 40 angetroffen, die Larven bis zu solchen von 20. Auch Kochsalzlösungen gegenüber ist sie – im Gegensatz zu den meisten Amphibien – tolerant. Diese tarnfarbene Kröte mit olivfarbenen Flecken auf braungelber Grundfärbung ist zu Farbwechsel befähigt, der sie dem jeweiligen Standort optimal anpaßt und damit schützt. Früher einmal bis weit ins Waldviertel hinein verbreitet, ist diese hauptsächlich östlich und bis nach Zentralasien vorkommende Art bei uns stark im Rückzug begriffen. Daran tragen hauptsächlich Trockenlegung von Laichtümpeln, Veränderung der Landschaft, wie der Weinbau im Seewinkel, Schuld. Selbst der Bevölkerung fällt nun auf, daß der abendliche melodische, grillenartige Chorgesang der Grünen Kröte in weiten Gebieten des Seewinkels aufgehört hat. Zeitweilig war die Wechselkröte auch durch den Schwangerschaftstest nach GALLI-MAININI bedroht, und zu Hunderten wurden die Männchen, kenntlich an der äußeren Schallblase, eingesammelt. Spritzt man ihnen den Harn schwangerer Frauen in die dorsalen Lymphsäcke, so reagieren die Tiere nach wenigen Stunden mit Spermienabgabe, wie Abstriche der Kloakenflüssigkeit unter dem Mikroskop zeigen. Immunologische und viel empfindlichere Tests, die Schwangerschaft schon 24 Stunden nach der Konzeption erkennen lassen, haben glücklicherweise diese Gefahr beseitigt. Wie die

Knoblauchkröte kommt die Grüne Kröte auch in der Nähe menschlicher Siedlungen vor und dringt nicht selten in die Dörfer ein.

Auch unser mitteleuropäischer Laubfrosch (Hyla arborea, Hylidae) hat die Befähigung zum Farbwechsel und kann vom bekannten Grün bis schwärzlicholiv oder schokoladebraun wechseln. Blaue Tiere dagegen haben Mangel an gelbem Fettfarbstoff. Der im größten Teil von Europa (er fehlt im Norden) bis zum Kaspiraum verbreitete Laubfrosch ist im Seewinkel häufig, bevorzugt in der Laichzeit Schottergruben und Ziehbrunnen, an deren Wänden er sich auch während der trockenen Zeit aufhält. Die Larven sind wie jene der Rotbauchunke gegenüber anorganischer Trübe empfindlich.

Unter den Echten Fröschen (Ranidae) ist die Gruppe der Braunfrösche durch den Moorfrosch (Rana arvalis wolterstorffi) und den hier seltenen Springfrosch (Rana dalmatina) vertreten. Ersterer ist zwar nicht besonders häufig im Seewinkel und auf feuchte Wiesen und – wie der Name sagt – Niedermoore beschränkt. Da aber gerade diese Lebensräume – wie erst jüngst durch die Heranziehung größerer Flächen für den Bau der Feriensiedlung „Pannonia" – rapide schwinden, wird dem Moorfrosch wie so vielen anderen Tieren die Lebensgrundlage entzogen. Der vom Moorfrosch nicht so leicht unterscheidbare sehr agile Springfrosch ist hauptsächlich an seinen längeren Beinen zu erkennen und erstmals südlich der Silberseen von FISCHER-NAGEL gefunden worden.

In der Systematik der Grünfrösche, wohl die häufigsten Amphibien des Seewinkels überhaupt, sind nicht zuletzt dank der Arbeiten des Wiener Zoologen TUNNER einige Änderungen eingetreten. War man ursprünglich der Meinung, daß es nur die beiden Arten Teichfrosch (Rana esculenta, mit einer Varietät Rana esculenta lessonae) und Seefrosch (Rana ridibunda) gäbe (auch in GRZIMEKS Tierleben 1970 wird noch so verfahren), so ist nunmehr gewiß, daß Rana lessonae (Kleiner Teichfrosch) eine selbständige Art, der Teichfrosch jedoch ein Bastard von See- und Kleinem Teichfrosch ist. Der Teichfrosch ist demnach gar keine Art, sondern nur ein Mischling. Der Seefrosch ist ungefähr doppelt so groß wie der Kleine

Teichfrosch, und der Bastard-Teichfrosch nimmt annähernd mittlere Größe der beiden Ausgangsarten ein. Soweit wäre alles recht einfach. Doch nun zeigt sich, daß im Seewinkel der Bastard-Teichfrosch mit nur einer Elternart, dem Kleinen Teichfrosch, zusammen vorkommt, die zweite Elternart, der Seefrosch, hier jedoch fehlt. Die Ursache dafür liegt in der eigentümlichen Tatsache, daß bei Kreuzung des Bastard-Teichfrosches mit dem Kleinen Teichfrosch nur der Erbsatz des Seefrosches in die Keimzellen gelangt, jener des Kleinen Teichfrosches im Bastard aber verlorengeht. Aufs neue entstehen so Bastard-Teichfrösche. Kreuzungen der Bastard-Teichfrösche unter sich würden zwar Seefrösche ergeben, doch gelangt hier nun ein weiterer Faktor, nämlich jener des Überwinterungsverhaltens ins Spiel: Während nämlich der Kleine Teichfrosch grundsätzlich am Land überwintert, tut dies der Seefrosch ausschließlich im Wasser. Der Bastard-Teichfrosch kann je nach Sauerstoffverhältnissen im Wasser die Wahl Land oder Wasser treffen. Obendrein ist er auch gegenüber niedrigen Sauerstoffgehalten im Wasser widerstandsfähiger als beide Elternarten. So treten zwar im Herbst gelegentlich junge Seefrösche nach ihrer Metamorphose auf, doch gehen sie in den unter Eis an Sauerstoff verarmten Gewässern zugrunde. Nicht im Seewinkel, aber in anderen Gebieten kommen Bastard-Teichfrösche mit zwei Seefrosch-Erbsätzen und einem Erbsatz des Kleinen Teichfrosches vor; außerdem zeigt es sich, daß zwischen österreichischen und polnischen Populationen des Kleinen Teichfrosches zumindest teilweise Fortpflanzungsschranken bestehen. Kurzum, die Vererbung bei den Grünen Fröschen ist voller Probleme.

Alle Amphibien des Seewinkels kommen in einem großen Teil Europas vor oder sind noch weiter verbreitet. Unter den Kriechtieren dagegen findet sich wieder ein sehr bemerkenswerter, freilich fast ausgestorbener Bewohner, nämlich die Wiesenotter. Aber auch die wenigen anderen Reptilien geben Anlaß zu einigen Anmerkungen. Neben der häufigen Zauneidechse (Lacerta agilis) ist die Moor- oder Bergeidechse (Lacerta vivipara) im Seewinkel anzutreffen, jedoch nur auf den Zitzmannsdorfer Wiesen und

vielleicht im südwestlichen Abschnitt, dem Sandeck. Sie bevorzugt feuchte Lebensräume und lebt im Süden ihres Verbreitungsgebietes – Europa ohne den Mittelmeerraum – oft montan, doch auch wieder an feuchte Gebiete gebunden. Wie ihr wissenschaftlicher Name besagt, bringt diese Eidechse lebende Junge zur Welt, eine Besonderheit der meist eilegenden Echsen. In den Pyrenäen und im Zentralmassiv Frankreichs hält sich die Art auch noch an diesen Gebrauch. Auch die europäisch verbreitete Blindschleiche (Anguis fragilis) ist wohl im ganzen Gebiet vertreten, doch gibt es über sie von dort wenige Angaben. Vier Schlangenarten kommen – gegenwärtig wohl mehr

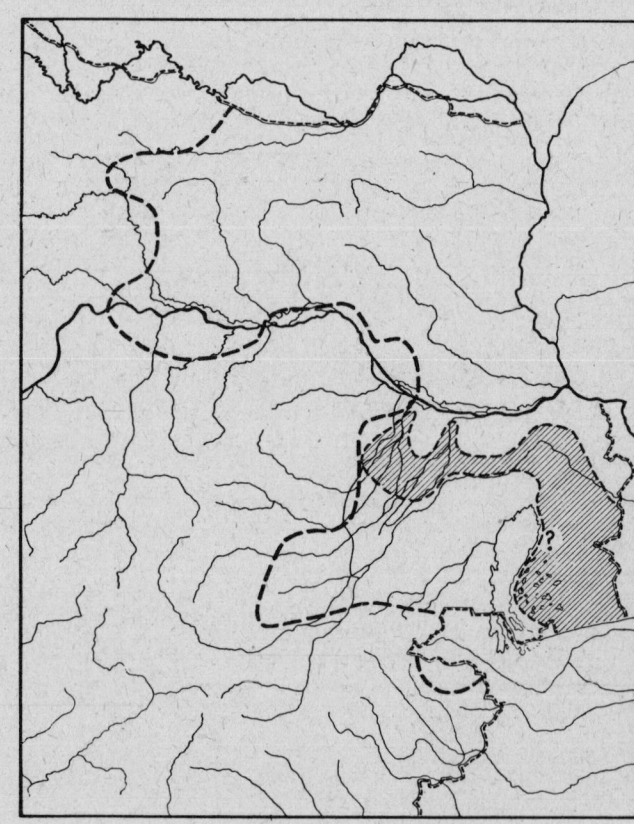

Abbildung 13: Ehemalige Verbreitung der Wiesenotter und Westgrenze des Zieselvorkommens. Letztere nach B. Straschil

theoretisch – im Seewinkel vor: Die Ringelnatter (Natrix natrix) ist die einzige häufige Art, fällt aber im Trockenrasenbereich aus. Die Glattnatter (Coronella austriaca) kommt bestenfalls zwischen Podersdorf und Neusiedl vor und ist am ehesten im offenen Gelände und an Waldrändern zu finden. Seit Jahren fehlt jeder Nachweis. Die hauptsächlich in Italien und Südeuropa lebende Würfelnatter (Natrix tesselata) wurde vor rund zehn Jahren im Seebereich bei Neusiedl beobachtet. Sie dürfte dort kaum noch vorkommen. Während die beiden zuerst genannten Arten in Europa weit verbreitet sind, hat die Wiesenotter (Vipera ursinii) pontisch-mediterrane Verbreitung. In Österreich war sie früher im östlichen Niederösterreich weit verbreitet, kommt aber gegenwärtig bestenfalls an einer Lokalität südöstlich von Wien vor, und auch diese ist sehr gefährdet. Desgleichen dürfte sie im Seewinkel – und damit im Burgenland – ausgestorben sein, wenn nicht noch einige Tiere in den Zitzmannsdorfer Wiesen leben. In deren Nähe wurde diese Art 1973 ein letztes Mal beobachtet (Häupl mündl. Mitt.). Während die Wiesenotter im pannonischen Raum Tieflandbewohner ist, geht sie in anderen Teilen ihres Verbreitungsgebietes bis 2 000 m Höhe, bewohnt aber auch dort Wiesen. Sie gleicht mit ihrem dunklen Zickzack-Band auf der Rückseite der Kreuzotter (Vipera berus), ist aber von ihr durch die Kopfbeschuppung zu unterscheiden. Wie bei der Kreuzotter kommen auch hier schwarze Formen der sonst grauen oder graubraunen Schlange mit dunkler Zeichnung vor. Diese werden allerdings hauptsächlich in Jugoslawien angetroffen. Da die Wiesenotter wenig beißlustig ist und außerdem ein viel schwächer wirksames Gift als die Kreuzotter besitzt, kann sie als weitgehend ungefährlich bezeichnet werden. Und selbst die Bisse der Kreuzotter sind in den wenigsten Fällen für den Menschen lebensbedrohend. Die Wiesenotter ernährt sich hauptsächlich von Heuschrecken und Eidechsen und nur gelegentlich von kleinen Nagern. Ihre nahezu völlige Ausrottung geht auf das Konto der rasch fortschreitenden Wiesenvernichtung und den Egoismus von Herpetologen. Die Wiesenotter ist eines der vielen Tiere, die in allernächster Zeit in Österreich aussterben werden.

Scientia amabilis, die Ornithologie

Viel mehr als unsere Säugetiere ist unsere Vogelwelt bedroht; in welcher Weise bei dieser Klasse gesündigt wird, das geht über die Grenzen des Verständlichen hinaus, und wie hier Unverstand, Roheit, Gleichgültigkeit, Geschäftssinn zusammenwirken, um der Allgemeinheit schwere Schäden zu bereiten, das kann nicht oft und grell genug beleuchtet werden.

Hermann Löns

Keine Tiergruppe des Seewinkels ist so gründlich und detailliert untersucht worden wie jene der Vögel. Dies hat seinen guten Grund im Reichtum des Gebietes an seltenen oder auffälligen Arten, die zahlreiche Vogelkundler oder Ornithologen anziehen. Mit über 300 beobachteten Arten im Raum des Neusiedlersees und des Seewinkels und rund 150 Brutvogelarten gehört unser Gebiet schon allein deshalb zu den bemerkenswerten europäischen Landschaften und ist neben vier anderen (Rheindelta, Unterer Inn und zwei Marchaugebieten) Wasservogelgebiet von internationaler Bedeutung. Trotzdem dauerte es relativ lange, ehe die systematische oder gar ökologische Forschung einsetzte. Zwar berichtet Johann NATTERER schon 1813 über das Gebiet, u. a. über den Säbelschnäbler, aber erst in der zweiten Hälfte des 19. Jhts. tauchen in den Zeitschriften des Vereins für Naturkunde zu Preßburg (1864/65) und in der „Schwalbe" (1886, 1889) usw. ausführlichere Arbeiten auf, viel später dann jene der Vogelkundler FRANKE und ZIMMERMANN. Selbst nach 1951 schreiben die Ornithologen BAUER und ROKITANSKY (ersterer auch durch seine säugetierkundlichen Untersuchungen im Seewinkel bekannt): „Im Gegensatz zu vielen anderen Ländern wird der Ornithologie in Österreich ein beschämend geringes Interesse entgegengebracht, was um so mehr verwundert, wenn man bedenkt, daß kein anderes gleich großes Gebiet eine derartige reichhaltige Vogelwelt aufweist." Nun, inzwischen hat sich diese Sachlage weitestgehend verbessert, und eine Zahl junger, universitär ausgebildeter Vogelkundler betreibt vor allem auch in unserem Gebiet eine moderne ökologische und verhaltenskundliche (ethologische) Ornithologie.

Mit der Vogelliebhaberei, schon im Altertum als „liebenswerte" Wissenschaft (scientia amabilis) bezeichnet, haben allerdings auch Nesträuber, Eiersammler und illegal arbeitende Präparatoren, von einem wahrscheinlich umfangreichen Personenkreis mit gejagten oder gefangenen Vögeln versorgt, ihren profitablen Einzug ins Gebiet gehalten. Denn alles, was das burgenländische Jagdgesetz aufzählt, darf präpariert und verkauft werden, und alles, was unter Naturschutz steht, wird heimlich gehandelt. Und auch die Jagdverordnungen dünken jedem, der sich gerade der Vögel wegen des einmaligen Ranges unseres Seewinkels bewußt ist, sehr seltsam: Da dürfen neben der Stockente „alle anderen" (Entenarten) genauso lange geschossen werden, und da kann man Wildgänse jagen und barbarischen Einsatz von Gifteiern und Schlageisen betreiben. Das Sammeln von Eiern verschiedener Reiher, Schwimmvögel und vom Kiebitz zu Nahrungszwecken und nicht zum Profit wie bei den modernen Eiräubern war übrigens noch bis nach dem Zweiten Weltkrieg im Raum Neusiedlersee–Seewinkel durchaus üblich.

Wer je den herbstabendlichen Einzug von Tausenden von Wildgänsen erlebt, je den gravitätischen Flug Dutzender von Reihern oder Löfflern oder die zahllosen Sumpf- und Watvögel beobachtet hat, mag sich fragen, warum nicht ganz Österreich, ja ganz Europa, in einer Aktion zusammensteht, um diesen einmaligen Raum vor weiterer Zerstörung zu bewahren.

Zu den auffälligsten Arten gehören die eben angeführten Reiher (Ardeidae), die neben dem Storch zur Ordnung der Stelzvögel zählen. Dazu gehört der in Österreich bereits vielfach gefährdete Graureiher (Ardea cinerea), der eigentlich ein Baumbrüter ist, hier aber ebenso wie die anderen Reiher Schilfhorste im Neusiedlersee anlegt und den Seewinkel als Nahrungsrevier aufsucht. Mit dem drastischen Rückgang seiner mitteleuropäischen Brutkolonien während der letzten Jahrzehnte ist er auch im Seewinkel seltener anzutreffen, wo er sich von Mäusen, Insektenlarven und Fischen ernährt und als Zugvogel schon sehr früh, nämlich anfangs März oder sogar noch im Februar, eintrifft. Viel später, Anfang April, langt der häufigste Reiher des Neusiedlersees, der Purpurreiher (Ardea purpurea), ein. Als gut angepaßter Schilfbewohner ist er mit zirka 300 Brutpaaren Charaktervogel des großen Schilfgürtels, brütet jedoch auch an stärker verschilften Lacken.

Der weltweit verbreitete Silberreiher (Casmerodius albus) – er fehlt in kühlen und kalten Gebieten unserer Erde –, der im Neusiedlersee sein größtes mitteleuropäisches Brutvorkommen hat, ist im Seewinkel mit großer Regelmäßigkeit anzutreffen und durch zunehmende Beunruhigung und Zerstörung des Schilfgür-

tels gefährdet. Um die Jahrhundertwende waren dagegen die Vögel wegen ihrer als modischem Kopfschmuck begehrten Federn bedroht, denn sowohl die Hüte der Damen als auch ungarische Magnaten bedurften dieses kapriziösen Details. Zu den seltenen Reihern gehören die Seidenreiher (Egretta garzetta) und besonders der Rallenreiher (Ardeola ralloides) oder gar der Kuhreiher (Ardeola ibis), der zwar seit 1959 in Ungarn regelmäßig erscheint, im Seewinkel aber nur wenige Male – wohl meist aus Tierhaltungen entflogene Individuen – gesichtet wurde.

Nach dem letzten Brutnachweis für den Nachtreiher (Nycticorax nycticorax) im Seewinkel 1933 wurde kurzfristig 1970 wieder eine kleine Kolonie dieses weltweit verbreiteten Reihers bei Halbturn von dem bekannten Wildbiologen FESTETICS entdeckt. Nur während der Brutzeit sind diese Dämmerungs- und Nachttiere auch tagaktiv, wobei die Halbturner Kolonie offenkundig den Hanság zu bevorzugen schien. Doch sind Nachtreiher regelmäßig auch im übrigen Seewinkel zu beobachten. Während die häufige und nur im Seewinkel brütende Zwergrohrdommel (Ixobrychus minutus) Zugvogel mit sehr später Ankunft (Mai) und oft frühem Abzug im August ist, gehört die Große Rohrdommel (Botaurus stellaris) zu den regelmäßig überwinternden Reihern, die wie die Kleine Rohrdommel an den stärker verschilften Lacken des Seewinkels brütet. Neben Wasserinsekten, Krebsen und Würmern sind wohl die Amphibien und Mäuse Hauptnahrung dieses eurasiatisch verbreiteten Dämmerungs- und Nachtjägers mit unverkennbarem Balzruf.

Was wäre das Burgenland ohne Störche, jene Vögel, denen der Mensch lange vor der Zeit des Naturschutzes als Glücks- und Kinderbringer Schonung gewährte. Wohl keine Art im Seewinkel wurde so ausführlich auf ihre Populationsschwankungen hin untersucht wie der Weißstorch (Ciconia ciconia) aus der Storchfamilie (Ciconiidae). Da er nur ausnahmsweise in unserem Gebiet auf Bäumen horstet und sonst stets in menschlichen Siedlungen nistet, ist eine genaue Überwachung der Storchbevölkerung auch besonders einfach. Im Gegensatz zu vielen Tieren hat der Weißstorch von 1934 (47 Brutpaare im Burgen-

land) bis in die siebziger Jahre (über 200 Brutpaare) ständig zugenommen, jedoch 1982 wieder abgenommen. Im Seewinkel werden die Gemeinden Apetlon, Illmitz und Podersdorf bevorzugt, doch nimmt im nördlichen Burgenland die Freistadt Rust mit bis zu 40 Brutpaaren eine führende Rolle ein. Der Weißstorch ist übrigens neben dem Albatros die einzige Vogelart, die ihre „Stimme" durch Schnabelklappern ersetzt. Darauf beziehen sich manche Sprachen bei der Benennung des Weißstorches, wie u. a. auf persisch „läq-läq". Die Beutetiere des Weißstorches – vom Regenwurm über Insekten (besonders Heuschrecken) bis zu Wirbeltieren von Hermelin-Größe (also Amphibien, Eidechsen, Schlangen, Mäuse) – geben dem Storch bessere Überlebenschancen als Nahrungsspezialisten.

Nach der Ausrottung des Waldrabens oder Waldrapps (Geronticus eremita) in der ersten Hälfte des 17. Jhts. sind die Ibisvögel (Threskiornithidae) in Österreich durch den Löffler (Platalea leucorodia) und den Sichler (Plegadis falcinellus) vertreten. Die Löffler brüten im Schilf des Neusiedlersees und sind häufig Gäste im Seewinkel, lassen jedoch in den letzten Jahren einen starken Rückgang erkennen (30–50 Brutpaare 1982). Auf der Suche nach Beute, die durchwegs aus Kleingetier (Insekten, Krebsen, Würmern, Schnecken, kleinen Fischen und Fischlaich) besteht, schnattern sie mit ihren Schnäbeln, den Kopf von Seite zu Seite pendelnd, das Wasser durch. Lange Lacke und Wörtenlacke werden bevorzugt aufgesucht, doch tauchen sie auch in anderen Lacken, etwa an der Huldenlacke, auf. Möglicherweise spielt im Frühjahr der Kiemenfuß (Branchinecta) eine wichtige Rolle für die Ernährung des Vogels, der gesellig im Schilfgürtel und oft zusammen mit Grau- und Silberreihern brütet. Auch der weltweit verbreitete Braune Sichler (Plegadis falcinellus) trat bis 1932 als Brutvogel im Gebiet auf, wurde aber seitdem nur gelegentlich gesichtet.

Schon allein durch das Gänsekind Martina des Konrad LORENZ, das aus dem Neusiedlerseeraum stammte, ist die Graugans des Gebietes (Anser anser) berühmt. Dazu kommt, daß im Seewinkel die größte Einzelpopulation der gesamten pannonischen Region lebt und durch Verbiß, Tritt und Düngung zusammen mit den anderen Gänsen nachhaltig auf die Umwelt einwirkt. Der Reichtum an Entenvögeln (Anatidae) macht begreiflich, daß die Tradition der Jagd auf sie hier alt ist, worauf wir bereits im Vorwort hingewiesen haben. Daß sie auch gegenwärtig noch betrieben wird, erscheint in einem Raum, dem als Vogelschutzgebiet Vorzug gegeben werden sollte, äußerst problematisch. So werden, wie uns das Statistische Handbuch für die Republik Österreich wissen läßt, jährlich bis fast 3000 (1977: 2722) Wildgänse geschossen, wovon der Großteil auf unser Gebiet entfällt. Der Bestand der Graugans im Seewinkel hat in den letzten Dekaden zugenommen und dürfte bei 150 Brutpaaren liegen, also mehr als die Hälfte des Schilfgürtelbestandes ausmachen, doch schwanken die Zahlen der Brutpaare an den einzelnen Lacken zufolge der Wasserstandsschwankungen und anderer Faktoren beträchtlich. Unsere Graugänse treffen bereits während der ersten Hälfte Februar ein, und schon Mitte April führt ein Großteil des Brutbestandes Junge (LEISLER 1969). Während der Mauser, die im späten Mai erfolgt, wandern die Gänse offensichtlich in den Schilfgürtel des Sees ab, um sich von Mitte Juli an im zentralen Seewinkel (u. a. an der Langen Lacke) zu sammeln. Ab September beginnt dann der Zuzug aus dem Norden, der bis Mitte November anhält und den Graugansbestand verdoppelt; oft bleiben die Graugänse dazu noch bis Anfang Dezember im Gebiet. Über die Verteilung der Graugänse im Seewinkel während des Herbstes informiert vor allem wieder die genannte Arbeit des Ornithologen LEISLER, aus der hervorgeht, daß sie in nassen und trockenen Jahren recht unterschiedlich ist. Ein kleiner Teil (bei nassem Wetter die Hauptmasse) bleibt wie im Frühling und im Sommer im Uferbereich der Lacken, während der Großteil (trockener Herbst) sich tagsüber äsend und ruhend auf Äckern aufhält, nachmittags und abends gruppenweise zu den Lacken zieht, um dort zu trinken und auch zu übernachten. In der späten Dämmerung geht es zur Äsung wieder uferwärts und in die Feuchtwiesen und Hutweiden und schließlich auf die angrenzenden Äcker. Ein kleiner Teil führt schließlich einen Morgenstrich von den Schlafplätzen auf die Äcker und einen Abendstrich wieder zurück durch,

ähnlich dem Strich der Wintergänse (Saat- und Bläßgans). Die Pflanzennahrung der Graugans ist außerordentlich vielfältig und reicht von Wasser- und Sumpfpflanzen über Schilf und Salzschafschwingel (Festuca pseudovina) zu sämtlichen Getreidesorten. Eine besonders wichtige Pflanze ist die Strandsimse (Bolboschoenus maritimus), deren unterirdische Teile, Rhizome und Brutknollen, oft die Hauptnahrung im Seewinkel darstellen.

Für die „Wintergänse", Saatgans (Anser fabalis) und Bläßgans (Anser albifrons), ist das Neusiedlerseegebiet eines der bedeutendsten Vorwinterquartiere Binneneuropas. Auf ihrem herbstlichen Durchzug mit einem Novembermaximum bis zu 15000 Tieren (zwischen 1948 und 1958 sogar bis zu 35000) bevorzugen die Saatgänse Kulturflächen. Der Heimzug im Frühjahr bleibt in seinem Umfang weit hinter den Herbstzügen zurück und wickelt sich im März rasch und unauffällig ab. Das gleiche gilt für die Bläßgans, die zwischen 1948 und 1958 mit bis zu 45000 Individuen auf dem Herbstzug auftrat und nach einem starken Rückgang in den folgenden acht Jahren wieder die Zehntausender-Grenze überschritt. Ihr Zeitplan stimmt ungefähr mit jenem der Saatgans überein. Die bevorzugten Biotope der Bläßgans sind die schon fast nicht mehr vorhandenen Weideflächen und hier wieder die überschwemmten Sumpfschwaden- (Puccinellia-)Schlenken, wo sie sich von dieser und anderen Salzpflanzen ernährt. In der Hauptmasse deckt die Bläßgans ihren Nahrungsbedarf auf Ackerflächen.

Unter den zahlreichen Anatiden, die besonders im Herbst und im Frühjahr den Seewinkel heimsuchen, sind nur die genannten Gänse zusammen mit Pfeifente (Anas penelope) und Bläßhuhn (Fulica atra) der ökologischen Gruppe der (Land-)Weidegänger zuzuordnen, von diesen wiederum die drei grasfressenden Gansarten von größerem Einfluß auf ihren Lebensraum. Besonders die schwere Graugans mit bis zu 3,1 kg Gewicht und Grünfutterbedarf von über 1 kg pro Tag ist wegen ihrer langen Verweildauer (Februar bis Anfang Dezember) von nachhaltiger Wirkung auf ihre Umgebung. Durch den Tritt der schweren Vögel können Bodenverdichtungen zur Schädigung der

Wintersaat führen, wogegen die Beweidung der Wintersaat während der Winterruhe positive Auswirkung hinsichtlich der Vermehrung der Halmtriebe hat. Auch eine Vernichtung etwaiger Ackerunkräuter kann förderlichen Einfluß auf die Landwirtschaft haben, der auch die Gänsedüngung zugute kommt. Überweidung verschiedener Kulturen (Sommer-, Wintergetreide, Klee und Raps, weniger Mais) kann zu Wildschäden führen, die jedoch bei entsprechender Anpassung der Landwirtschaft im Seewinkel stark gemindert werden könnte. So sind bei kurzen Getreidesorten die Ähren gefährdet. Inwieweit Gänse auch zur Verunkrautung durch Darmpassage verschiedener Sämereien beitragen, ist noch nicht geklärt. In den Naturlandschaften des Seewinkels sind die Pflanzengesellschaften der Lackenränder und die Halophytenfluren, die Salzschwadenrasen und die Schafschwingelweiden besonders betroffen. Mit dieser Wahl überschneidet sich die Graugans mit der Bläßgans, mit welcher sie auch stark vergesellschaftet ist. Die Wintergänse üben zufolge ihrer hohen Zahl vor allem einen erheblichen Düngeeffekt auf die Lacken aus, der allerdings noch nicht gemessen wurde. Die Ackerflächen erhalten durch die Gänseexkremente eine Nährstoffzufuhr, die weit unter der üblichen Mineraldüngermenge liegt. Zudem ist ja die abgegebene Dungfracht vielfach Ergebnis der Beweidung desselben Feldes. Mit dem starken Rückgang der Weidewirtschaft sind die ursprünglich sekundären Weidegänger, die Gänse, praktisch zu den einzigen des Gebietes geworden. Da aber die Rinder die Entwicklung der Hutweiden gegen ein Endstadium (Klimax) mit höherragenden Grasarten verhinderten und die von den Gänsen bevorzugten Rasenflächen förderten, ist der Rückgang der Weidewirtschaft auch aus diesem Grund von Nachteil und mit dem Schwund wertvoller Äsungsflächen für diese Vögel verbunden. Auch kann der Gänsedung die Rinderfladen als Lebensgrundlage für zahlreiche Käfer nicht ersetzen. Eine Anzahl von seltenen Gänsen wird vereinzelt immer wieder beobachtet, u. a. die Zwerggans (Anser erythropus), die Kurzschnabelgans (Anser brachyrhynchus), beide in Tundrengebieten brütend, und von den „Meergänsen" die an arktischen Meeresküsten beheimatete Rothalsgans (Branta ruficollis). Von den zahlreichen Enten ist die Stockente (Anas platyrhynchos) weitaus am häufigsten. Zusammen mit den anderen Arten übertreffen die Enten sowohl die ansässigen Gänse als auch die durchziehenden Wintergänse. Die Stockente bringt es allein schon im Verlauf des spätsommerlichen Zuzuges auf wahrscheinlich weit über 30000 Individuen, während ihre Wintermaxima bestenfalls bei etwa 2000 Tieren liegen. Zweithäufigste Entenart ist die nur taubengroße Krickente (Anas crecca). Das herbstliche Bestandsmaximum erreicht gegen 20000 Tiere (1981, mündl. Mitt. H. WINKLER), Brutnachweise aus dem Seewinkel fehlen, doch gibt es Angaben von Brutverdacht im Hanság.

Mit über 150 Brutpaaren ist die Knäckente (Anas querquedula) die zweithäufigste Brutentenart und typisch für die kleinen Sodalacken, Wiesengräben und Hutweiden (FESTETICS und LEISLER 1968). Sie brütet bis zu 1 km Entfernung vom Wasser, u. a. auf den Hutweiden. Auch die Löffelente (Anas clypeata) gehört zu den häufigen Brutenten des Gebietes. Mit dem kochlöffelartig verbreiterten Schnabel und seinem Lamellensystem ist sie in besonders hohem Ausmaß befähigt, Plankton und Wasserpflanzen auszusieben. Die Löffelente ist außerordentlich von Wasserstandsschwankungen abhängig.

Zu den häufigen Schwimmenten gehört auch die Schnatterente (Anas strepera), die noch stärker als die Löffelente von hohem Wasserstand abhängig ist. Der Frühjahrsdurchzug vom März bis Mitte April macht sich oft durch hohe Individuenzahlen am Illmitzer Zicksee bemerkbar. Seltenster Brutvogel unter den Schwimmenten dürfte die ähnlich der Knäckente wasserfern brütende Spießente (Anas acuta) sein, während die Pfeifente (Anas penelope) regelmäßiger Durchzügler ist und mit den Gänsen zur Gruppe der Weidegänger gehört.

Während fünf, vielleicht sogar sechs brütende Schwimmenten im Gebiet vorkommen, sind bisher nur wenige Tauchenten brütend nachgewiesen, nämlich die Moorente (Aythya nyroca), die Tafelente (Aythya ferina), neuerdings auch die Kolbenente (Netta rufina). Die anderen sind Übersommerer wie die Reiherente (Aythya fuligula) oder Durchzügler wie die Bergente (Aythya marila) und die Schellente (Bucephala clangula). Alle anderen Arten sind derzeit unregelmäßige Durchzügler und Irrgäste. Durchzügler sind auch die Säger (Gattung Mergus).

Unter den Lappentauchern (Podicipedidae) ist der Schwarzhalstaucher (Podiceps nigricollis) die häufigste brütende Art, wobei auf den Illmitzer Zicksee ein Drittel aller Brutpaare von rund 200 im Seewinkel entfallen können. Er brütet oft an stark salzhaltigen Lacken, bisweilen auch im Umkreis großer Lachmöwenkolonien. Der ebenfalls häufig brütende Zwergtaucher (Podiceps ruficollis) meidet dagegen die Sodalacken und bevorzugt klares Wasser der Schottergruben und kleiner, temporärer Gewässer. Beide Arten fressen hauptsächlich Wirbellose (Wasserinsekten, Mollusken), selten auch kleine Fische, während der Haubentaucher (Podiceps cristatus) wie die Säger ausschließlich Fischfresser ist und täglich 200 g Fischfleisch braucht. Er ist ein Brutvogel der größeren Lacken, besonders des St. Andräer Zicksees. In der ersten Hälfte des 19. Jhts. brütete hier auch der Rothalstaucher (Podiceps griseigena).

Auch der Sterntaucher (Gavia stellata), ein Vertreter der Seetaucher (Gaviidae) und regelmäßiger Durchzügler, bevorzugt bei seinem Besuch im November und Dezember den St. Andräer Zicksee. Auch hier handelt es sich wieder um einen Fischfresser. Doch darf man zusammenfassend feststellen, daß unter den vielfältigen Ernährungstypen mitteleuropäischer Schwimmvögel die Vegetarier (neben den Weidegängern Schnatterente und Bläßhuhn) mengenmäßig bei weitem vorwiegen, gefolgt von einer Mischdiät animalisch vegetarischer Art bevorzugenden Gruppe zahlreicher Enten.

Ökologisch, nicht systematisch, gehört hierher noch das eben erwähnte Bläßhuhn (Fulica atra), eine Ralle (Rallidae) und sehr häufiger Brutvogel, der vereinzelt auch überwintert. Dieser Vogel ist gegenwärtig auf fast allen Lacken anzutreffen.

Gleichfalls aus ökologischen Gründen schließen wir hier die Wat- und Möwenvögel (Ordnung Charadriformes), eine außerordentlich vielfältige Vogelgruppe, an. Unter ihnen sind die Wassertreter (Phala-

ropodidae) echte „Schwimmvögel" und in dem regelmäßigen Durchzügler Odinshühnchen (Phalaropus lobatus) im Herbst u. a. auf den zentralen Lacken und am Illmitzer Zicksee zu beobachten. Die Nahrung dieses Wassertreters besteht wahrscheinlich aus Wasserwanzen und möglicherweise aus Kleinkrebsen (Diaptomus).

Zu den Schnepfenvögeln (Scolopacidae), der formenreichsten Gruppe der Watvögel oder Limicolen (Sumpfvögel), wie sie von den Ornithologen genannt werden, gehört die seltene Brutvogelart Großer Brachvogel (Numenius arquata), der hauptsächlich im Hanság und auf den Zitzmannsdorfer Wiesen vorkommt. Doch sind die Aufenthaltsorte sowohl der Brutvögel als auch der Durchzügler so vielfältig wie bei keiner anderen Limicolenart. So ist er auf Hutweiden ebenso wie auf Äckern oder an Salzlacken anzutreffen, und das weite Spektrum der fast ausschließlichen Fleischnahrung reicht von Heuschrekken, Grillen und Käfern bis zu Fröschen und Eidechsen. Beim Herbstdurchzug können im Seewinkel bis zu 600 Vögel versammelt sein.

Mit dem Schwinden der Feuchtwiesen besonders im Raum der ehemaligen Pimezlacke ist die Uferschnepfe (Limosa limosa) stark zurückgegangen und brütet gegenwärtig hauptsächlich im Wörtenlacken-Gebiet und im Hanság. Dem geringen Brutbestand steht im Frühsommer eine Ansammlung von bis zu über 1000 Vögeln gegenüber, unter denen sich bereits Jungvögel befinden. Die Uferschnepfe dürfte mit ihrer hauptsächlich animalischen Kost während der Brutzeit auch die Sandläufer (Cicindela nemoralis) einbeziehen, doch liegen dafür noch keine schlüssigen Beweise vor. Während der übrigen Zeit spielen Sämereien oft eine wichtige Rolle.

Von den zahlreichen Wasserläufern (Tringa) kommt der Bruchwasserläufer (Tringa glareola), der sich von Insekten ernährt, als Durchzügler in einer Vielfalt von Feuchtbiotopen vor. Hanság und Ostufer des Neusiedlersees waren in den sechziger Jahren bevorzugter Standort dieses Durchzüglers. Nach dem Kiebitz ist die zweithäufigste brütende Limicolenart der Rotschenkel (Tringa totanus), der an fast allen Lacken zu beobachten ist. Neben Insekten soll er auch kleine

Fische als Nahrung annehmen. Ein häufiger Durchzügler ist der Dunkle Wasserläufer (Tringa erythropus), der, ausschließlich an Wasser gebunden, seine Nahrung aus den Lacken bezieht. Neben Wasserinsekten, Schnecken, Fischen und Fröschen nimmt diese Art auf dem Frühjahrsdurchzug auch die Kiemenfüße (siehe S. 129) auf (WINKLER, 1980). Zu den seltenen Durchzüglern gehören Grünschenkel (Tringa nebularia) und Waldwasserläufer (Tringa ochropus), als Irrgast ist der mehrfach gemeldete Gelbschenkel aus Nordamerika (Tringa flavipes) in den letzten Jahren bekannt geworden. Die Sumpfschnepfe oder Bekassine (Gallinago gallinago) gehört zu den spärlichen Brutvögeln im Gebiet, ist aber während der herbstlichen Zugzeit in größerer Zahl (bis gegen 1 000 Tiere) in überschwemmten Seggen-(Carex-) und Süßschwaden-(Glyceria-)Beständen und an den vegetationsreichen Ufern der Lacken zu beobachten. Die Strandläufer sind zum Teil ebenso wie die Regenpfeifer von der rasch fortschreitenden Verschilfung vieler Lacken betroffen. Waren zu Beginn der vierziger Jahre Lange Lacke und Illmitzer Zicksee noch schilffrei, so sind die geeigneten Uferräume für viele Limicolen an diesen und anderen Lacken stark eingeschränkt und das Faunenspektrum zugunsten der Schilfbrüter verschoben. Mehrere Strandläufer, wie Alpenstrandläufer (Calidris alpina), Sichelstrandläufer (Calidris ferruginea) und Zwergstrandläufer (Calidris minuta), gehören zu den miteinander gesellig auftretenden Durchzüglern, die unbewachsene Sand- und Schlammufer bevorzugen. Sie ernähren sich hauptsächlich (Alpenstrandläufer) oder ausschließlich animalisch. Der Temminckstrandläufer (Calidris temmincki) bevorzugt Salzlacken, deckungsreiche Standorte und ist im Gegensatz zu den anderen Arten mehr Einzelgänger. Unter den Irrgästen dieser Gattung ist der in jüngerer Zeit immer wieder beobachtete Graubrust-Strandläufer (Calidris melanotus) von Interesse, weil er zu den extremsten Weitstreckenziehern (Zugweg bis zu 17000 km) gehört und Mitteleuropa sowohl von Nordamerika als auch von Sibirien aus erreichen kann. Verwandtschaftlich dürfte er dem Kampfläufer (Philomachus pugnax) am nächsten stehen, der mit dem Kiebitz (Vanellus vanellus) zu den

häufigsten durchziehenden Limicolenarten gehört. Noch 1955 nistete der Kampfläufer an der Golserlacke, bis durch die Beseitigung dieser schwach salzhaltigen Lacke mit anmoorigen Stellen der einzige Brutort vernichtet wurde. Beim Frühjahrsdurchzug, der schlagartig Ende Februar einsetzt, werden bis zu mehrere tausend Vögel und Trupps von über 3000 Tieren beobachtet. Er klingt gegen Ende Mai ab. Die Kampfläufer bevorzugen überschwemmte Ufer von Salzlacken mit Meerbinsen-Beständen (Bolboschoenus maritimus), sind aber auch zuweilen in überschwemmten Teilen des Hanság häufig. Zunehmender Weinbau in Lackennähe, wie an der Fuchslochlacke, verdrängt sie von solchen Wasserflächen. Die Nahrung ist vielfältig und soll im Frühjahr aus Samen bestehen. Mit ihrem auffallend individuell gefärbten Prachtkleid – Halskrause und Genickbüschel – geben die Männchen den jeweiligen Standplätzen der Truppe buntes, exotisches Gepräge: Die Kampfläufer haben Saison. Fast jeder Monat bietet im Seewinkel ein großes Naturszenarium.
Zu den zahlreichen Strand- und Wasserläufern gehört noch der sehr seltene Sumpfläufer (Limicola falcinellus), der sich mit Strandläuferarten auf Schlamm- und Sandufern aufhält und im nördlichen Fennoskandien brütet.
Der auffälligste Limicole, schwarz-weißes Wahrzeichen des Seewinkels, gehört der Familie der Säbelschnäbler (Recurvirostridae) und der gleichnamigen Gattung Recurvirostra zu. Der graziöse Säbelschnäbler (R. avosetta) ist die dritthäufigste Brutlimicolenart des Seewinkels, nach Kiebitz und Rotschenkel. Der Bestand schwankt zwischen 15 Paaren (1973) und 65 Paaren (1968), 1981: 33 Brutpaare, nur 1947 sank die Zahl auf zirka zehn Paare, 1948 wurden brütende Vögel überhaupt nicht beobachtet. Die Nestinseln und die Nester der feuchten Uferzonen finden sich an den Lacken östlich vom Seedamm und im zentralen Lackengebiet. Während der Brutzeit ab April werden dem Säbler Überschwemmungen gefährlich, daher lassen Lacken mit sehr breiten und flach abfallenden Ufern anscheinend höhere Brutkonstanz zu. Verschilfung hat die Säbler aus Brutgebieten am Ostufer des Neusiedlersees bei Illmitz vertrieben, und auch an

vielen Lacken schränkt zunehmendes Schilfwachstum und immer mehr in die Uferbereiche vorrückende Landwirtschaft den Lebensraum des Vogels ein. Mit vorgestrecktem säbelartig aufgebogenem Schnabel, den er entlang der Sedimentoberfläche beidseitig ausschwenkt und sie – säbelschnäbelnd – aufstöbert, nimmt er in den Lacken hauptsächlich Kiemenfüße, Ruderwanzen und wahrscheinlich auch Ruderfußkrebse auf; doch ist darüber bislang wenig bekannt. Ebenso ist seine Bindung an Salzwässer – Meeresküsten und Binnensalzseen – noch nicht verstanden. Sie mag vielleicht nur mit der Vegetationsarmut dieser Gewässer zusammenhängen. Aus unserem Gebiet wird er bereits 1813 von dem eingangs erwähnten trefflichen Ornithologen und Brasilienforscher NATTERER erwähnt. Zur gleichen Familie gehört der fallweise erscheinende Stelzenläufer (Himantopus himantopus), ein unregelmäßiger Brutvogel mit dem bezeichnenden spanischen Namen „Störchlein", der auf übermäßig lange Beine anspielt; er ist neuerdings wieder am Illmitzer Zicksee zu beobachten (BERGER, mündl. Mitt.).
Wie der Säbelschnäbler ist auch der Seeregenpfeifer (Charadrius alexandrinus) aus der gleichnamigen Familie (Charadriidae) auf den Seewinkel beschränkt, eine Art, die besonders von dem fortschreitenden Schilfwachstum als Folge der Unterbeweidung betroffen ist. Im Gegensatz zum Flußregenpfeifer (Charadrius dubius) brütet der Seeregenpfeifer auf kahlen Zickböden und am Rande der Hutweiden, während jener überschwemmte Äcker und Schottergruben, stets aber Wassernähe bevorzugt. Beim Seeregenpfeifer besteht wie beim Säbelschnäbler eine gewisse Bindung an Salzwasser, deren Ursache zu klären wäre. Möglicherweise sind es auch hier die vegetationsfreien Ufer, die besonders für Salzgewässer charakteristisch sind, welche eine Bindung an Salzwässer vortäuschen. Der Sandregenpfeifer (Charadrius hiaticola) ist im Gebiet nur Durchzügler. 1981 wurde auch der Wüstenregenpfeifer (Charadrius leschenaultii), eine in Vorderasien beheimatete Art beobachtet (mündl. Mitt. A GRÜLL).
Zur Regenpfeifer-Familie zählt auch die häufigste Brutlimicolenart des Seewinkels, der Kiebitz (Vanel-

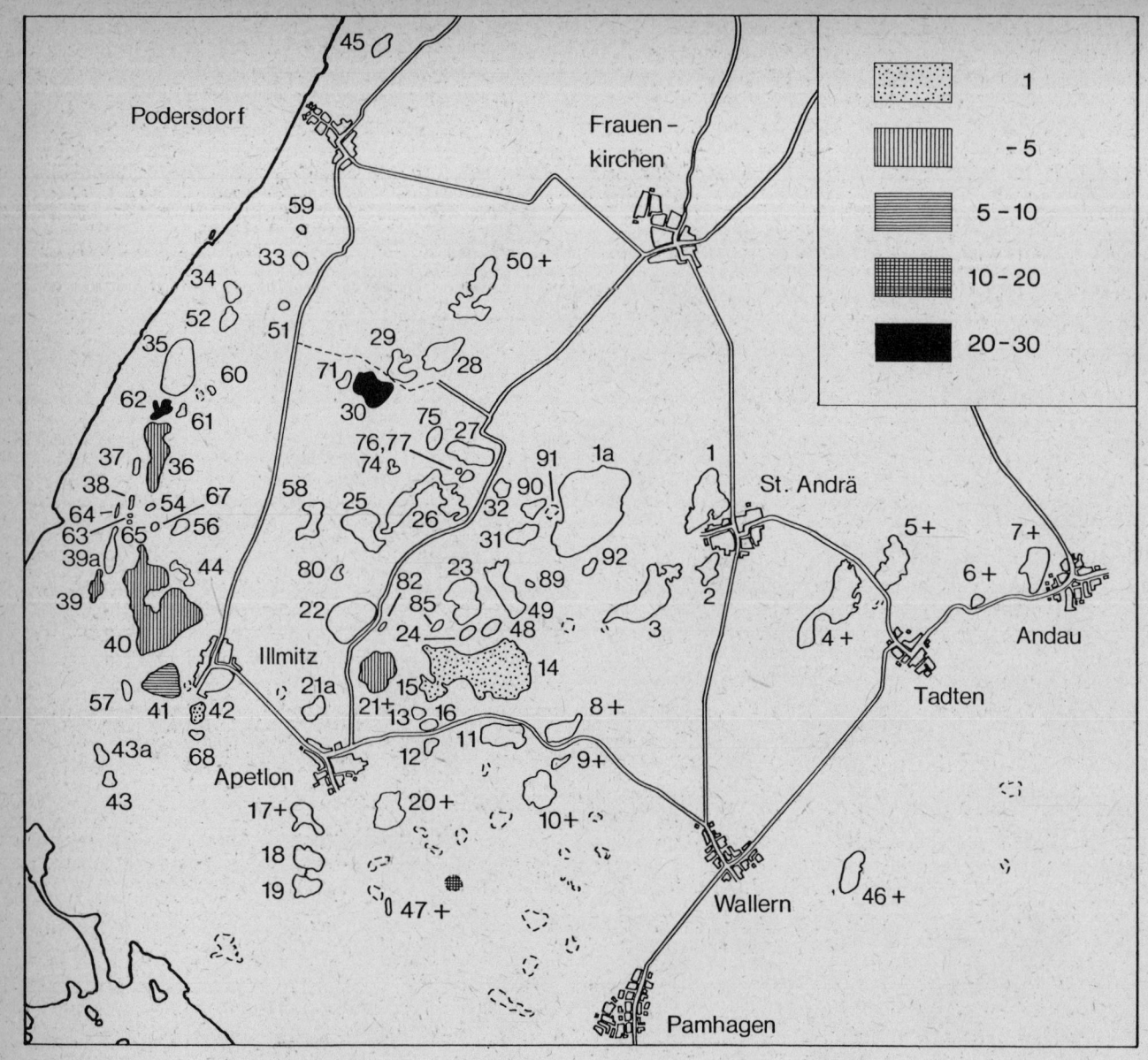

Abbildung 14: Dunkler Wasserläufer, Zählung April 1981 (nach H. Winkler und Mitarbeiter)

lus vanellus), wozu die wenig spezialisierte Wahl der Brutstandorte beiträgt. Der Kiebitz nimmt sogar Maisfelder als Brutplätze an: sonst nistet er – immer gerne auf leichten Erhöhungen – sowohl auf kahlen Zick- und Schotterflächen, als auch auf Anmoorböden und hochwüchsigen Niedermoorwiesen und damit auf den Brutplätzen vieler Limicolen und Möwenvögel. Beim früh einsetzenden Heimzug (Februar) werden im März Zahlen bis zu mehreren tausend Vögeln beobachtet, wogegen die Herbstzüge zu deutlich geringeren Konzentrationen führen. Mit diesen Zahlen wird der Kiebitz in unserem Gebiet zum bedeutenden ökologischen Faktor, um so mehr, als er seine Nahrungssuche – vorwiegend wirbellose Tiere – in Gemüsegärten, Düngerhaufen und Zuckerrübenfeldern betreibt, wo sonst kein Limicole in Erscheinung tritt. Zu Zeiten der Rinderbeweidung stellten auch die Insekten der Kuhfladen eine Nahrungsreserve für den Kiebitz dar.

Zu den Regenpfeifern gehört noch die Gruppe der Steinwälzer, die mit einem regelmäßigen Besucher, dem Steinwälzer (Arenaria interpres), vertreten ist. Seinen Namen trägt dieser Vogel mit vollem Recht, da er auf Nahrungssuche kleinere Schottersteine, aber auch Algenkrusten umdreht, um als reiner Fleischfresser darunter hauptsächlich Insekten zu suchen. Dabei bewältigt er bis zu 180 g schwere Steine. In die nähere Verwandtschaft der Regenpfeifer (Unterordnung Charadrii) gehört schließlich die Familie der Triele (Burhinidae), die in Europa durch den Triel (Burhinus oedicnemus) vertreten ist und, ökologisch gesehen, als Laufvogel der Trockengebiete aus dem Rahmen fällt. Volkstümliche Namen wie „Eulenkopf" und „Glotzauge" spielen auf die großen gelben Augen und die Nachtaktivität des knapp hühnergroßen Tieres an, das sich von Wirbellosen und gelegentlich von Reptilien und Mäusen ernährt. Sein Rückzug kennzeichnet die prekäre Situation der Trockengebiete des Seewinkels. Wenige Paare im Seedammbereich waren der Rest der gefährdeten Art, die in den fünfziger Jahren auch aus dem Hutweidenbereich des WWF als Brutvogel verschwunden ist.

Unter den Möwen (Laridae) sind zwei Brüter im

Gebiet zu verzeichnen, die Lachmöwe (Larus ridibundus) und die Fluß-Seeschwalbe (Sterna hirundo). Mindestens seit Mitte der dreißiger Jahre befinden sich große Brutkolonien der Lachmöwe an der Wörten- und an der Langen Lacke, kleinere fanden sich an den nunmehr gänzlich zerstörten Gebieten der Pimez- und der Martentallacke und finden sich – oft den Standort wechselnd – an vereinzelten Lacken, vor allem am Illmitzer Zicksee. Ständige Zunahme dieses Vogels hat auch den Brutbestand während der letzten Dekaden vervielfacht, der im Seewinkel 1 000 überschreitet. Die hinsichtlich Nahrungswahl und Nistplatz äußerst plastische Art – auch zunehmende Verstädterung u. a. in Wien ist zu beobachten – überwintert im Seewinkel nicht und erreicht während des herbstlichen Zuzuges Maxima bis zu 10 000 Individuen. Hinsichtlich der Vielfalt der Ernährung übertrifft die Lachmöwe sogar die Krähenvögel, sie folgt wie Saatkrähe, Kiebitz und Storch pflügenden Traktoren und nimmt Insekten, darunter den Kartoffelkäfer, Fische, Mäuse und Abfälle von Mülldeponien ebenso wie Kirschen zu sich.

Individuenmäßig tritt die Fluß-Seeschwalbe stark hinter der Lachmöwe zurück und ist auch hinsichtlich ihrer Brutplätze wählerischer: So reagiert sie empfindlich auf die zufolge Vogeldüngung aufkommende hochwüchsige Vegetation. Die gegenwärtigen Brutkolonien liegen vorwiegend im zentralen Seewinkel, die Nahrungsreviere dagegen im schilfnahen Seebereich. Eine in der Götschlacke vom WWF kürzlich angelegte Insel wurde als Brutplatz angenommen. Diese Lacke weist derzeit auch hohe Artenmannigfaltigkeit der Limicolen auf. Die rein carnivoren Fluß-Seeschwalben fressen Insekten aller Größenklassen bis zur Larve des Kolbenwasserkäfers, Fische und Amphibien.

Eine große Anzahl von Möwen-Vögeln gehört zu den regelmäßigen Besuchern, an erster Stelle hier wohl die Trauerseeschwalbe (Chlidonias niger), die bis 1965 im Seewinkel brütete. Als ausgesprochener Wasseroberflächenjäger ist die Art hauptsächlich auf Insektennahrung eingestellt. Dies gilt auch für die weitaus seltener auftretende Weißflügel-Seeschwalbe (Chlidonias leucopterus) und die Weißbart-See-

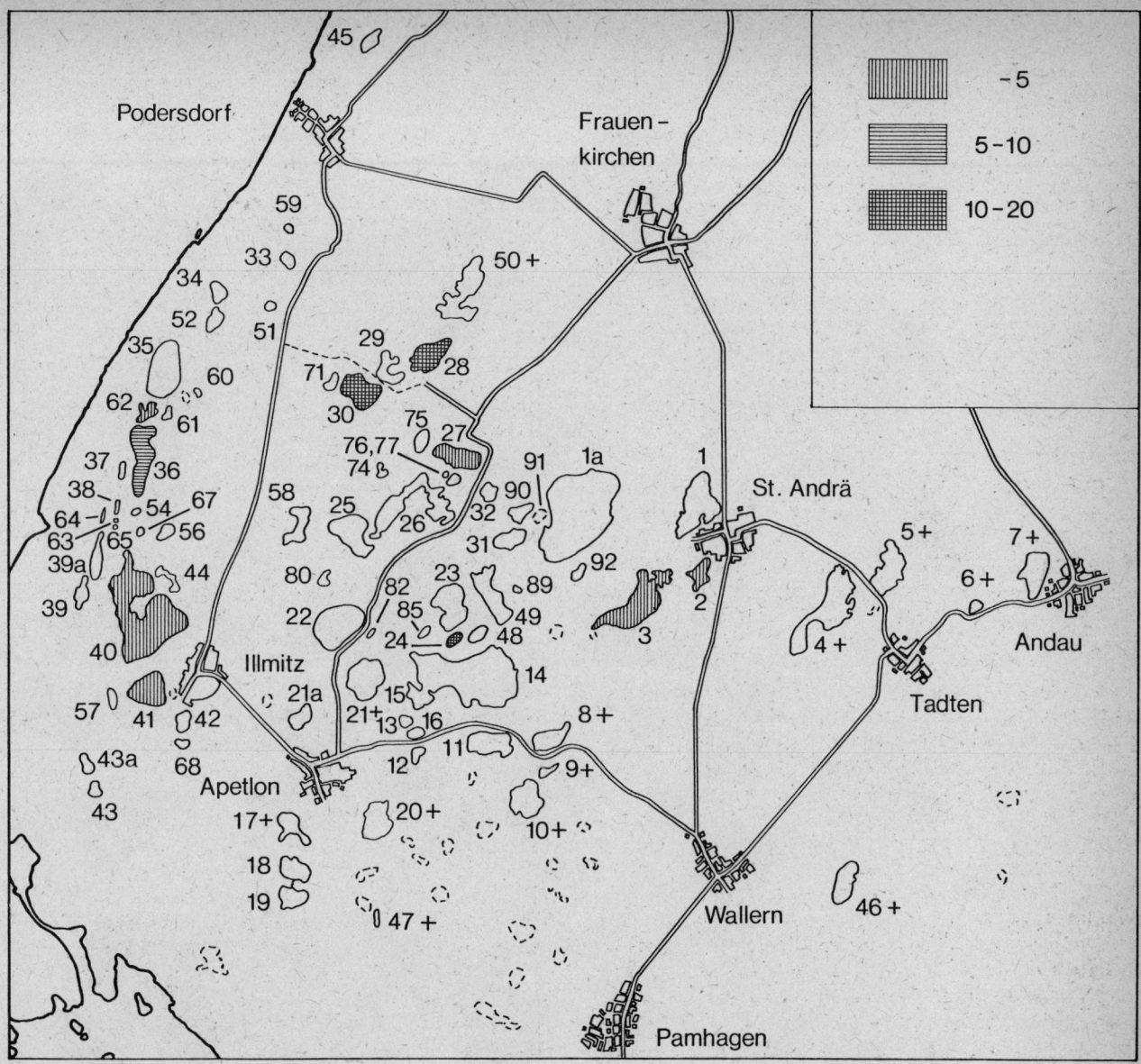

Abbildung 15: Säbler, Zählung April 1981
(nach H. Winkler und Mitarbeiter)

schwalbe (Chlidonias hybridus). Auch die größte Art, die Raubseeschwalbe (Hydropogne caspia), kommt im Gebiet vor: als Stoßtaucher ernährt sich diese Art von mindestens 10 cm langen Fischen.

So wie der starke Rückgang der Seeregenpfeifer-Bestände ist das Erlöschen des Brutvorkommens (1962) der kleinsten Art der Seeschwalbe, der Zwergschwalbe (Sterna albifrons), als Zeichen des generellen Rückganges der Strandfauna zugunsten einer Schilffauna zu bewerten.

Aber auch eine große Zahl nichtbrütender Möwen bereichert den Seewinkel. Häufigste Art dieser Gruppe ist die Silbermöwe (Larus argentatus), die mit maximalen Individuenzahlen im Herbst auftritt. Ein Großteil sucht seine Nahrung im Donaubereich und nur eine geringe Zahl an einigen der größten Lacken. Feldmäuse, Fische und große Insekten sowie vor allem Abfälle sind die hauptsächlichen Nahrungskomponenten. Von Fischen und Abfällen ernährt sich auch die Sturmmöwe (Larus canus), die hauptsächlich beim Frühjahrsdurchzug in Erscheinung tritt, während die kleinste Möwe, die Zwergmöwe (Larus minutus), vorwiegend Insektenfresser zu Wasser und in der Luft ist. Sie gehört wie die Lachmöwe zur Gruppe schwarzköpfiger Möwen, der auch die Schwarzkopfmöwe (Larus melanocephalus) zuzurechnen ist: Diese aus dem Südosten vordringende Art übersommert gelegentlich seit den fünfziger Jahren im Seewinkel und brütete einmal im Gebiet der Huldenlacke. Ihre Ernährungsweise scheint ähnlich vielfältig wie die der Lachmöwe. Eine Anzahl von Möwen taucht schließlich als unregelmäßige Besucher in unserem Gebiet auf, wie Heringsmöwe (Larus fuscus), Mantelmöwe (Larus marinus), Schmarotzerraubmöwe (Stercorarius parasiticus), ein Beuteschmarotzer, Vogel- und Eieresser, und Dreizehenmöwe (Rissa tridactyla), die in einzelnen Jahren in größerer Zahl erscheint. Die großen Möwen (Silber- und Sturmmöwe) sind besonders am Oberen Stinker anzutreffen.

Wie für die Schwimmvögel kann also auch für die Laro-Limicolen die außerordentliche Bedeutung des Seewinkels als Brut-, Rast- und Nahrungsraum hervorgehoben werden. Auffällig ist das Vorkommen von Arten mit Bevorzugung salziger Gewässer, die in Europa, weniger in Asien, vorwiegend Meeresküstenbewohner sind. Säbelschnäbler, Seeregenpfeifer und Zwergseeschwalbe gehören dazu, bis 1942 auch die Lachseeschwalbe (Gelochelidon nilotica), die nunmehr unregelmäßig durchzieht. Nur zwei Arten, nämlich Fluß-Seeschwalbe und Silbermöwe, ernähren sich hauptsächlich außerhalb des Seewinkels, erstere im Neusiedlersee, letztere an der Donau. Der hohe Nutzen der einfallenden Möwen- und Watvogelscharen für die Landwirtschaft als biologische Schädlingsbekämpfung muß besonders hervorgehoben werden. Auch deshalb ist es unverständlich, daß die Jagd auf Sumpfschnepfen (= Bekassine, Doppelschnepfe, Zwergschnepfe) gestattet (16. 8. bis 30. 11.) und damit Gelegenheit für „Verwechslungen" geboten wird.

Mit dem Bläßhuhn haben wir bereits eines Rallenvogels Erwähnung getan, dessen Familie (Rallidae) der Ordnung Kranich- oder Rallenvögel (Ralliformes) zugehört. Die Rallenfamilie selbst reicht bis in die Obere Kreide zurück, hat also ein außerordentlich hohes Alter und ist weltweit verbreitet. Zu ihr zählt eine Reihe weiterer Sumpfvögel des Seewinkels, darunter als häufigste Art die Wasserralle (Rallus aquaticus), die vorzüglich Bewohner verschilfter Wasserflächen und der landseitigen Übergangszone von Schilfbeständen ist, wo sie auch brütet. Ihre vielfältige Nahrung hat überwiegend animalischen Anteil, der von kleinen Wirbellosen bis zu Molchen, Fröschen, kleinen Fischen, ja selbst Singvögeln und Kleinsäugern, wenn die Ralle ihrer habhaft werden kann, reicht.

Fast genauso häufig ist das Teichhuhn (Gallinula chloropus), das Schilfbestände und damit entsprechende Lacken bevorzugt und eine vermittelnde Stellung zwischen schwimmenden und hauptsächlich laufenden Rallen einnimmt. So kann man die Teichhühner häufig schwimmen sehen, anderseits unternehmen sie, besonders in der Dämmerung, weite Wanderungen auf Wiesen und Sumpfflächen, wo sie sich teils animalisch (Gliedertiere), teils vegetarisch (Samen und Triebe von Pflanzen) ernähren. Wie die Wasserralle überwintert das Teichhuhn teilweise im Gebiet und brütet in Schilf- und Rohrkolbenbeständen.

Während das Zwergsumpfhuhn (Porzana pusilla) aus dem Seewinkel nicht bekannt ist, kann das Tüpfelsumpfhuhn im Bereich von Niedermoorwiesen (früher einmal besonders im Hanság) und von „Schwarzen" Lacken in feuchten Jahren regelmäßig, das Kleine Sumpfhuhn (Porzana parva), ein häufiger Bewohner des Neusiedlersees, seltener angetroffen werden. Doch sind Brutplätze weder aus dem Seewinkel noch aus dem Neusiedlerseegebiet bekannt. Von allen Rallenarten dürfte sich das Tüpfelsumpfhuhn am stärksten vegetarisch ernähren, wobei der Anteil der Kleintiere in der Kost relativ hoch sein dürfte. Seltenste Rallenart ist wohl im Seewinkel der Wachtelkönig (Crex crex), ein Bewohner von Feuchtwiesen, der sich überwiegend animalisch ernährt und zuletzt im Hanság brütete. Wieder eine Art, die durch den Schwund des geeigneten Lebensraumes außerordentlich bedroht ist.

Es erscheint uns nun zweckmäßig – abermals nicht systemgerecht, sondern ökologischen Gesichtspunkten folgend –, mit den Feldvögeln, also zunächst mit den Hühnervögeln (Ordnung Galliformes) fortzusetzen. Die hier interessierenden Arten gehören der Familie der Fasanartigen (Phasianidae) zu. Hier stand ursprünglich das Rebhuhn (Perdix perdix) an erster Stelle, das trockene Felder und Hutweiden bewohnt. Übermäßige Jagd, Pestizide und intensive Hegemaßnahmen des Fasans haben in den letzten Jahrzehnten zu einem ununterbrochenen Rückgang geführt, doch ist über den gegenwärtigen Bestandsumfang nur sehr wenig bekannt. Die Altvögel leben hauptsächlich vegetarisch, während die Jungvögel vorwiegend Insekten bevorzugen.

So wie das Rebhuhn durch die Fasanhege beeinflußt wird, sind auch zahlreiche Krähen- und Greifvögel davon betroffen. Im Namen des Fasans (Phasianus colchicus), einer Mischbevölkerung aus westkaukasischen, kirgisischen, chinesischen und japanischen Fasanen, werden Kreuzzüge gegen alle möglichen Eiräuber, Konkurrenten oder gar Konsumenten der Jung- und Altvögel geführt. Der schmutzige Krieg mit Gifteiern und Schlageisen dient zur brutalen Ver-

Die Gänse haben auf ihrem herbstlichen Durchzug Saison: Eines der großartigen Schauspiele, die der Seewinkel im November bietet.

Oben: Der Löffler ist in den letzten Jahren von starkem Rückgang betroffen. – Unten: Die Große Rohrdommel ist Dämmerungs- und Nachtjäger.

Links: Mit der zunehmenden Verschilfung der Lacken ist
der für den Rohrwald spezialisierte Purpurreiher jetzt auch
hier häufiger Brutvogel. – Rechts: Jungstörche am Horst.

Oben links: Das Brutgebiet des Dunklen Wasserläufers liegt in der nördlichsten Palaearktis, jenseits der Taiga- bzw. Waldgrenze. Er ernährt sich auf dem Frühjahrsdurchzug im Seewinkel auch von Kiemenfüßen (Branchinecta). – Unten links: Der Kampfläufer brütete

bis 1955 im Seewinkel. – Oben Mitte: Die Bekassine gehört zu den wenigen Brutvögeln im Gebiet. – Unten Mitte: Die Uferschnepfe ist stark zurückgegangen. Der Verlust der Feuchtwiesen südlich von Frauenkirchen und im Hanság ist dafür mit verantwortlich.

Oben rechts: Der Bruchwasserläufer brütet im nördlichen Europa und Asien. – Unten rechts: Der Säbler ist ein Wahrzeichen des Seewinkels und war 1982 zusammen mit anderen Vögeln von der Vogelseuche Botulismus betroffen.

Rotschenkel im Lackenspiegel.

Oben links: Der Brutbestand der Lachmöwe hat im Seewinkel stark zugenommen. – Unten links: Der Seeregenpfeifer brütet auf kahlen Zickböden und am Rande der *Hutweiden. – Oben rechts: Der Kiebitz, häufigste Brut-Limicolenart des Seewinkels, trifft hier schon im Februar ein. – Unten rechts: Kampfläufer auf Nahrungssuche.*

Der Graugansbestand ist im Seewinkel in Zunahme begriffen, wechselt jedoch von Jahr zu Jahr recht stark.

*Rotfußfalk (links) und Sumpfohreule (rechts) können
im Seewinkel regelmäßig gesehen werden, um so mehr als
letztere auch tagsüber jagt.*

teidigung des „geschwänzten Hendels" in Österreichs Landschaft, selbst in Naturschutzgebieten. Die jährlichen Abschüsse innerhalb der Republik, zwischen einer viertel und einer halben Million schwankend, dienen weniger der Proteinversorgung der Bevölkerung als vielmehr dem Vergnügen einer leichten Jagd, die obendrein Millionengewinn für eine kleine Bevölkerungsgruppe abwirft. Nicht zuletzt sterben dafür jährlich rund 100 000 Krähen, Elstern und Häher (die Gifttoten nicht mitgerechnet) und – vielfach illegal – Legionen von Greifvögeln. Längst dürfte der Fasan unter den brütenden oder ausgebrüteten Hühnervögeln im Seewinkel an erster Stelle stehen.

Seltenster Hühnervogel des Seewinkels ist zweifellos die Wachtel (Coturnix coturnix), ein Bewohner der Naturwiesen mit unbekanntem Bestand. Die Wachtel ist als einer der am spätesten eintreffenden Zugvögel (Ende April) im Gebiet bekannt. Die Ernährung der Jung- und Altvögel gleicht jener des Rebhuhns. Der Abschuß ist in Österreich von rund 1 300 im Jahr 1961 auf unter hundert 1976 zurückgegangen . . .

Von den Feldvögeln wurde bereits der Triel vorgestellt, und es bleibt nur noch die Großtrappe (Otis tarda) zu schildern, womit wir wieder zu den Rallen- oder Kranichvögeln im weitesten Sinn zurückkehren. Der altweltlich verbreiteten Familie gehören steppenbewohnende Kranichvögel mit etwas weniger als zwei Dutzend Arten zu. Darunter ist die Großtrappe wohl der stattlichste Wildvogel Eurasiens mit Gewichten bis zu über 20 kg. Ihr dramatischer Rückgang in Österreich hängt mit dem Wandel der Kulturlandschaft und dem viel zu spät einsetzenden Schutz vor eifrig betriebener Jagd zusammen. Waren es 1942 noch 1 200 Trappen, die den pannonischen Raum Österreichs bewohnten, so sank ihre Zahl 1958 auf 400 und liegt gegenwärtig bei zirka 150 (1979). In unserem Gebiet ist die Großtrappe der prominente Brutvogel des Hanság, doch ist ihr Verbleib dort nicht gesichert, und es muß auf Grund der gegenwärtigen Entwicklung mit dem völligen Erlöschen dieses großartigen Vogels gerechnet werden. Das winzige Naturschutzgebiet im trockengelegten Hanság mit landwirtschaftlicher und touristischer Beunruhigung wird diese Entwicklung sicher nicht aufhalten.

Wir haben den Schwimm-, Sumpf- und Feldvögeln mit dem guten Grund ihrer Bedeutung im Seewinkel und im Hinblick auf den internationalen Rang, den unser Gebiet durch sie gewinnt, mehr Raum als anderen Tiergruppen gewidmet. Nun sollen von der übrigen Vogelfauna nur wichtige und charakteristische Arten herausgegriffen, und zum Abschluß – wieder entgegen der systematischen Ordnung – soll den Tag- und Nachtgreifvögeln mehr Platz eingeräumt werden.

Unter den Tauben kommt größere Bedeutung nur der Haustaube (Columba livia), der überall in Ortschaften brütenden seit 1938 in Österreich eingewanderten Türkentaube (Streptopelia decaocto) und der Turteltaube (Streptopelia turtur) zu. Letztere kommt erst Ende April in ihre Brutquartiere und zieht schon im September wieder fort. Sie nährt sich wohl auch im Seewinkel vorwiegend von Sämereien (u. a. Wegerich, Knöterich und Miere) und fallweise von kleinen Tieren, darunter Mollusken. Es ist sehr wenig über ihre Lebensweise in unserem Gebiet bekannt.

Der Kuckuck (Cuculus canorus) tritt zwar regelmäßig in Erscheinung, ist aber im Gebiet nicht zahlreich vertreten und nur zur Zeit des Durchzuges bisweilen häufig. Unter den Rackenvögeln (Coraciiformes) ist der Wiedehopf (Upupa epops), Familie Hopfe (Upupidae), regelmäßiger Brutvogel, der nach Taubenart mit dem Kopf nickend auf dem Boden umherläuft und nach Insekten sucht, wobei er seinen langen Schnabel zum Stochern gebraucht.

Da die Brutplätze des Bienenfressers (Merops apiaster) immer wieder zerstört werden, u. a. die Lößwände am Abfall der Parndorfer Platte, ist die Existenz dieses in Österreich nur im Burgenland und im östlichen Niederösterreich brütenden Vogels und Vorpostens bunter tropischer Vogelwelt immer wieder bedroht.

Die Blauracke (Coracias garrulus), Familie Racken (Coraciidae), ist im Seewinkel nur seltener Gast. Wie der Wiedehopf bevorzugt sie zum Brüten Höhlen in alten Bäumen. Allerdings kann der Wiedehopf, oft Bodenbrüter, auch auf andere Brutplätze wie Schilfmandln und Strohtristen ausweichen.

Die Spechtvögel (Ordnung Piciformes, Familie Pici-

dae) sind nur durch zwei brütende Arten vertreten und davon der Buntspecht (Picoides major) lediglich am Nordrand des Gebietes. Der „typische" Specht des Seewinkels ist – zumindest seit der ersten Beobachtung im Jahre 1952 durch Bauer – der Blutspecht (Picoides syriacus). Er ist mit dem Buntspecht nicht nur nahe verwandt, sondern ihm auch außerordentlich ähnlich. Seit dem Jahr 1890 dringt diese ursprünglich in Vorderasien und auf dem Balkan beheimatete Art langsam, seit 1939, also ungefähr zur gleichen Zeit wie die Türkentaube, merklich rascher nach Nordwesten vor und hat längst die Randgebiete Wiens erreicht. Während der Buntspecht geschlossene Waldungen, aber auch Parkanlagen bevorzugt, sagen dem Blutspecht lockere Baumbestände, mit Obstbäumen durchsetzte Weingärten, aber auch dichtere Feldgehölze wie die Wäldchen bei Andau und Wallern zu. Auch hinsichtlich der Nahrung unterscheiden sich beide Arten, indem für den Blutspecht Walnüsse und Früchte eine übergeordnete Rolle spielen (Winkler 1971).

Die umfangreichste der 26 Vogelordnungen – wie sie gegenwärtig vielfach unterschieden werden – ist die der Sperlingsvögel (Passeriformes), die etwas mehr als die Hälfte aller lebenden Arten enthält (fünf Achtel von zirka 8000 Arten). Zu den urtümlichen Familien zählt u. a. die Familie der Lerchen (Alaudidae). Zu ihr gehört der wahrscheinlich häufigste Landvogel überhaupt, die Feldlerche (Alauda arvensis), die bis in überschwemmte Wiesen vordringt und regelmäßig überwintert. Viel seltener und auf Ödflächen vor allem in Ortsnähe ist die Haubenlerche (Galerida cristata), die wie Schwarzkehlchen (Saxicola torquata) und Hänfling (Carduelis cannabina) regelmäßig in Weingärten oder an deren Rändern brütet.

Unter den Stelzen (Familie Motacillidae) ist der Brachpieper (Anthus campestris) hervorzuheben. Wiesenpieper (A. pratensis) und Rotkehlpieper (A. cervinus) dagegen sind Durchzügler, der Wasserpieper (A. spinoletta), Brutvogel der Almregion und der Küsten, ist regelmäßiger Wintergast. Schafstelze (Motacilla flava) und Bachstelze (Motacilla alba) gehören zu den häufigsten Brutvögeln, die meist schon im März eintreffen.

Neben den häufigen Brütern Rauch- (Hirundo rustica) und Mehlschwalbe (Delichon urbica), Familie Schwalben (Hirundinidae), ist die in einigen Kolonien und in Erdhöhlen brütende Uferschwalbe (Riparia riparia) immer wieder durch menschliche Störung bedroht. Die unglaubliche Indolenz, mit der die Brutkolonie in Neusiedl fast zugebaut wurde, ist nur noch als Schildbürgerstreich zu bewerten: Jede naturfreundliche Gemeinde hätte längst diese großartige Kolonie am „Wiener Berg" zu ihrem Wahrzeichen aufgewertet.

Während der Raubwürger (Lanius excubitor) lediglich regelmäßiger Wintergast ist, sind Neuntöter (Lanius collurio) und Schwarzstirnwürger (Lanius minor) unter den Würgern (Familie Laniidae) Brutvögel. Da der Schwarzstirnwürger in Österreich fast nur im Raum Neusiedlersee–Seewinkel brütet, gehört er zu den vielen Attraktionen unseres Gebietes, doch ist die Art in letzter Zeit beinahe verschwunden, obwohl sie im benachbarten Ungarn noch immer häufig ist.

Von den Grasmücken (Familie Sylviidae) sind die Laubsänger (Gattung Phylloscopus) als hauptsächliche Waldbewohner im Seewinkel nur Durchzügler. Auch der Gelbspötter (Hippolais icterina) ist ebenso wie die von Baumbeständen abhängigen Grasmücken (Gattung Sylvia), zum Beispiel die Mönchsgrasmücke (Sylvia atricapilla), im Gebiet spärlicher Brutvogel. Dagegen sind die Arten, die sich mit offenem Buschgelände begnügen, wie die Dorngrasmücke (Sylvia communis) und die Sperbergrasmücke (Sylvia nisoria), häufige Brüter im Gebiet und bevorzugen ähnliche Standorte wie die Würger. Charakteristischer Bewohner von Schilfbeständen mit Knickschicht ist der Rohrschwirl (Locustella luscinioides). Die weiteren Schwirle (Schlagschwirl, Locustella fluviatilis, eine in jüngerer Zeit sich aus Osteuropa nach Westen ausbreitende Art, und der Feldschwirl, Locustella naevia) sind sporadische Brutvögel. Die Rohrsänger (Gattung Acrocephalus) sind extrem an das Leben in Schilf- und Sumpfgebieten angepaßte Vertreter der Grasmücken und kommen deshalb auch vorwiegend im Schilfgürtel des Sees vor. Mit der zunehmenden Verschilfung der Lacken treten aber mehrere Arten wie Drosselrohrsänger (A. arundinaceus), Schilfrohr-

sänger (A. schoenobaenus), Sumpfrohrsänger (A. palustris) und Teichrohrsänger (A. scirpaceus) immer mehr in Erscheinung. Letzterer hat im Gebiet eine langwährende Brutzeit bis gegen Anfang September. Fliegenschnäpper und Drosseln (Turdidae), die manchmal mit den Grasmücken in einer Familie (Muscicapidae) zusammengefaßt werden, sind mit der namengebenden Gattung Muscicapa nur durchziehend vertreten. Auch die meisten Drosseln (Gattung Turdus) tauchen im Gebiet nur durchziehend auf, selbst die Amsel brütete früher nur am Westufer des Sees und am Rande der Parndorfer Platte und ist erst seit jüngerer Zeit in den Ortschaften des Seewinkels heimisch, wo sie zusammen mit dem Storch (der im Seewinkel ausnahmsweise seinen Horst auf Bäumen einrichtet), der Türkentaube, dem Blutspecht, der Bachstelze, dem Hausrotschwanz (Phoenicurus ochrurus), dem Girlitz (Serinus canaria), dem Grünling (Carduelis chloris), den beiden Sperlingsarten (Passer domesticus und Passer montanus) und den Schwalben die Vogelwelt der Dörfer bildet.

Aus der Drossel-Verwandtschaft sind das oben erwähnte Schwarzkehlchen (Saxicola torquata), das Braunkehlchen (Saxicola rubetra) – Brüter in feuchten Wiesen, besonders im Hanság – und der Hausrotschwanz Brutvögel im Gebiet. Die Schmätzer, eine Vogelgruppe, die hauptsächlich Trockengebiete bewohnt, kommen mit dem Steinschmätzer (Oenanthe oenanthe) u. a. am Abhang der Parndorfer Platte vor, und jüngst wurde selbst der Mittelmeersteinschmätzer (Oenanthe hispanica) im Neudegger Gebiet gesichtet. Auch die Nachtigall (Luscinia megarhynchos) kommt im Seewinkel nur örtlich vor, brütet aber im Neusiedlerseegebiet.

Eine eigene Familie bilden die Timalien (Timaliidae), die hauptsächlich asiatisch, mit der Bartmeise (Panurus biarmicus) aber auch europäisch verbreitet sind. Sie gehört zu den häufigen Brutvögeln des Schilfgürtels und ist mit der Verschilfung vieler Lacken gegenwärtig auch im Seewinkel regelmäßig anzutreffen, so zum Beispiel im Bereich der Langen Lacke. Während des Winters Samenfresser, nehmen die Bartmeisen zur Brutzeit tierische Nahrung auf. Das Verhalten dieser an das Leben in verschilften, lagunenartigen

Sumpfgebieten angepaßten geselligen Vögel hat KOENIG (1951) eingehend untersucht.

Von den Meisen (Familie Paridae) sind Kohlmeise (Parus major) und Blaumeise (Parus caeruleus) nur aus den Halbturner und einigen anderen Waldbeständen des Seewinkels als Brutvögel bekannt, sonst aber nur häufige Durchzügler. Die Schwanzmeise (Aegithalos caudatus) ist regelmäßiger Wintergast. Auf die Beutelmeise (Remiz pendulinus, Familie Remizidae) soll hier, da sie in erster Linie Brutvogel des Neusiedlerseeraumes ist, nicht näher eingegangen werden. Der Kleiber (Sitta europaea, Familie Sittidae) tritt im Seewinkel als spärlicher Brutvogel auf, und in jüngerer Zeit ist auch das Brutvorkommen des Gartenbaumläufers (Certhia brachydactyla, Unterfamilie Certhiidae) bestätigt worden.

Mit rund 900 Arten bilden die Ammern und ihre Verwandten eine der größten Einheiten der Singvögel. Die Familie der Ammern (Emberizidae) ist mit dem Goldammer (Emberiza citrinella) nur bei Halbturn Brutvogel, während der Rohrammer (Emberiza schoeniclus) mit zunehmender Verschilfung der Lacken aus dem Seebereich als Brutvogel in den Seewinkel vorgedrungen ist und hier weithin brütet. Die Art ist auch häufiger Durchzügler und, in standortfremden Rassen, Wintergast. Ein gleichfalls verbreiteter Brutvogel des Gebietes ist der Grauammer (Emberiza calandra), gleichzeitig die größte Art.

In die Verwandtschaft der Ammern gehört die Finkenfamilie (Fringillidae), die mit einer Reihe von Brutvögeln im Gebiet vertreten ist. Der Buchfink (Fringilla coelebs) ist hauptsächlich auf den Halbturner Schloßpark und die Orte entlang der Parndorfer Platte beschränkt und erst am Weststrand des Neusiedlersees häufiger Brutvogel. Dagegen sind Girlitz (Serinus serinus) und Hänfling (Carduelis cannabina) häufige Brutvögel, ersterer, wie bereits mitgeteilt, in Ortschaften. Zeisig (Carduelis spinus) und Birkenzeisig (Carduelis flammea) sind wie der Gimpel (Pyrrhula pyrrhula) und einige andere Arten der Familie Wintergäste. Nur der Grünling (Carduelis chloris) kann noch als Brutvogel der kleinen Seewinkelwäldchen und der Ortschaften genannt werden.

Zu der weiteren Ammerverwandtschaft gehören

schließlich die Sperlinge (Unterfamilie Passerinae), die gegenwärtig mit den Webervögeln zusammen in die gleichnamige Familie gestellt werden (Ploceidae). Wir haben die beiden ortsbewohnenden Arten Haus- und Feldsperling bereits erwähnt. Der Feldsperling besiedelt zusätzlich einzelstehende Gehöfte und ist auch in Uferschwalbenkolonien die häufigere Art. Als eine der häufigsten Vogelarten, besonders zur Zeit der Weinlese, tritt der Star (Sturnus vulgaris, Familie Sturnidae) mit seinen Schwärmen in Erscheinung, brütet aber hauptsächlich westlich des Neusiedlersees und überwintert auch vereinzelt. Im Zusammenhang mit Obst, das aber kaum noch geerntet wird, vor allem aber mit Wein, ist der Star von erheblicher ökonomischer Bedeutung – acht Millionen Schilling soll der Schaden 1960 im gesamten nördlichen Burgenland betragen haben – und wird daher im Herbst mit Flugzeugen, den „starfighters", gescheucht, eine Maßnahme, deren Nutzen wohl nicht ohne weiteres zu ermitteln ist. Zum Schutz der Weingärten werden auch automatische Knallanlagen eingesetzt, deren Geräusch zur gegenwärtigen Herbststimmung des Seewinkels gehört. Netze, ebenfalls schon vielfach angewendet, würden wohl das wirksamste Mittel gegen den Starfraß sein, sind aber natürlich kostspielig. Doch ist der Star durch die Vertilgung von Schadinsekten auch von erheblichem Nutzen.

Wie die Starfamilie, so ist auch die der Pirole (Oriolidae) nicht sehr artenreich und mit der einzigen Art in Europa, dem Pirol (Oriolus oriolus), im Seewinkel regelmäßiger Brutvogel verschiedener Wäldchen. Der späte Heimzug hat der Art die Bezeichnung „Pfingstvogel" eingetragen, doch taucht er im Gebiet schon gegen Ende April auf.

Unter den Rabenvögeln (Corvidae) ist die Elster (Pica pica) ein wegen Nesträuberei von den Jägern verfolgter Vogel, und die im Gebiet leider noch immer ausgelegten Gifteier gelten in der Hauptsache ihnen und den Krähen. Genauso wie die Krähen können die mäßig häufigen Elstern kaum nennenswerten Schaden verursachen.

Noch sinnloser ist die Jagd auf die Saatkrähe (Corvus frugileus), die mit der Masse der Durchzügler und der Wintergäste im Gebiet bestenfalls von Ende September (meist Mitte Oktober) bis Mitte März weilt und folglich als Nesträuber gar nicht in Frage kommt. Dem Schaden, den sie gelegentlich auf Feldern mit Weizen- oder Maiskeimlingen anrichtet, steht der außerordentliche Nutzen als Vertilger von Schadinsekten gegenüber. Brutversuche in Österreich werden von den Jägern immer wieder bekämpft, so daß Brutkolonien eine außerordentliche Seltenheit darstellen – eines der „Ruhmesblätter" der gegenwärtigen Jagdpraxis. Auch eine 1981 bei Neudegg entdeckte Kolonie (erstmals wurde eine Kolonie im Seewinkel 1955 beobachtet) wurde sofort beseitigt, doch ist zu hoffen, daß 1982 entstandene Kolonien erhalten bleiben.

Da die Mischzone von Rabenkrähe (Corvus corone corone) und Nebelkrähe (Corvus corone cornix) hauptsächlich westlich vom Gebiet liegt – sie reicht von Schleswig-Holstein bis zum Ligurischen Meer –, brütet nur die östlich verbreitete Nebelkrähe im Gebiet, doch kommen dunkle Bastarde der beiden Unterarten bisweilen vor.

An das Ende unserer Betrachtungen über die liebenswerte Wissenschaft im Seewinkel stellen wir die Eulen und die Greifvögel, die abermals die ornithologische Rangstellung des Gebietes erkennen lassen. Innerhalb der von anderen Vogelgruppen deutlich abgegrenzten Ordnung der Eulen (Strigiformes) ist die Familie der Schleiereulen (Tytonidae) mit der gleichnamigen Art (Tyto alba) als Brutvogel hauptsächlich auf Kirchtürmen vertreten. Ihre Gewölle bieten wertvolle Hinweise auf das Vorkommen verschiedener Kleinsäuger.

Aus der Familie der eigentlichen Eulen (Strigidae) kommen Steinkauz (Athene noctua), Waldohreule (Asio otus) und Sumpfohreule (Asio flammeus) vor. Der Steinkauz ist ebenso wie die Sumpfohreule auch tagsüber aktiv, während die im Gebiet häufige Waldohreule nachts auf Beute – wie bei der anderen Art vorzugsweise auf Kleinsäuger – auszieht. Beim Steinkauz spielt die Insektennahrung eine größere Rolle als bei den anderen Eulen.

Unter den Habichtartigen sind beide Milane (Milvus migrans, Schwarzer Milan, und Milvus milvus, Roter Milan) im nördlichen Teil des Seewinkels, vor allem aber über der Parndorfer Platte zu sehen. Ebenso erscheint der Habicht (Accipiter gentilis) im Gebiet als Strichvogel, doch brütet keine der genannten Arten hier, und der letzte Brutnachweis des Roten Milans oder der Königsweihe im Seewinkel stammt aus den frühen dreißiger Jahren. Brutvorkommen von Habicht und Schwarzem Milan sind aber aus dem benachbarten Kapuvarer Erlenwald bekannt. Auch für den Sperber (Accipiter nisus) gibt es derzeit keine Brutangaben aus dem Gebiet, doch kann er als Teilzieher im Winter beobachtet werden. Brutversuche wurden unter anderem 1975 beobachtet.

Der Mäusebussard (Buteo buteo) ist im Seewinkel öfters zu beobachten, brütet hier auch vereinzelt und wie Habicht und Schwarzer Milan ebenso im ungarischen Hanság-Gebiet. Der Rauhfußbussard (Buteo lagopus) ist dagegen nur Wintergast.

Ist der Hanság unter den Ornithologen schon wegen seiner Bedeutung als Balzplatz für die Trappen bekannt, so spielt er hier eine ebenso wichtige Rolle als Beobachtungsgebiet für mehrere Adlerarten. Die Nähe des ungarischen Erlenwaldes als gegenwärtig ungestörtes Brutgelände – einer der wenigen Vorteile des Eisernen Vorhanges – und der österreichische Hanság – freilich in rasch abnehmendem Ausmaß – als Jagdgelände liefern ideale Bedingungen. Regelmäßig kommt freilich nur noch der Schreiadler (Aquila pomarina) vor.

Unregelmäßig brüteten vor längerer Zeit der Schelladler (Aquila clanga), der Zwergadler (Hieraaetus pennatus) und vermutlich auch der Kaiseradler (Aquila heliaca), ein Zieselfresser. Die drei Arten sind hauptsächlich östlich verbreitete Adler, der Kaiseradler kommt noch auf der Iberischen Halbinsel vor. Auch der Seeadler (Haliaeetus albicilla) kann (ebenso wie an der Donau bei Wien) als Wintergast öfters gesehen werden. Viel zu häufige Verluste aller dieser Arten durch Schlageisen und Vergiftung sollten endlich zum Stopp dieser barbarischen Methoden führen.

Kein Gebiet Österreichs hat so viele regelmäßig vorkommende Weihen aufzuweisen wie der Raum Neusiedlersee–Seewinkel. Die Rohrweihe (Circus aeruginosus) ist wohl der häufigste Greifvogel im Gebiet überhaupt und häufiger Brutvogel hier und im Schilfgürtel. Als Nesträuber – Eier und Jungvögel – wurde in ihr vielfach eine Gefährdung der Reiher- und Löfflerkolonien gesehen, doch kann der Schaden keinesfalls bedeutend sein, da das Nahrungsspektrum auch Vögel und Säuger der Schilf- und Seggengebiete einschließt.

Die Wiesenweihe (Circus pygargus) ist ebenfalls ein wenn auch spärlicher Brutvogel u. a. im Hanság und auf den Zitzmannsdorfer Wiesen. Die Kornweihe (Circus cyaneus) kommt auch im Winter regelmäßig vor. Beide haben im Gegensatz zur sehr häufigen Rohrweihe hell-blaugraue Männchen, Korn- und Wiesenweihe deutlich kleinere Territorien als die Rohrweihe. Die Steppenweihe gehört zu den ausge-

sprochen östlichen Elementen und kommt im Seewinkel wahrscheinlich nicht vor.

Auch der Schlangenadler (Circaetus gallicus) kommt fallweise ins Gebiet. Die Art ist europaweit gefährdet, nicht zuletzt durch den Rückgang der Schlangen, die seine Hauptbeute sind, neben Fröschen, seltener Vögeln und Säugern, aber auch Wirbellosen.

Unter den Falken (Falconidae) gehören der kaum noch in Erscheinung tretende Wanderfalke (Falco peregrinus) und der Merlin (Falco columbarius) zu den Durchzüglern und Wintergästen. Weitaus häufigste Art und häufigster Brüter ist der Turmfalke (Falco tinnunculus). Regelmäßig kommt der für die offene Landschaft des Seewinkels charakteristische Rotfußfalke (Falco vespertinus) vor, der in Wäldchen, zuweilen in Saatkrähenhorsten brütet und vorzugsweise

Insektenfresser ist. Die Insekten werden gerne fliegend, oft bis in die Dämmerung hinein, erbeutet, worauf die Bezeichnung „Abendfalk" zurückzuführen ist. Wie der Rotfußfalke gehört auch der Würgfalke (Falco cherrug) zu den östlichen Elementen, der vorwiegend Steppenbewohner ist und wohl auch zuweilen im Kapuvarer Erlenwald brütet. Wie der Kaiseradler jagt er im Gebiet hauptsächlich Ziesel und war bei den asiatischen Falknern als besonders schneller Beizvogel geschätzt. So trägt er auch noch den zweiten Vulgärnamen „Sakerfalke" nach den turanischen Reiternomaden. Auch der in Europa weitverbreitete Baumfalke (Falco subbuteo) ist schließlich noch als spärlicher Brutvogel zu erwähnen, ein Flugjäger, der vor allem Feldlerchen, aber auch Schwalben nachstellt.

Der „Rohrwolf" kommt sicher nicht vor – ein kleiner säugerkundlicher Überblick

Der Tod ist wesentlich, weil es ohne ihn kein echtes Jagen gibt: Die Tötung des Tieres ist der natürliche Abschluß der Jagd und ihr Ziel.

José ORTEGA Y GASSET

Nein, der Rohrwolf kommt und kam dieses und wohl auch vergangenes Jahrhundert nicht vor, obschon immer wieder über ihn diskutiert und er sogar benannt (Canis lupus minor) wurde. Denn im Nordalpenbereich war der unerbittliche Krieg gegen den Wolf schon vor 1850 zu Ende, und in den reichen Esterházyschen Viehzuchtgebieten hätte man ihm wohl rasch den Garaus gemacht. So bleibt nur die Legende um den angeblich kleinwüchsigen „Rohrwolf", den „Yeti" des Neusiedlerseegebietes.

Aber auch ohne Wolf ist die Säugerfauna des Seewinkels mit über 40 Arten reich und läßt wieder sehr eigenständigen Charakter erkennen, mit dem der Leser nun schon von allen Pflanzen- und Tiergruppen her vertraut ist. An den Beginn der höheren Säuger (die gesamte Klasse der Mammalier umfaßt rund

5 000 Arten) werden die Insektenfresser (Ordnung Insectivora) gestellt, zu denen die kleinsten Säugerarten mit nur 4 cm Länge (ohne Schwanz) gehören und kaum 2 g Gewicht haben. Als Stammgruppe der gesamten höheren Säugerentwicklung haben die Insektenfresser ein hohes Alter und lassen sich bis in die Kreidezeit zurückverfolgen.

Schon vor der Eiszeit waren Igel der Gattung Erinaceus (Familie Erinaceidae) in West- und Mitteleuropa verbreitet, wurden aber von Eis und Kälte wahrscheinlich in zwei getrennte Rückzugsgebiete im Südwesten und Südosten verdrängt und haben sich dort zu eigenen Arten entwickelt, dem westlich und nördlich verbreiteten Braunbrustigel (Erinaceus europaeus), der, wie BAUER (1976) gezeigt hat, in Niederösterreich bis zum Kamp und zur Traisen vorkommt und östlich davon vom Weißbrustigel (Erinaceus concolor) abgelöst wird. Er ist auch im Seewinkel mit Ausnahme der nassen Böden überall verbreitet. Nur gelegentlich ernähren sich Igel von Pflanzenkost (Fallobst, Pilze, Eicheln), und die animalische Ernährung (vom Regenwürm und von Insekten bis zu Schlangen und Kleinsäugern) wiegt vor. Fast immer sind die Tiere von Igelflöhen (Archaeopsylla erinacei) befallen.

Reine Fleischfresser sind hingegen die Spitzmäuse (Familie Soricidae), die mit sechs Arten im Gebiet vorkommen. Die Waldspitzmaus (Sorex araneus) bewohnt feuchte Wälder und Sumpfwiesen und ist in den landseitigen Abschnitten der Schilfbestände meist das häufigste Säugetier; ähnlich feuchte Standorte und Sumpfgebiete bevorzugen Zwergspitzmaus (Sorex minutus) und Sumpfspitzmaus (Neomys anomalus). Ist die Zwergspitzmaus das kleinste Säugetier Österreichs, so erreicht die Wasserspitzmaus (Neomys fodiens) die größte Körperlänge von allen Spitzmäusen und ist damit fast doppelt so lang (9 cm) wie die Zwergspitzmaus. Sie lebt fast immer in Wassernähe, kann bis 20 Sekunden unter Wasser bleiben und bewohnt gerne Vogelnester, wie jene von Sumpfhühnern (Porzana). Vielfach legt sie Baue mit unterirdischen Nestern an, wobei einer der Ausgänge unter Wasser mündet. Neben Wirbellosen aller Art frißt sie auch Laich und Jungfische, Molche, Frösche und sogar kleine Vögel und Säuger. Von Wirbeltieren verzehrt sie fast immer erst das Gehirn. Trockenere Standorte bevorzugen Garten- und Feldspitzmaus (Crocidura suaveolens und C. leucodon), beide hauptsächlich Insektenfresser.

Wie die Spitzmäuse ist auch der Maulwurf (Talpa europaea) an geeigneten Standorten überall im Seewinkel anzutreffen. Das „Maul" seines Namens trägt er als Ableitung des althochdeutschen Wortes „molte" (Erde).

Wenn man den Gesamtraum Neusiedlersee–Seewinkel mit Leithagebirge betrachtet, so werden die Fledermäuse (Ordnung Chiroptera) nur noch von den Nagetieren (Ordnung Rodentia) an Artenzahl übertroffen. Dagegen gibt es im Seewinkel nur relativ wenige Fledermäuse, vor allem fehlen hier anscheinend die Angehörigen der Hufeisennasen-Familie (Rhinolophidae). Zu den häufigsten Fledermäusen im Gebiet zählt das Kleinmausohr (Myotis blythi), das in Sommerkolonien Kirchtürme bewohnt und wie alle anderen Arten zu den Glattnasen (Vespertilionidae) gehört. Das Kleinmausohr hat mediterran-pontische Verbreitung. Vorwiegend osteuropäisch kommt dagegen die Zweifarbfledermaus (Vespertilio murinus) und die Rauhhautfledermaus (Pipistrellus nathusii) vor. Letztere ist wohl die häufigste Art und bevorzugt Siedlungsgebiete. Auch das Graue Langohr (Plecotus austriacus), eine Zwillingsart des in Europa weitverbreiteten Braunen Langohrs (Plecotus auritus), ist ebenso wie die Breitflügelfledermaus (Eptesicus serotinus) vorzugsweise in Ortschaften anzutreffen. Die beiden Abendsegler (Nyctalus noctula und Nyctalus leisleri) sind Baumfledermäuse, die häufig in Baumhöhlen überwintern und ihren Jagdflug bisweilen schon am Nachmittag antreten. Der Kleine Abendsegler (Nyctalus leisleri) ist Waldbewohner und schon deswegen im Gebiet wohl nur selten. Wahrscheinlich ist die gegenwärtige Fledermaus-Fauna im Seewinkel noch bei weitem nicht vollständig bekannt. Außerordentlich wichtiges Hilfsmittel ist hier wie bei anderen Kleinsäugern die Analyse der Greifvogelgewölle.

Neben Rehen, Hasen und Feldmäusen bekommt der flüchtige Besucher am ehesten eine Nagerart zu Gesicht, nämlich das Ziesel (Citellus citellus) aus der Hörnchen-Verwandtschaft (Unterordnung Sciuromorpha, Familie Sciuridae). Das Europäische oder Einfarbziesel (es gibt in Osteuropa noch weitere drei Arten) ist Bewohner von Steppen und Waldsteppen, lebt hauptsächlich im pannonischen Raum Österreichs (westlich bis Kamp und Traisen) und erreicht größte Volksdichten im Marchfeld, auf der Parndorfer Platte und im Seewinkel (STRASCHIL 1973). Bis zu 700 Löcher der oft über 1 m tiefen Bauten können hier pro ha gefunden werden, doch geht dieser wärmeliebende und tagaktive Steppenbewohner (im Seewinkel besonders auf den Hutweiden) zufolge der Kulturmaßnahmen immer mehr zurück. Wie die Murmeltiere, denen sie nahestehen, stoßen sie einen hohen (freilich viel leiseren) Warnpfiff aus oder halten in Männchenstellung Ausschau. Die meiste Zeit verbringen sie mit Nahrungsaufnahme; Klee- und Luzernetriebe, milchige und reife Getreidekörner, Löwenzahnblüten sind bevorzugte Kost, doch werden auch Insekten und Nahrungsreste von Abfalldeponien gefressen. Dort, wo Menschen sich mit ihrer Fütterung befassen, wie zum Beispiel auf der Perchtoldsdorfer Heide bei Wien, nehmen sie die Nahrung auch aus der Hand. Die von Böhmen bis zum Schwarzen Meer verbreitete Art ist bevorzugtes Beutetier der großen Greifvögel, vor allem Kaiseradler und Sakerfalke, ferner des Steppeniltis (Mustela eversmanni) sowie anderer Marder und des Fuchses. Die Verbreitung der Gattung (mit zahlreichen Arten über die gesamte nördliche gemäßigte Zone) nahm ihren Ausgang in Nordamerika.

Eine Rarität im Seewinkel ist das Eichhörnchen (Sciurus vulgaris), das manchmal weit weg von Waldgebieten (wie dem Halbturner Schloßpark) anzutreffen ist.

Unter den Mäuseverwandten (Unterordnung Myomorpha) ist die Steppenbirkenmaus oder Streifenmaus (Sicista subtilis) eine besonders bemerkenswerte und seltene Art, die erst 1939 im Seewinkel entdeckt wurde (MACHURA 1947) und hier die Westgrenze ihrer osteuropäischen Verbreitung hat. Durch einen scharf abgesetzten Rückenstrich ist diese zu den Hüpfmäusen (Familie Zapodidae) zählende Art, Relikt der Eiszeit, sofort zu erkennen. Sie bewohnt im Seewinkel offenbar nur den Ostuferbereich des Sees, u. a. die nun schon so oft gerühmten Zitzmannsdorfer Wiesen.

Aber selbst die Echten Mäuse (Familie Muridae) sind durch eine besondere Unterart der Feld-Hausmaus (Mus musculus musculus), nämlich der Ährenmaus (Mus musculus spicilegus), vertreten, die der Ahne der erstgenannten ist. Zum Unterschied von der Feld-Hausmaus ist die Ährenmaus kurzschwänzig und hellbäuchig und lebt vielfach das ganze Jahr im Freien. Sie kommt nicht zuletzt deshalb im klimatisch begünstigten pannonischen Raum und von hier bis in die Ukraine vor.

Die Eurasiatische Zwergmaus (Micromys minutus), einzige Art der Gattung, hat, wie der Name besagt, weite Verbreitung und bevorzugt feuchte Gebiete, u. a. Schilfbestände, wo sie Kugelnester mit mehreren Ausgängen anlegt. Die vorwiegend nachtaktiven „Mauszwerge" mit einer Länge von maximal 8 cm sind Samen- und Insektenfresser, die den Winter ohne Schlafpause zum Teil in Scheunen verbringen. Mittelgroße und langschwänzige Mäuse sind die hauptsächlich eurasiatisch verbreiteten Arten der Gattung Apodemus. Von diesen ist neben der Zwergwaldmaus (Apodemus microps) vor allem die Waldmaus (Apodemus sylvaticus) im Trockenrasen- und Wiesengelände sowie in Trockenwäldern vertreten. Ihre ökologischen Bedingungen sind weder allgemein noch speziell im Seewinkel hinreichend bekannt.

Die artenreiche Gattung der Feldmäuse (Microtus) ist durch die überall häufige, gleichnamige Art (Microtus arvalis) vertreten, ein landwirtschaftlicher Schädling und Pflanzenfresser, der auch in Gehöften und Getreideschobern auftreten kann. Die Nordische Wühlmaus oder Sumpfwühlmaus (Microtus oeconomus) bevorzugt feuchtes bis nasses Gelände mit dichtem Pflanzenwuchs, ist vermutlich ein Eiszeitrelikt und siedelt bei sonst hauptsächlich ost- und nordeuropäischer Verbreitung inselförmig im pannonischen Raum.

Auch die Kleinwühlmaus (Pitymys subterraneus) bewohnt feuchte Wiesen, aber auch Kulturland, wo sie von der Feldmaus verdrängt wird. Dieser hauptsächlich nachtaktive Pflanzenfresser ist im Seewinkel überall im Sumpfgelände verbreitet und fällt durch die Anlage auch oberirdischer, mit Fallaub und Gras bedeckter Laufwege auf.

1905 setzte Fürst Colloredo-Mansfeld fünf Bisamratten (Ondatra zibethicus), die er von einer Jagdreise nach Alaska mitgebracht hatte, 40 km südwestlich von Prag aus. Von ihnen stammen ziemlich sicher alle gegenwärtig in Mitteleuropa lebenden Bisamratten ab, die schon Mitte der zwanziger Jahre den Neusiedlerseeraum erreichten. Als typische Bewohner des Schilfgürtels sind sie mit der Verschilfung vieler Lacken in zunehmendem Maß auch im Seewinkel mit ihren Schilfburgen anzutreffen und vor allem bei den Fischern wegen der Zerstörung der Reusen verhaßt. Als Eiräuber können sie auch bei Bodenbrütern Schaden anrichten. Sie selbst werden außer vom Menschen vom Seeadler verfolgt, doch ihr Hauptfeind ist der Iltis.

Die Bisamratte ernährt sich überwiegend von Wurzeln und Trieben der Wasserpflanzen und in beschränktem Ausmaß von tierischer Kost. Der sehr begehrte Pelz war Anlaß für weitere Aussetzmaßnahmen in Finnland, England und Rußland. In Nordamerika wird auch ihr Fleisch als „Sumpfkaninchen" angeboten, das Hausgeflügelqualität haben soll. Die Moschusdrüse dient dort für die Parfümindustrie. Bis zu 8 000 Tiere jährlich wurden in den letzten beiden Jahrzehnten in Österreich erlegt.

Abgesehen von der nordamerikanischen, inzwischen aber auch in Eurasien heimischen Bisamratte ist die Schermaus oder Wasserratte (Arvicola terrestris) die größte Art der Alten Welt. Sie gleicht in Größe und Lebensweise dem Maulwurf und besitzt im Widerspruch zu ihrem darauf anspielenden Namen keine ausgeprägte Anpassungsfähigkeit an das Wasserleben, sondern lebt vorwiegend auf Wiesen, Äckern und in Gärten, meidet jedoch auch Sumpfgelände nicht. Als Träger der „Nagerpest" (Tularämie), von der auch der Mensch befallen werden kann – Drüsenschwellungen und Hautgeschwüre sind die Symptome –, spielen Schermäuse in der Seuchenbekämpfung eine Rolle. Daher sollte man sich vor dem Biß dieser Tiere besonders hüten.

Von der Hausratte (Rattus rattus), die hauptsächlich hochgelegene, trockene Gebäudeteile bevorzugt und vorwiegend nachtaktiv ist, liegen aus dem Gebiet keine Nachweise vor. Übrigens war die „Pestratte" des Mittelalters vorwiegend die Hausratte, ehe sie von der Wanderratte (Rattus norvegicus) zurückgedrängt wurde. Vermutlich sind die Wanderratten schon im Mittelalter aus Asien in Europa eingedrungen. Zumindest entspricht die Abbildung in der berühmten Naturgeschichte des Konrad GESNER (1553) ziemlich sicher der Wanderratte. Im Seewinkel bewohnt sie sowohl Siedlungen als auch freies Gelände, wo sie unter anderem Nester plündert, ist aber besonders in Ortschaften häufig.

Zur Mäuseverwandtschaft gehört schließlich noch die Familie der Wühler (Cricetidae) mit dem Hamster (Cricetus cricetus), der im Gebiet Trockenrasen und Feldbauflächen bewohnt, im Sumpf- und Waldgelände jedoch fehlt. Die vorwiegend dämmerungsaktiven Tiere sind Allesfresser, geben jedoch Pflanzenkost den Vorzug, verschmähen aber von Regenwürmern bis zu Feldmäusen auch animalische Nahrung nicht. Die Menge der „gehamsterten" Getreidekörner in den unterschiedlich angelegten Bauten erreicht nicht selten mehr als 10 l.

Die Ordnung der Raubtiere (Carnivora) hat mehr Einbuße erlitten als andere Säugergruppen. Schon im 18. Jht. wurden der schon erwähnte Wolf (Canis lupus) und wohl auch die Wildkatze (Felis silvestris), die auch im Seewinkel ihre Jagdreviere gehabt haben mochte, ausgerottet. Und ein gleiches Schicksal war dem Fischotter (Lutra lutra) in diesem Jahrhundert beschieden, der noch im 19. Jht. im Hanság häufig gewesen sein soll.

Mit Ausnahme des Fuchses (Vulpes vulpes) gehören die gegenwärtig im Gebiet lebenden Raubtiere wie der eben genannte Fischotter der Familie der Marder (Mustelidae) an, die mit einem halben Dutzend Arten vertreten ist. Hauptsächlich in Siedlungsgebieten ist der Steinmarder (Martes foina) anzutreffen, der dort sowohl Hausgeflügel als auch Ratten und Mäusen nachstellt. Er ist mit dem bestenfalls im Halbturner Waldgebiet vorkommenden Baummarder (Martes martes) nahe verwandt, und eine gemeinsame Stammform, räumlich durch die Eiszeiten getrennt, wird nicht ausgeschlossen. Mäuse, Hamster und Ziesel sind die hauptsächliche Beute des Hermelins (Mustela erminea), das auch in feuchten Verlandungszonen vorkommt. Es ist dem Mauswiesel (Mustela nivalis) ähnlich, das jedoch deutlich kleiner ist und kein schwarzes Schwanzende besitzt. Dieses ist in bezug auf seinen Standort nicht wählerisch und durchaus auch in Siedlungsnähe anzutreffen und die häufigste Art, die man zu Gesicht bekommt. Vor Einführung der Hauskatze, bis zum 9. Jht. n. Chr., dienten wohl beide Arten, Hermelin und Mauswiesel, als Ersatz zur Mausbekämpfung, wofür u. a. Funde aus Bronzezeitgräbern sprechen. Ob auch das Zwergwiesel, vielfach als noch kleinere Unterart des Mauswiesels angesehen, im Seewinkel vorkommt, ist nicht geklärt.

Der Europäische oder Waldiltis (Mustela putorius) ist überall im Gebiet, besonders aber in Siedlungsnähe, häufig und ernährt sich hauptsächlich von Nagetieren, aber auch von Fröschen und Wirbellosen. Hummelnester werden angeblich auch wegen des Honigs ausgegraben. Der Waldiltis ist genauso wie der etwas kleinere Steppeniltis (Mustela eversmanni) nachtaktiv. Dieser durch seine hellgelbe Oberseite vom Waldiltis leicht unterscheidbare Marder wurde erst 1928 als eigene Art anerkannt, war aber bei der Bevölkerung schon lange als „Feldiltis" bekannt. Als Osteuropäer erreicht er in Niederösterreich seine Westgrenze und bevorzugt deutlich die offene Hutweidenlandschaft, in der er besonders das Ziesel jagt. Obwohl durchaus häufig, ist er erstmals 1951 (!) aus dem Seewinkel durch BAUER (1952) festgestellt worden. Wahrscheinlich gehen wie Baum- und Steinmarder auch die beiden Iltisarten auf eine gemeinsame Ausgangsart mit weiter Verbreitung zurück, die sich durch die eiszeitliche Trennung zu einer östlichen und einer westlichen Art entwickelten. Heute liegt das kleinere Verbreitungsgebiet des Steppeniltisses vollständig im Bereich des vom Waldiltis bewohnten Areals.

Der Europäische Dachs (Meles meles), vorwiegend ein Waldbewohner, dürfte im Seewinkel wohl nur spärlicher Besucher sein, um so mehr als dort kein Jäger den bis zu 30 m Durchmesser großen Dachsbau ungeschoren ließe. Da Dachse einen großen Anteil ihrer Nahrung aus Pflanzenkost bestreiten und damit fallweise bescheidenen landwirtschaftlichen Schaden verursachen, sonst aber eine Vielzahl von Wirbellosen und kleinen Wirbeltieren fressen, ist die Dachsjagd problematisch und bedürfte einer grundsätzlichen Studie hinsichtlich ihres „Nutzens".

Wenn des Vogelschutzes gedacht werden soll, so spielt eher der Fuchs (Vulpes vulpes, Familie Canidae) eine merkbare Rolle als Nest- und Vogelräuber, und dies besonders in Reiher- und Löfflerkolonien des Schilfgürtels. Da aber der Fuchs ein außerordentlich vielseitiger Jäger ist, der fast sämtliche Wirbellosen von entsprechender Größe und Wirbeltiere von Fischen bis zu Hasen annimmt, dürfte die Gefährdung von Vogelarten kaum gegeben sein, jedenfalls weitaus weniger als durch den Menschen. Die in der Naturlandschaft vom Menschen eingerichtete Großfasanerie mag dazu beitragen, daß seltene Vogelarten weniger durch den Fuchs bedroht werden.

Den Hasentieren ist schon seit längerer Zeit der Rang einer Ordnung (Lagomorpha) zugebilligt worden, vor allem weil sich gezeigt hat, daß Hasentiere und Nager sich stammesgeschichtlich völlig unabhängig voneinander entwickelt haben. Der Europäische Feldhase (Lepus europaeus), ein ausgesprochener Kulturfolger bis in die Randgebiete der Städte, ist im Seewinkel gegenwärtig außerordentlich häufig – die österreichischen Abschüsse im letzten Jahrzehnt schwankten zwischen 400 000 und 200 000 – und meidet auch feuchtere Gebiete nicht. Die gegenwärtige Verbreitung dieser ursprünglich westasiatischen Steppengebieten entstammenden Art in Europa wurde erst durch den Menschen ermöglicht. Neben dem Menschen sind Adler Feinde der erwachsenen Tiere. Jungtiere können die Beute mehrerer Greifvögel und mancher Räuber aus der Marderfamilie sein. Das Wildkaninchen (Oryctolagus cuniculus) ist hingegen auf den Rand der Parndorfer Platte und das Ostufer des Sees beschränkt und hat im Seewinkel wohl niemals Phasen der Übervermehrung gehabt. Aus Mitteleuropa war die Art während der Eiszeit verschwunden und kam erst lange nach dem Hauskaninchen im 15. Jht. wieder in diesen Raum zurück. Die gesellig lebenden Tiere bedürfen für das Anlegen ihrer Baue sandiges und hügeliges Gelände und meiden schwere, staunasse Böden. Schon allein daraus erklärt sich der Verbreitungsmodus im Gebiet. Da sowohl das Wildschwein als auch der Hirsch im Seewinkel derzeit nicht vorkommen, ist nur noch das gegenwärtig häufige Reh (Capreolus capreolus, Familie Cervidae, Ordnung Artiodactyla = Paarhufer) zu erwähnen.

Sehen wir noch kurz nach den ausgestorbenen Säugern in unserem Gebiet, so müssen für das frühe Holozän noch Wisent (Bison bonasus), Ur (Bos primigenius), Elch (Alces alces), Braunbär (Ursus arctos) neben den bereits erwähnten Raubtieren Wolf, Luchs und Wildkatze genannt werden. Und doch kann diese – verglichen mit der gegenwärtigen Arten-

zahl – reiche Säugerfauna wieder nur als verarmt gegenüber würmzeitlicher oder noch frühester holozäner Säugermannigfaltigkeit gelten. Denn der große Aderlaß erfaßte die vielfaltige eiszeitliche Fauna bereits am Ende der Eiszeit, spätestens aber im frühesten Holozän (THENIUS 1975). Es verschwanden u. a. Mammut (Mammonteus primigenius), Fellnashorn (Coelodonta antiquitatis), Riesenhirsch (Megaloceros giganteus), kürzlich bei Apetlon aufgefunden, Wildpferd (Equus germanicus) und Wildesel (Asinus hydruntinus) ebenso wie Höhlenbär (Ursus spelaeus), Höhlenlöwe (Panthera leo spelaea) und Höhlenhyäne (Crocuta crocuta spelaea). Mit der Erwärmung im ausgehenden Pleistozän verschwanden aber auch Säuger, die gegenwärtig noch in polaren und subpolaren Gebieten leben, wie Rentier (Rangifer tarandus), Moschusochse (Ovibus moschatus), Eisfuchs (Alopex lagopus) und Lemming (Lemmus). Und Siedler der offenen Tundrenlandschaft, gegenwärtig mit östlicher Verbreitung, wie Saiga-Antilope (Saiga tatarica), Pferdespringer (Allactaga jaculus), Pfeifhase (Ochotona pusilla) und Blindmaus (Spalax leucodon), zogen sich mit aufkommender Bewaldung aus unserem Raum zurück.

Wohl war der Mensch am Aussterben mancher Arten (Bos primigenius) wesentlich beteiligt, doch schon die Klimazäsur allein genügte in der Mehrzahl. Erst die letzten beiden Jahrhunderte hindurch gewinnt der negative Einfluß des Menschen dramatisch an Übergewicht: Wir sind, wie vielfach und anhand vieler Pflanzen und Tiere beschrieben, Zeugen dieser gnadenlosen Artvernichtung.

Sterbende Lacken

Nichts ist so rücksichtslos praktischen Interessen ausgeliefert wie das Wasser.　　　　Konrad GUENTHER

Wer auf den nunmehr durchwegs asphaltierten Straßen (zur Zeit des Russenabzuges gab es Asphalt bestenfalls im Ortsbereich) den Seewinkel autotouristisch durchforscht, bekommt höchstens ein Zehntel der eigenartigen „Lacken" zu Gesicht. Erst eine entsprechend geplante Wanderung oder gar der Blick aus dem Flugzeug lassen den unglaublichen Reichtum an stehenden Gewässern erkennen, von denen zumindest drei eine Fläche von 1 km² überschreiten. Freilich nicht immer. Denn so wie der Neusiedlersee in sekulären Zeitabständen austrocknet – zuletzt 1868 –, so verschwindet das Wasser in der Mehrzahl der flachen Lackenmulden während trockener Jahre, zumeist im Verlauf des Sommers oder Frühherbstes. Nur die Lange Lacke und der durch den Menschen künstlich eingetiefte St. Andräer Zicksee und einige andere Gewässer überstehen jahreszeitliche, jedoch ebenso wie der Neusiedlersee nicht langjährige Trockenperioden.

Drei wichtige Fragen, nämlich: Wie sind die flachen Mulden der Lacken gebildet worden, wann sind sie entstanden und von woher stammt ihr Wasser, können bis heute nicht befriedigend beantwortet werden. Ihre Entstehung und damit auch ihr Alter sind ziemlich sicher uneinheitlich. Die dem Neusiedlersee zunächst gelegenen Lacken zwischen Podersdorf und Illmitz lassen fast alle längliche Gestalt in Nord-Süd-Richtung erkennen und liegen auf der Ostseite des Seedammes, der wallartigen Erhöhung, die das Ostufer des Neusiedlersees von Weiden bis Sandeck begleitet. Ursprünglich als Produkt der Strömung eines zur Zeit der Bildung viel größeren Neusiedlersees gedeutet, nicht unähnlich den Nehrungen der Ostsee, steht es gegenwärtig außer Zweifel, daß der Seedamm das Resultat oftmaliger Eisstöße ist, die im See bis zu über 10 m Höhe erreichen und damit gewaltige Schubkräfte entfalten können (LÖFFLER 1974). Landseitig hat dieser Damm – wie im Hinterland strömungsbedingter mariner Nehrungen – zumindest einen Teil der dort zahlreichen Lackenmulden geschaffen. Einige davon, wie der zwischen Oberem Stinker und Podersdorf gelegene Zicksee, sind durch menschliches Zutun schon um die Jahrhundertwende verschwunden.

Da nun an der Basis des Seedammes Gräber und spätrömische Tonscherben gefunden wurden, können der Damm und folglich auch die durch ihn entstandenen Lacken ein Alter von höchstens zwei Jahrtausenden haben. Sie sind also im Vergleich zu anderen natürlichen Seen Österreichs, die in der Mehrzahl auf die letzte Eiszeit zurückzuführen sind und damit ein Alter von zirka 12 000 bis 18 000 Jahren haben, sehr jung. Oder gar im Vergleich zu dem ältesten See der Erde, dem „Sibirischen Meer", dem Baikalsee, dessen Bildung in die Tertiärzeit zurückreicht und dem man gegenwärtig ein Alter von 25 Millionen Jahren zuerkennt.

Insgesamt werden von dem bekannten amerikanischen Limnologen HUTCHINSON 76 Arten der Seeentstehung unterschieden, darunter auch jene, die auf Ereignisse in großen Seen zurückzuführen ist (Typus 66). Allerdings ist die Bildung von Seemulden durch die Wirkung von Eisstößen bislang nicht bekannt gewesen.

Sicher ganz anderer Herkunft ist ein Großteil der übrigen Lackenmulden. Sie ist ohne Zweifel mit den Donauschottern der letzten Eiszeit in Verbindung zu bringen, doch kann ihre Bildung auf verschiedene Weise gedeutet werden: Der einfachste Fall würde sich aus dem Relief des abgelagerten Schotterkörpers selbst ergeben, nur gibt es dafür bislang keinen eindeutigen Nachweis. Vielmehr hat der Geograph RIEDL in einer sehr eingehenden Studie bei einigen zentralen Lacken nachgewiesen, daß ihre Entstehung durch sogenannte Eislinsen während der letzten Eiszeit in Zusammenhang gebracht werden kann. Sie sind in Dauerfrostgebieten eine häufige Erscheinung, als „Pingos" – wie sie von den Eskimos bezeichnet werden – bekannt und in jüngster Zeit von namhaften Geographen untersucht worden. Zum Verständnis dieser Eislinsenbildungen muß daran erinnert werden, daß erstens der Raum Neusiedlersee–Seewinkel von den eiszeitlichen Gletschern nicht erreicht wurde, sondern deren weiterem Randgebiet, dem Periglazial, zugehörte, und daß zweitens die Mulde des Neusiedlersees während der letzten Eiszeit, dem Würm, noch nicht bestand. Sie stellte vielmehr eine nach Westen ansteigende Fläche dar, und daher war ein Austreten

Die Birnbaumlacke (28) fällt trocken. Dieses Gewässer war Gegenstand dreier Dissertationen.

Metamorphosen einer austrocknenden Lacke (Birnbaumlacke, 28). Oben links: Das Ende einer Überschwemmung: Trockenfallen der Wiesenäcker bei Frauenkirchen, die längst einer ganz anders gestalteten Landschaft gewichen sind.

Schotterufer des Darscho (auch Warmsee, 22): Er wird fischereilich genützt, wie die Fischleiche beweist.

Oben links: In der Fuchslochlacke (26) können wegen des hohen Sodagehaltes im Sommer Fische nicht leben. Trotzdem versuchte sich jemand in fischereilichen Maßnahmen, wie die Fischleichen zeigen. – Unten links: Die Spitzschlamm-Schnecke ist Bewohner der schwarzen Lacken, die von Moorente und Zwergtaucher bevorzugt werden. – Oben rechts: Strukturen einer ausgetrockneten Lacke (Freiflecklacke, 31). – Unten rechts: Vom „lebenden Relikt" Triops cancriformis sind fast gleich aussehende Vorfahren aus dem Erdaltertum bekannt.

Der abgetrocknete Lackengrund erinnert an Salzsümpfe Nordafrikas oder Irans (Ochsenbrunnlacke, 30).

*Blick von den überschwemmten Landäckern gegen
Frauenkirchen (1969). Diese Wiesen mußten einer
Siedlungserweiterung des Ortes weichen.*

Die Pimezlacke wurde durch Anlage von Schottergruben und Trockenlegung der Feuchtwiesen völlig zerstört. Im Hintergrund die Kirche von St. Andrä.

119

*Der Illmitzer Zicksee, eines der wichtigsten Ziele für den
Ornithologen: Hier bedürfte es eines Managements des sich
rasch ausbreitenden Schilfes. 1982 kam es infolge einer
Bakterienerkrankung (Botulismus) zu einem
umfangreichen Vogelsterben.*

des Grundwassers in den See hinein, wie dies gegenwärtig der Fall ist, noch nicht möglich. Außerdem spielt der salzführende Horizont eine wesentliche Rolle. Er dichtet gegen tiefere Schichten gut ab und staut somit – eine wesentliche Voraussetzung für die Entstehung von Pingos – Wasser, das diese linsenförmigen Eisansammlungen verursachte. Diese verhinderten dort die Aufschotterung und lieferten nach Abschmelzen die Lackenmulden. Diese Lacken würden also zu der Gruppe der kryogenen (kryos = Eis) Gewässer gehören, die HUTCHINSON (1957) dem Entstehungstyp 41 zuordnet. Damit hätten viele der zentralgelegenen Lacken ein Alter, das noch jenes des Neusiedlersees übertrifft und weit in die letzte Kaltzeit zurückreicht. Daß die Feinsedimentauflage in den meisten Lacken trotzdem nur gering ist, mag mit Ausblasen des trockenen Staubes durch Wind, durch sogenannte Deflation, erklärt werden.

Eine weitere Gruppe von Lacken, die gegenwärtig nicht mehr existiert, lag im Bereich des großen Niedermoors im Südosten des Seewinkels, gehörte also dem schon oft genannten Hanság oder Waasen zu. Sie zählten zum Typus 70 nach HUTCHINSON, doch ist über die genaueren Umstände ihrer Entstehung nichts bekannt. Durch Trockenlegung des Hanság wurden sie alle vernichtet. Mit ihnen eine reiche Wasserflora und -fauna, die gegenwärtig noch in Resten in den Entwässerungskanälen anzutreffen ist.

Einer vierten Gruppe von Gewässern sind die in jüngster Zeit durch den Menschen geschaffenen Kiesgruben und Kanalsysteme zuzurechnen. Soweit die Kiesgruben nicht inzwischen als Mülldeponien – eine Nutzung, für die schärfstens bestraft werden sollte – verwendet werden, stellen sie bemerkenswerte Lebensräume dar. Nach- und Vorteile (abgesehen von der Drainage bei Hochwässern) der Kanäle sind noch viel zuwenig erkundet, um sie in unsere Überlegungen mit einzubeziehen.

Ebenso wie an der Entstehung der Lacken noch vieles zu erforschen bleibt, ist auch der Wasserhaushalt der Lacken nicht befriedigend geklärt. Sehr wahrscheinlich werden jene periodischen Lacken, die in seichten Mulden liegen und regelmäßig im Verlauf des Jahres austrocknen, vorwiegend, wenn nicht ausschließlich,

durch die Niederschläge mit Wasser versorgt, wie dies der Fischereibiologe JUNGWIRTH (1973) für die Birnbaumlacke vermutet. Solche vorwiegend von Niederschlägen gespeisten Gewässer können auch sehr groß sein, wie etwa der Victoriasee in Ostafrika, dessen Wasserzufuhr zu 76% von den Niederschlägen her erfolgt, während umgekehrt Wassereintrag ins Tote Meer durch Regen praktisch nicht existiert. Lacken, die in tieferen Mulden liegen und die außerdem nur während extrem niederschlagsarmer Perioden trockenfallen, dürften zusätzlich Grundwasser erhalten. Sie gleichen damit dem Neusiedlersee, der einen erheblichen Anteil seiner Wasserversorgung vom Grundwasser aus dem Seewinkel erhält, nämlich ungefähr soviel wie aus der Wulka oder ungefähr halb soviel wie von den Niederschlägen. Eine genaue Bilanzierung liegt derzeit noch von keiner Lacke vor. Sie wird natürlich zusätzlichen Arbeitsaufwand brauchen, wo, ähnlich wie beim Neusiedlersee der Einserkanal, die Lacken einen künstlichen Ausfluß haben oder überhaupt einem Kanalsystem angeschlossen sind. Auch Messungen der Verdunstungsmengen werden erschwert, wenn emerse (über die Wasseroberfläche aufragende) Pflanzenbestände wie Schilf oder Binsen sie durch ihren eigenen Wasserhaushalt verändern. Trotzdem sind derartige Bilanzierungen von den räumlich begrenzten Lacken natürlich weitaus einfacher als vom vergleichsweise riesigen Neusiedlersee.

Fast alle Lacken sind außerordentlich seicht, und Tiefen von über 1 m werden nur im künstlich eingetieften St. Andräer Zicksee und fallweise in der Langen Lacke gemessen. So erreicht etwa die Birnbaumlacke eine Maximaltiefe von 38 cm, obwohl ihre Fläche bei Normalwasserstand rund 36 ha, also mehr als die Hälfte des Lunzer Untersees (68 ha) hat. Dies bedeutet einerseits, daß jedes der häufigen Windereignisse das Wasser bis zum Grund aufwühlt, andererseits sich die täglichen Temperaturunterschiede der gesamten Wassermasse mitteilen. Bei ruhiger Wetterlage können die täglichen Temperaturunterschiede bis zu 30 °C betragen; so in der Birnbaumlacke, wo im Juni 1971 bei Nachttemperaturen von zirka 16 °C ein mittägliches Maximum von 42,5 °C an der Oberflä-

che gemessen wurde. Dagegen überschreiten wegen der geringen Tiefe die Temperaturunterschiede zwischen Oberfläche und Bodennähe höchstens 4 °C. Lacken, die weitgehend frei von Pflanzenwuchs sind, erhalten durch den Wind, der das großteils anorganische Sediment aufwühlt, eine silbrige bis graue Färbung: sie werden von der Bevölkerung deswegen vielfach als „Weiße Seen" (ung.: feher-tavak) bezeichnet und können bis zu über 150 cm³ Sediment pro l enthalten. Zu ihnen zählen auch die stark alkalischen Lacken, deren chemische Eigenschaften den Wuchs von höherer Vegetation verhindern. Lacken dagegen, die stark mit höherer Vegetation durchwachsen sind oder periodisch im Wiesengelände auftreten, haben eine gelb-bräunliche organische Färbung, sind aber kaum trüb. Sie werden „Schwarze Seen" (ung.: fekete-tavak) genannt und haben nur geringen Sodagehalt. Weiße und schwarze Lacken entsprechen mit ihrer Fauna weitgehend dem offenen bzw. dem Schilfgürtelanteil des Neusiedlersees mit silbriggrauer einerseits und humös-brauner Farbe anderseits.

Alle diese thermischen und optischen Eigenschaften würden unseren Lacken noch nicht jenen auffälligen Charakter verleihen, den sie vielmehr erst durch ihre chemische Zusammensetzung erhalten. Auch im nördlich gelegenen Marchfeld gab es einstmals einen beachtlichen Reichtum an „Lacken" und Sümpfen, woran noch die Ortsnamen wie Haringsee, Lassee, Breitensee erinnern und die im Zuge der Entwicklung zum hochproduktiven Ackerland alle verschwanden. Ja selbst schwach salzige Böden kommen nördlich von Marchegg vor, doch fehlen dort Lackenmulden. Ein künstlicher, zur Eisgewinnung angelegter kleiner Teich im Saliterwiesengebiet (MgSO₄) der Laaer Bucht im nördlichen Weinviertel ist das einzige Salzgewässer Österreichs außerhalb des Neusiedlersee-Seewinkel-Gebietes. Übrigens stammen auch die Salze dieses Gebietes genauso wie jene des Seewinkels letzten Endes vom tertiären Meer, der Parathethys, her, wenngleich schon in stark veränderter Zusammensetzung. Hier wie dort sind Salzböden und damit Salzlacken durch Salzreichtum des Gebietes und schlechte Abflußverhältnisse, nicht zuletzt der relativ geringen Niederschläge wegen, bedingt. Darauf wurde ja bereits ausführlich im Bodenkapitel hingewiesen.

Salzseen können sehr oft eine Zusammensetzung ihrer Ionen haben, die weitgehend jener Ozeane entspricht; sie werden dann als thalassohalin (= meeressalzig) bezeichnet. Solche Seen kommen vor allem im Küstenbereich vor, treten aber auch zahlreich in Binnengebieten auf, wo Meersalzablagerungen in unveränderter Zusammensetzung bestehen: Salzseen des Irans wie Urmia- und Niriz-See gehören etwa dazu. Dagegen nennt man Gewässer, die in ihrer Salzzusammensetzung von jener des Meeres abweichen, athalassohalin (= nicht meeressalzig). Sie entstanden meist in Meeresküstenferne, und zwar als Ergebnis umgelagerter und daher in ihrer Zusammensetzung veränderter Meeressalz–Lagerstätten oder durch Anreicherung von Verwitterungsprodukten bestimmter Gesteine: letztere Entstehungsart ist auf Trockengebiete beschränkt und an Abflußlosigkeit gebunden. Die ostafrikanischen Seen gehören zu Salzseen ohne marinen Einfluß, ebenso die Kaliseen in Nebraska, die, in trockenem, abflußlosem Gebiet gelegen, auf häufigen Waldbrand (durch Indianer) und damit auf Anreicherung von Pottasche zurückzuführen sind. Salzseen werden nach ihrem vorwiegenden Anion als Karbonat-, Sulfat- und Chloridgewässer unterschieden. In wenigen Gebieten unserer Erde kommen außerdem Borat- und Nitratseen vor. Genaugenommen sind alle unsere Süßwasserseen Karbonat- bzw. Bikarbonatseen; nur wiegen dort unter den hauptsächlichen Kationen Calcium und Magnesium (gefolgt von Natrium und Kalium) vor. Ganz anders sind die Karbonatgewässer des Seewinkels beschaffen, deren dominierendes Kation immer Natrium ist, gefolgt von Magnesium und dann erst Calcium, das in den hochkonzentrierten Lacken überhaupt fehlen kann. Natriumkarbonat ist nichts anderes als Soda, weshalb derartige Karbonatseen auch Sodaseen heißen. Auch sie kommen im Bereich von Salzablagerungen, meist mariner Herkunft, sowie als Anreicherungsprodukt verwitternder basischer (vulkanischer) Gesteine in ariden Gebieten vor. Die schon genannten Seen Ostafrikas gehören dazu.

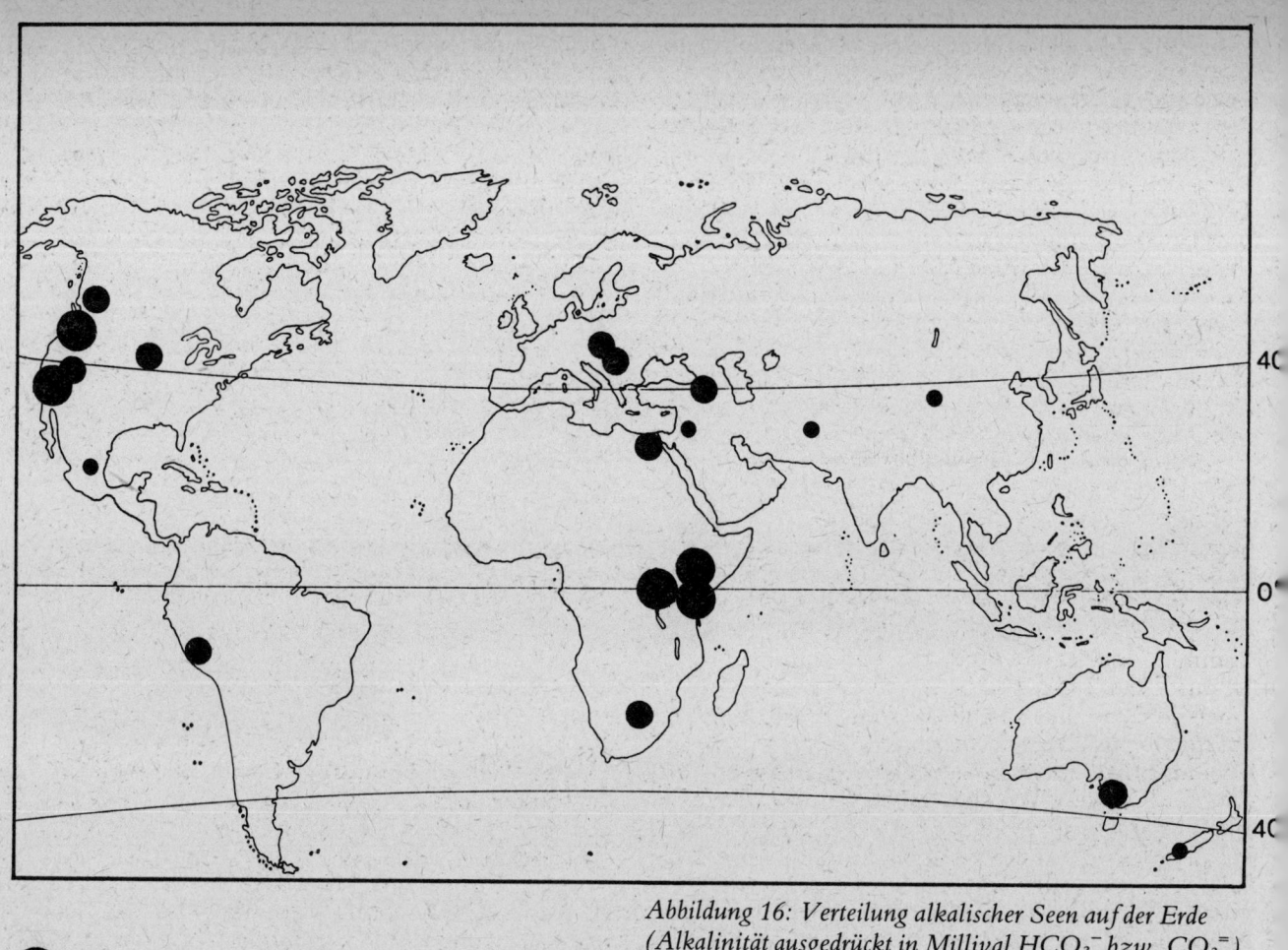

Abbildung 16: *Verteilung alkalischer Seen auf der Erde (Alkalinität ausgedrückt in Millival HCO_3^- bzw. $CO_3^=$)*

500–1 000   100–500   20–100

Das Wort Soda ist übrigens spanischer Herkunft und wurde erst im 18. Jht. entlehnt, vorher war dafür – wie auch heute noch – der Begriff Natron üblich, der sich wieder vom ägyptischen Wort ntr(j) ableiten läßt. Im alten Ägypten und während des ganzen Altertums wurde nämlich Soda am Strand von Natronseen (Sodaseen) in der Gegend des alten Memphis gewonnen, kam als „Trona" in den Handel und diente damals zur Salbenbereitung und als Waschmittel. Mit der Entwicklung der Seifensiederei im Mittelalter gewann Soda an Bedeutung, da sie anstelle des später benutzten Ätznatrons (NaOH) zur Fettspaltung verwendet wurde. Bis zu Beginn des 19. Jhts. stammte die benötigte Soda aus Seetangasche oder – wie auch noch bis ins 20. Jht. – aus abgetrockneten Sodagewässern. Als sich Frankreich während der Revolution durch die englische Blockade von der Zufuhr an Tangasche abgeschnitten sah, setzte der Wohlfahrtsausschuß einen Preis für ein Verfahren aus, Soda aus Kochsalz herzustellen. Dieser Preis wurde von LEBLANC im Jahre 1794 gewonnen, sein Verfahren aber erst rund 20 Jahre später in England aufgenommen. LEBLANC selbst endete in einem Armenspital durch Selbstmord.

Auch im Seewinkel wurde Soda gewonnen, zum Teil aus dem Neusiedlersee, wenn niedrige Wasserstände und hohe Konzentration der Salze dies erlaubten. Die Lacken des Seewinkels sind fast zur Gänze Sodagewässer. Nur die ehemaligen Hanságlacken, der trockengelegte Dorfsee und einige Lacken im Süden und im Südwesten waren oder sind zum Teil Sulfatwässer oder Gewässer, in denen die Erdalkalien Calcium und Magnesium vorherrschen. Wie schon erwähnt, haben die „Schwarzen Lacken" im allgemeinen niedrige Sodakonzentration, was verständlich ist, wenn man bedenkt, daß organische Färbungen vom Pflanzenwuchs herrühren und dieser durch hohe Sodakonzentrationen begrenzt wird. Mit Konzentrationen, die oft 5 g, in Extremfällen 50 g Soda pro l überschreiten, gehören sie zusammen mit den ungarischen Sodaseen zu den meist konzentrierten Sodagewässern Europas und zugleich zu den am weitesten westlich gelegenen. Daraus erklärt sich die absolute Westgrenze der Spezialisten für Sodaseen.

Die Seewinkellacken enthalten außerdem noch Kochsalz und Glaubersalz (Na_2SO_4), wobei auffällt, daß besonders die Lacken entlang des Seedammes und südlich vom Unteren Stinker hohe Kochsalzkonzentrationen (absolut und im Verhältnis zum Sodagehalt) haben und die Herrnseen südwestlich von Illmitz hohe Glauber- und Bittersalz-($MgSO_4$-)Konzentrationen besitzen, auch wieder absolut und relativ zum Sodagehalt. Aus der Karte (Abb. 17) sind die Maximalwerte des Sodagehalts ersichtlich.

Nun sehen wir uns mit der schwierigen Frage befaßt, wie die chemische Eigenart und Vielfalt der Seewinkelgewässer überhaupt zu verstehen ist. Und es muß gleich hinzugesetzt werden, daß eine befriedigende Antwort derzeit genausowenig gegeben werden kann wie für den eigenartigen Salzhaushalt des Neusiedlersees. Wir erinnern hier wieder an den im ersten Kapitel erwähnten salzführenden Horizont, dessen Versalzungsursache und flächenmäßiger Umfang aber noch nicht geklärt sind. Wir vertreten hier die Auffassung, daß dieser Horizont seine Salzversorgung durch aufsteigende Mineralwässer erhält, u. a. entlang der schon erwähnten, teilweise hypothetischen Bruchlinie zwischen Frauenkirchen und Illmitz. Die Herkunft der Mineralwässer läßt sich wieder mit der marinen Tradition des Gebietes erklären. Niederschläge und Verdunstung und damit mehr oder weniger starker Einfluß des Grundwassers auf diesen salzführenden Horizont dürften darüber entscheiden, ob „salzreiche" oder „salzarme" Jahre hohe oder niedrigere Konzentrationen der Lacken bringen. Anders wäre es wohl kaum verständlich, daß kurz vor Austrocknen das Restwasser ein und derselben Lacke derart verschiedene Konzentrationen in aufeinanderfolgenden Jahren haben kann. Inwieweit rein „pluvial", das heißt nur vom Regen gespeiste Lacken von solchen Schwankungen betroffen sind, ist derzeit unbekannt.

Eine ungelöste Frage ergibt sich auch aus der oftmals außerordentlich unterschiedlichen Konzentration innerhalb einer Lacke: Während im Nördlichen Stinker, beide Male 3. Augustwoche 1979 und 1980 gemessen, der Nordteil der Lacke zwar nur unerheblich, aber doch deutlich stärker konzentriert war,

konnte in der Huldenlacke bei St. Andrä im Südteil eine fast viermal höhere Konzentration als im Nordteil beobachten werden (3. Augustwoche 1980). Solche horizontalen Konzentrationsunterschiede werden in Salzseen vor allem dort beobachtet, wo bei Abflußlosigkeit ein Süßwasserzufluß besteht. Eines der eindrucksvollsten Beispiele dafür ist der fast 100 km lange und kaum 1 m tiefe Nirizsee in Südiran, der im Mündungsgebiet des Zuflusses fast süß ist, am anderen Ende jedoch die Sättigungskonzentration (mehr als 20 g/l) erreicht. Unsere Lacken haben jedoch keinerlei Zufluß, so daß hier andere Gründe (zum Beispiel windbedingte Süddrift des konzentrierten Lackenwassers bei gleichzeitigen Niederschlägen oder, weniger wahrscheinlich: lokal aufsteigende Mineralwässer) vorliegen müssen. Also überall noch offene Fragen.

Sehr problematisch ist die chemische Mannigfaltigkeit der Lacken, die bereits angedeutet wurde. Ist sie in der Vielfalt aufsteigender Mineralwässer oder in der verschiedenartigen chemischen Filterwirkung der Sedimente oder Böden zu suchen? Wir wissen derzeit darüber so gut wie nichts. Möglicherweise sind die hohen Sulfatgehalte der Herrnseen mit organischen Sedimenten in Zusammenhang zu bringen. Die Sulfatkonzentration läßt außerdem hier und in anderen Lacken starke Schwankungen erkennen, die nicht nur von Regen und Verdunstung gesteuert sein können. Vielmehr sind hier biogene, mikrobielle Prozesse im Spiel, durch die einerseits Sulfate, aber auch Eiweißkörper (Eiweiß von Tier und Pflanze enthält immer schwefelhältige Aminosäuren) zu Schwefelwasserstoff und Sulfiden reduziert werden (Desulfurikanten und heterotrophe Bakterien), anderseits wird Schwefelwasserstoff durch viele Arten von Bakterien über molekularen Schwefel zu Sulfat oxidiert (Sulfurikanten). Der Abbau erfolgt vielfach im Winter unter Eis, aber auch während des Sommers bei entsprechender Sauerstoffzehrung durch absterbende organische Substanz bei gleichzeitig hohen Temperaturen. So sank zum Beispiel in der Nördlichen Silberlacke der Sulfatgehalt von Dezember 1956 bis April 1957 von 404 auf 266 mg/l, während gleichzeitig Sodagehalt und Chloridkonzentration anstiegen.

Noch klarer lassen sich die Schwankungen im Gehalt an Calcium und Magnesium in vielen Lacken verfolgen. In Sodagewässern kann durch massive Pflanzen-(in erster Linie Algen-)Produktion der pH-Wert über 11 ansteigen. Da aber schon bei einem pH-Wert von über 9,5 Calcium und bei einem solchen von 10,5 Magnesium (beide als Karbonat) ausfällt, kommt es besonders im Verlauf des Sommers in vielen Lacken zu einer biogenen Entkalkung und fallweise auch Verarmung an Magnesium. In vielen der sommerlich stark konzentrierten Sodaseen sind Calcium- und Magnesiumkonzentration bereits permanent außerordentlich niedrig, was einerseits auf entsprechende selektive Zufuhr an Salzen, anderseits aber auch auf eine sekundäre Verarmung solcher Lackenmulden an Erdalkalien (Ausblasen abgetrockneter Salze durch den Wind) zurückgeführt werden könnte. So hatte die Birnbaumlacke in einem Untersuchungszeitraum von mehr als zwei Jahren (1969 bis 1971) immer unter 1,5 mg/l (meistens sogar unter 1,0 mg/l) Calcium und nur einmal etwas über 3 mg/l Magnesium. Die Nährstoffkonzentrationen – also vor allem Phosphor und seine Verbindungen, besonders aber Orthophosphat – PO_4^{3-} und Stickstoff als Nitrat und Ammonium sind in den natürlich abflußlosen Lacken von vornherein höher als in durchflußlosen, unbelasteten Gewässern. Leider liegen bis jetzt nur sehr wenige Daten vor, die aber erkennen lassen, daß die Nährstoffbelastung durch die in den letzten beiden Jahrzehnten stark angestiegene Mineraldüngung erheblich ist. So wurde in der Kühbrunnlacke im August 1979 eine Phosphatkonzentration von 8,3 mg/l gemessen, d. h. mehr als 1 000mal mehr als in vielen Voralpenseen. Und auch die Nitratkonzentration war zu dieser Zeit mit 1,5 mg/l beträchtlich. Besonders auffällig ist die plötzliche Konzentrationszunahme von Nitrat nach heftigen Regenfällen als Folge der Auswaschung der angrenzenden landwirtschaftlich genutzten Böden. Auch wieder in der Kühbrunnlacke war die Nitratkonzentration am 17. August 1979 1,2 g/l. Am 20. August, also drei Tage später, fielen 28 mm Niederschlag, wodurch die Salzkonzentration des Wassers zwar ungefähr auf ein Fünftel der Ausgangskonzentration gesenkt wurde,

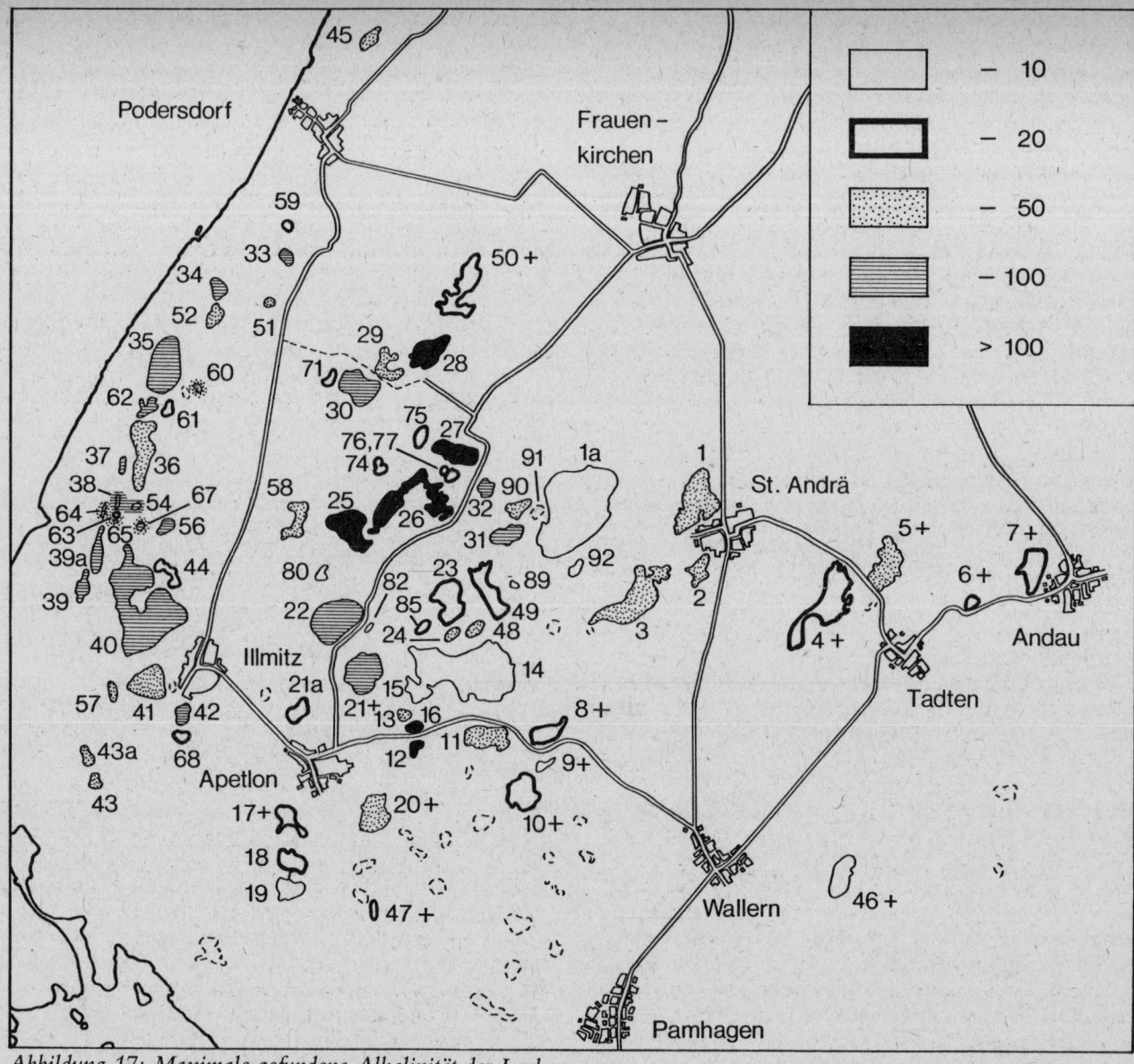

Abbildung 17: Maximale gefundene Alkalinität der Lacken (ausgedrückt in Millival HCO$_3^-$ bzw. CO$_3^=$)
+: nicht mehr vorhanden

die Nitratkonzentration jedoch auf 1,5 mg/l anstieg. Phosphor, der zwar etwas besser im Boden zurückgehalten wird, kann aber zusätzlich durch Windeintrag und durch Vögel in die Lacken gelangen, und es mehren sich die Anzeichen starker Nährstoffanreicherung sowie einer sprunghaften Eutrophierung, das heißt also einer reichen organischen Produktion u. a. der Algen.

Die Eigenart der Seewinkelgewässer ist damit hinreichend – freilich noch lange nicht erschöpfend – dargestellt. Sie läßt mit Recht eine außerordentliche Organismenwelt erwarten, wie jetzt zu zeigen sein wird. Schon die Algenflora läßt dies erkennen. Ihre Erforschung in diesem Gebiet geht auf eine Anregung des Medizinalrates Dr. S. STOCKMAYER zurück, der 1922 einen Vortrag in der Zoologisch-Botanischen Gesellschaft zu Wien mit folgenden Worten schloß: „Es ist eine Ehrensache Österreichs, das uns zugesprochene Burgenland und speziell das so viele ungelöste Probleme bietende Gebiet des Neusiedlersees – insbesondere wegen seiner eventuellen Trockenlegung (sic!) – baldigst wissenschaftlich zu erforschen: die wissenschaftliche Erforschung ist ja die Basis einer naturgemäßen Verwaltung, und durch diese soll der Neuerwerb erst assimiliert und zu unserem wahren Besitz werden." Nun, seither ist trotzdem erst kaum ein Dutzend der vielen und damals noch zahlreicheren Lacken algologisch bearbeitet worden, obwohl allein während der letzten gründlichen Bearbeitung im Jahr 1958 durch den Altmeister der Kieselalgenkunde HUSTEDT sechs neue Arten entdeckt werden konnten. Diese Kieselalgen (Diatomeen) sind durch einen Kieselsäurepanzer ausgezeichnet, der äußerst verschiedenartig gestaltet sein kann und der – ein großer Vorteil für Paläontologen und Paläolimnologen – unter bestimmten Bedingungen über Jahrmillionen erhalten bleibt. Mit gegenwärtig über 10 000 Arten in Meer-, Brack- und Süßwasser, ja selbst terrestrisch verbreitet, stellen die Kieselalgen einen wesentlichen Anteil im Wasser schwebender Algen (Phytoplankton), aber auch epipelischer (epí = auf, pelos = Schlamm), also auf der Bodenoberfläche von Gewässern wachsender und epiphytischer (phytón = Pflanze), untergetauchte Pflanzen besiedelnde

Algen. Marine planktische Diatomeen bedecken über 7% der Ozeanböden, und zwar hauptsächlich um die Antarktis und im nördlichen Stillen Ozean, Ablagerungen von Meeres- oder Süßwasserdiatomeen liefern Diatomeenerde oder Kieselgur von oft bedeutender Mächtigkeit.

Hier interessiert jedoch vor allem, daß sie wie die Blaualgen und manche Flagellaten (Geißelalgen) auch in Sodagewässer vorzudringen vermochten, zum Teil sogar auf alkalisches Wasser angewiesen sein dürften. Daß solche Sodaspezialisten selten sind, wird auch bei den Tieren noch zu zeigen sein.

HUSTEDT (1959) stellte im Seewinkel (ihm standen sogar aus 21 Lacken Proben zur Verfügung) 131 Arten von Kieselalgen und Ähnlichkeit der Kieselalgenflora mit dem Neusiedlersee fest. Diese Zahl mag einem Laien groß erscheinen, doch entspricht sie, verglichen mit Süßwasserseen, eher einer Artenarmut, wofür sicher der Sodagehalt der meisten untersuchten Lacken verantwortlich ist. Die wenigen untersuchten „Schwarzen Lacken" mit niedrigem Sodagehalt haben nämlich Artenzahlen zwischen 60 und 80, während in den „Weißen" und sodareichen Lacken die Zahl von 50 nicht erreicht wird. HUSTEDT vermutete, daß 15 der gefundenen Arten Sodaspezialisten sind oder zumindest Arten zugehören, die in Natrongewässern optimales Wachstum haben. Einige von ihnen wurden ursprünglich aus dem Neusiedlersee beschrieben, wie etwa Surirella peisonis oder Gyrosigma peisonis, andere aber erst aus dem Lackengebiet bekannt, wie u. a. Nitzschia austriaca und Surirella höfleri.

Auch bezüglich der übrigen Algenflora läßt sich hervorheben, daß die Schwarzlacken, wie die ehemalige Szerdahelyer Lacke, wieder erwartungsgemäß, den größeren Artenreichtum erkennen lassen. In den Sodagewässern wiegen vielfach Blaualgen wie Spirulina maior (die Gattung ist auch für die hochkonzentrierten ostafrikanischen Sodaseen charakteristisch), Microcystis holpaticum, Oscillatoria brevis oder Lyngbya martensiana vor, die wie die beiden letztgenannten auch auf überspülten Solontschakböden dominieren. Neben Blaualgen sind es auch Euglenen, also Flagellaten, sowie die genannten Kieselalgen, die

hier vorkommen. Obwohl schon immer vorhanden, nahmen in letzter Zeit Fadenalgen wie Cladophora deutlich zu, sehr wahrscheinlich im Zusammenhang mit der genannten Eutrophierung. Am Ufer angeschwemmte und abtrocknende Fadenalgenkrusten werden als „Meteorpapier" bezeichnet, ein Ausdruck, der dieser wunderlichen grauen Algenschicht Himmelsherkunft zuerkennt.

Infolge der geringen Tiefe der Lacken kann man bei vielen dieser Algen (besonders der Diatomeen) kaum von Phytoplankton sprechen. Vielmehr handelt es sich – mehr noch als beim Neusiedlersee – größtenteils um bodenbesiedelnde oder Aufwuchsalgen, die durch den Wind und die dadurch bedingte starke Wasserbewegung ins freie Wasser gelangen. Zum eigentlichen Plankton gehören Flagellaten der Gattung Chlamydomonas, die unter Eis beobachtet werden (JUNGWIRTH 1973) und Blaualgen der Gattungen Microcystis und Cyanarcus, die vor allem im Spätsommer auftreten. So konnten in der Birnbaumlacke im August 1970 bis zu 29 Millionen Kolonien von Microcystis holpaticum in Liter gezählt werden, und mit ähnlichen und noch höheren Werten ist sicher in vielen der stark eutrophierten Lacken zu rechnen. Leider ist derzeit unsere Kenntnis der Algenpopulationen im Verlauf eines Jahres und in Abhängigkeit von Trübe und Sodagehalt sehr gering. Ein weites Betätigungsfeld steht hier noch offen.

Auch die Größe der Ur- oder Primärproduktion, also der Aufbau organischer Substanz mittels Photosynthese und unter Nutzung der anorganischen Bausteine Kohlendioxyd, Wasser und Nährsalze, ist in den Lacken kaum gemessen worden. Der Neusiedlersee hat eine Jahresproduktion an Algenfrischsubstanz von derzeit etwa 100 000 t (noch in den frühen siebziger Jahren 20 000 t). Das bedeutet, auf den km² offener Seefläche bezogen, ungefähr 670 t. Mindestens in dieser Größenordnung müssen die Werte der durch Landwirtschaft und Vögel gedüngten Langen Lacke (rund 1,9 km²) liegen. In anderen Gewässern mögen zwar saisonal hohe Werte zu beobachten sein, aber sommerliche Austrocknung und winterliches Durchfrieren bis zum Grund werden die Jahreswerte entsprechend senken.

Überhaupt nicht ist derzeit die Bakteriologie der Seewinkelwässer untersucht, so daß wir uns in der mißlichen Lage befinden, weder Energiefluß noch Stoffkreislauf der so bemerkenswerten Seewinkelwässer beschreiben zu können. Fürwahr eine schlimme Situation, denn Jahr um Jahr verändern sie sich offenkundig in Richtung zunehmender Nährstoffgehalte, wenn sie nicht überhaupt von der Landkarte verschwinden.

Über das Ausmaß der höheren Vegetation oder der Makrophyten (Großwuchspflanzen, wenn man nicht zu den Blütenpflanzen gehörige Gewächse mit einbezieht) in den Lacken entscheidet einerseits der Sodagehalt – es ist keine höhere Wasserpflanze mit Bindung an Sodawässer bekannt – und anderseits das Ausmaß der Beweidung, die vor allem eine Kontrolle des Wachstums von Schilf (Phragmites communis), Simsen und Binsen (Juncus maritimus, Bolboschoenus maritimus, Schoenoplectus lacustris und tabaernaemontani) durch Viehtritt (Wurzel-, Rhizomzerstörung) und Beweiden garantiert. Die rasche Zunahme des Schilfwuchses am Darscho (kürzlich teilweise durch technische Maßnahmen beseitigt), an der Langen Lacke, an den Wörtenlacken, am Moschado usw. zeigt deutlich, daß mit dem Rückgang der Rinder das Schilf überall stark in Ausbreitung begriffen ist, wenn hoher Sodagehalt dies nicht verhindert, wie etwa in der Birnbaumlacke, wo ein schmaler, mehrfach unterbrochener Schilfgürtel Positionen oberhalb der tiefsten Senke einnimmt, die nur von Höchstwasserständen und damit niedrigem Sodagehalt erreicht werden. Schilf, Binsen und Seggen bedecken große Teile der „Schwarzen" Lacken, die in vieler Hinsicht dem Schilfgürtel des Neusiedlersees gleichen. Hier treten noch zahlreiche Pflanzen wie Rohrkolben (Typha latifolia), Wasserschlauch (Utricularia) und Hahnenfußarten hinzu. Von ihnen wurde bereits berichtet.

Auch die „untergetauchten" (submersen) Pflanzen und Schwimmblattpflanzen, die im Gegensatz zu den eben besprochenen Helophyten (Sumpfpflanzen) völlig bzw. größtenteils unter Wasser wachsen, fehlen in den stark konzentrierten Sodalacken gänzlich. Wie im Neusiedlersee sind dies in schwach konzentrierten Lacken Kammförmiges Laichkraut (Potamogeton pectinatus) und Ähriges Tausendblatt (Myriophyllum spicatum), seltener das Große Nixenkraut (Najas marina), der Teichfaden (Zannichellia palustris) und verschiedene Armleuchteralgen. Alle diese Pflanzen liefern wichtiges Substrat für Aufwuchsalgen und -tiere. Doch fast nichts ist davon aus dem Lackenbereich bekannt.

Ist es derzeit auch noch nicht möglich, eine vergleichende Floristik der Seewinkellacken mit allen Konsequenzen für deren Primärproduktion zu betreiben, so besteht im Gegensatz dazu ein vielfach guter Überblick der einzelnen Tiergruppen, ja sogar grobe Einblicke in die Sekundärproduktion (Aufbau organischer Substanz durch herbivore Tiere) liegen vor. Derzeit sind aus den Seewinkellacken gegen 400 Tierarten (ohne Vögel) bekannt, also ein Mehrfaches der Pflanzenarten, was aber teilweise auf mangelnde Kenntnis zurückgeführt werden muß.

Viel deutlicher, als derzeit noch aus der Verbreitung der Algen und höheren Pflanzen hervorgeht, entsprechen die „Schwarzen" Lacken weitgehend dem Schilfgürtelanteil des Neusiedlersees, die „Weißen" Lacken dessen offener Seefläche. Besonders gut entspricht diesem Schema die Krebs-(Crustaceen-)Fauna, die sowohl im Neusiedlersee als auch im Lackengebiet gegen 80 Arten umfaßt und gegenwärtig wohl der bestuntersuchte Faunenteil ist. Freilich liegen auch hier prinzipielle Unterschiede vor. Sie sind einerseits im beständigeren Wasserhaushalt und Salzgehalt des Neusiedlersees gegeben – Fische kommen und kamen denn auch nur in der Langen Lacke, in einigen der Wörtenlacken und im Darscho (gegenwärtig freilich als Folge von Besatzmaßnahmen) vor. Ebenso fehlen langlebige halobionte (Salzwasser bewohnende) Krebse im Seewinkel, da Aussüßungsphasen durch Niederschlagsereignisse ihre Existenz verhindern. Alle halobionten Tierarten der Lacken sind denn auch kurzlebig. Umgekehrt leben in den Lacken einerseits kurzlebige Tiere mit Anspruch auf hohe Salz-(Soda-) Konzentrationen, anderseits Arten, die als relativ große Beutetiere von Fischen beseitigt würden: So ist es nicht verwunderlich, daß die mehrere cm Länge erreichenden Kiemenfüße – typische Bewohner fischloser Gewässer – im Seewinkel, aber nicht im See, mit mehreren Arten vorkommen.

Sehen wir uns zunächst einmal in der Faunistik um, wo Schwächen und Stärken der Untersuchungen liegen. Wie in fast allen Gewässern sind auch hier Schwämme (Spongia) und Nesseltiere (Cnidaria) kaum beachtet worden. Dagegen gibt es eine Dissertation – der Seewinkel hat für mindestens drei Dutzend Arbeiten und Habilitationsschriften Stoff geliefert –, die sich mit Wimpertierchen (Ciliaten), also einer wichtigen Klasse der Urtierchen befaßt. 134 Arten konnten in den Jahren 1960 bis 1962 in 16 Lacken beobachtet, 14 neue Arten entdeckt werden, darunter einige, die vielleicht wieder Sodaspezialisten darstellen und die auf Abbildung 19 abgebildet sind. Es zeigte sich übrigens, daß die Protozoenfauna (wie die gleichfalls durch Cilien-[Wimpern-]Besitz ausgezeichneten Rädertiere) besonders durch die Trübe in den Weißen Lacken beeinflußt wird, wo denn auch die geringste Artenzahl auftrat; höchste Artenzahl lieferten Herrnseen, Einsetzlacke und die stark gestörte, fast zerstörte Mühlhoflacke (Meierhoflacke), die in ihrem Formenreichtum fast an den Schilfgürtel des Neusiedlersees heranreichte.

Unter den niederen Würmern sind Plattwürmer (Turbellaria), Fadenwürmer (Nematoda) und Rädertiere (Rotatoria) mit über 100 Arten bekannt. Unter den Plattwürmern kommt zwar eine marine Art Gieysztoria ornata marina vor, die zuerst aus der Ostsee beschrieben wurde, doch gibt es in dieser Tiergruppe keinen einzigen Sodaspezialisten. In fast der Hälfte der untersuchten Lacken kommen denn auch keinerlei Turbellarien vor. Die größte Artenzahl lag in den inzwischen zerstörten Lacken 8 und 10 (Szerdahelyer Lacke und Schwarzer See) – zerstört durch die Feriensiedlung „Pannonia" – vor. Sodaspezialisten fanden sich dagegen wieder innerhalb der Klasse der Fadenwürmer. So wahrscheinlich die neue Art Tobrilus findeneggi, die nach dem berühmten österreichischen Limnologen benannt ist, so vielleicht auch Tobrilus stefanski. Beide Arten sind bisher nur in den hochkonzentrierten Sodalacken (u. a. Birnbaum- und Stundlacke) gefunden worden.

Die Rädertiere (Rotatoria) sind neben den Kleinkreb-

126

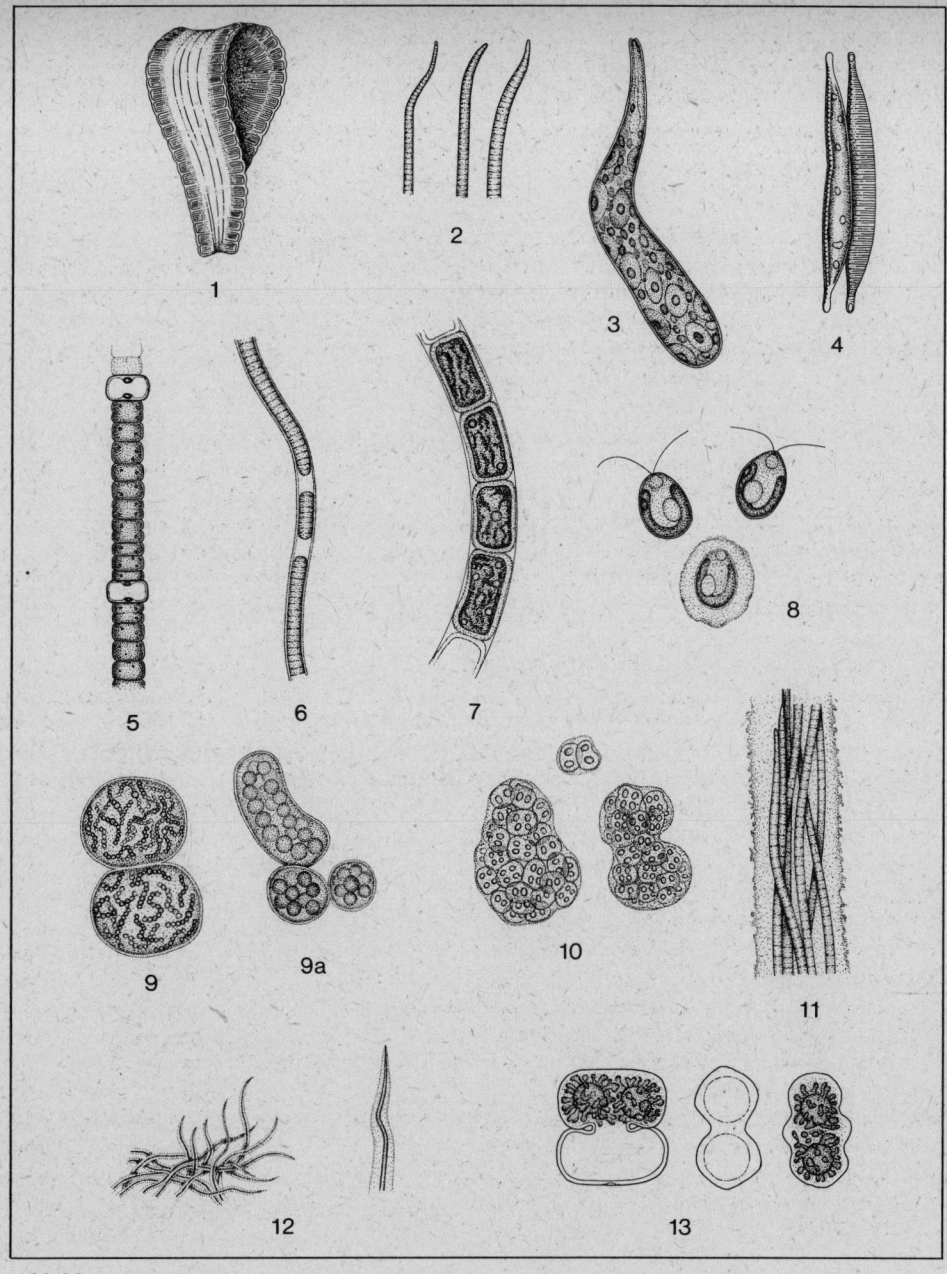

Abbildung 18: Einige charakteristische Algen der Seewinkelwässer:
1 Surirella hoefleri, 2 Oscillatoria cloydiana, 3 Euglena satelles, 4 Hantzschia vivax,
5 Nodularia harveyana, 6 Lyngbya martensiana, 7 Rhizoclonium hieroglyphicum,
8 Chlamydomonas sp., 9 Nostoc sp., 9a Jugendform, 10 Microcystis sp., 11 Microcoleus
chthonoplastes, 12 Schizothrix sp., 13 Cosmarium biretum var. trigibberum

sen die hauptsächlichen Vertreter des Zooplanktons von Binnenwasserseen. Mit einer erstaunlichen Artenfülle siedeln sie sowohl in terrestrischen als auch in Unterwasserböden, in Höhlen und Kleinstgewässern und eben auch im freien Wasser von Seen und Teichen. Im Gegensatz zu den ebenfalls artenreichen Fadenwürmern kommen sie jedoch kaum im marinen Bereich vor, und trotzdem haben sie eine Fülle salzwasserbewohnender und wenige Natrongewässer bevorzugende Arten hervorgebracht, die teilweise auch im Seewinkel vorkommen. Da viele Rädertiere Dauereier zu bilden vermögen, die Austrocknung (und wahrscheinlich auch Darmpassage von Vögeln) überstehen, sind manche Arten weltweit verbreitet. Dies gilt auch für einen Sodaspezialisten, nämlich Hexarthra jenkinae (übersetzt: Jenkins Sechsglied-[tierchen]), der vor allem während des Sommers in den Sodalacken vorkommt, ursprünglich aus Ostafrika beschrieben und später noch in nordamerikanischen Natrongewässern und in einem iranischen Sodasee gefunden wurde. Mehr als 60 solcher vorwiegend planktischen Rädertierarten sind gegenwärtig aus den Lacken beschrieben, und dabei sind die kleinen wurmförmigen bdelloiden Rädertiere, die in aquatischen und terrestrischen Böden leben, noch nicht einmal bearbeitet.

Egel stellen die auffälligsten Repräsentanten der höheren Würmer, sie sind auf die salzarmen Lacken beschränkt und waren besonders in der zerstörten Szerdahelyer Lacke zahlreich. Der seiner Nutzung als Schröpfegel wegen bereits selten gewordene Medizinische Blutegel (Hirudo medicinalis) kommt im Seewinkel ebenso wie der Pferdeegel (Haemopis sanguisuga) vor. Beide sind Vertreter der Kieferegel, doch gibt es im Gebiet auch Vertreter zweier weiterer Familien, der Schlund- und Rüsselegel. Weder über Verbreitung noch über ihre Stellung im Ökosystem der Lacken ist derzeit etwas bekannt.

Die Sodaseen werden auch von allen Schnecken und Muscheln gemieden. Darauf hat vor allem der ungarische Zoologe RICHNOVSKY (1971) hingewiesen, und dies ist auch der Grund, weshalb man in Sodagewässern Ostafrikas unbedenklich baden kann, da dort im Gegensatz zu süßen Gewässern die Zwischenwirte

(Schneckengattung Bulinus) der parasitischen Saugwürmer Schistosoma nicht zu existieren vermögen. Mollusken sind daher im Seewinkel vorwiegend in den Schwarzwasser-Lacken und niedrig konzentrierten Gewässern anzutreffen. Eine außerordentlich reiche Wasserschneckenfauna hatte der Hanság vor seiner Trockenlegung. Die Muscheln dürften im Seewinkel nur durch die kleinen Erbsenmuscheln der Gattung Pisidium vertreten sein. Insgesamt 18 Molluskenarten kommen im Neusiedlersee und seinen Randzonen vor, mit einer ähnlichen Zahl ist im Seewinkel zu rechnen. Doch niemand hat sich bisher der Mühe einer entsprechenden Untersuchung unterzogen (Siehe auch S. 70).

Die Krebse (Entomostraka) sind von allen Tiergruppen derzeit am besten bekannt. Unter ihnen verdienen die bereits erwähnten Kiemenfüße – zu welchen der den Aquarianern bekannte Salinenkrebs gehört, der nicht im Seewinkel vorkommt – besonderes Interesse; gehören sie doch einer außerordentlich ursprünglichen und sehr isolierten Krebsklasse (Anostraca) an, der wahrscheinlich fossile Arten zuzuzählen sind, die vor mehr als 350 Millionen Jahren gelebt haben. Eines der ursprünglichen Merkmale ist die noch erkennbare Gliederung des Kopfabschnittes. Dagegen sind die zahlreichen spezialisierten Filterbeine eher als abgeleitetes Merkmal zu bewerten. Sie dienen nicht nur als Ansaugvorrichtung für Nahrungspartikel und für den Aufbau einer Rinne, in welcher die Partikel mit dem Wasserstrom mundwärts getrieben werden, sondern gleichzeitig zur Fortbewegung dieser niemals ruhenden Dauerschwimmer. Die Kiemenfüße kommen nur dort vor, wo Fische fehlen. Das schließt den marinen Lebensraum ebenso aus wie jenen der permanenten Binnenseen. Periodische Gewässer der subpolaren Zonen und der ariden Gebiete sind ihr hauptsächlicher Lebensraum, daher auch vielfach salinare und alkalische Tümpel und Seen.

Im Seewinkel erreicht die Gattung Branchinecta, der die größten Arten zugehören, ihre Westgrenze in Mitteleuropa. Wahrscheinlich sind es zwei Arten, die in den Sodalacken vorkommen, die kleinwüchsige B. orientalis und die große, bis zu 7 cm messende B. ferox. (In Europa kommt u. a. noch die Süßwasserart

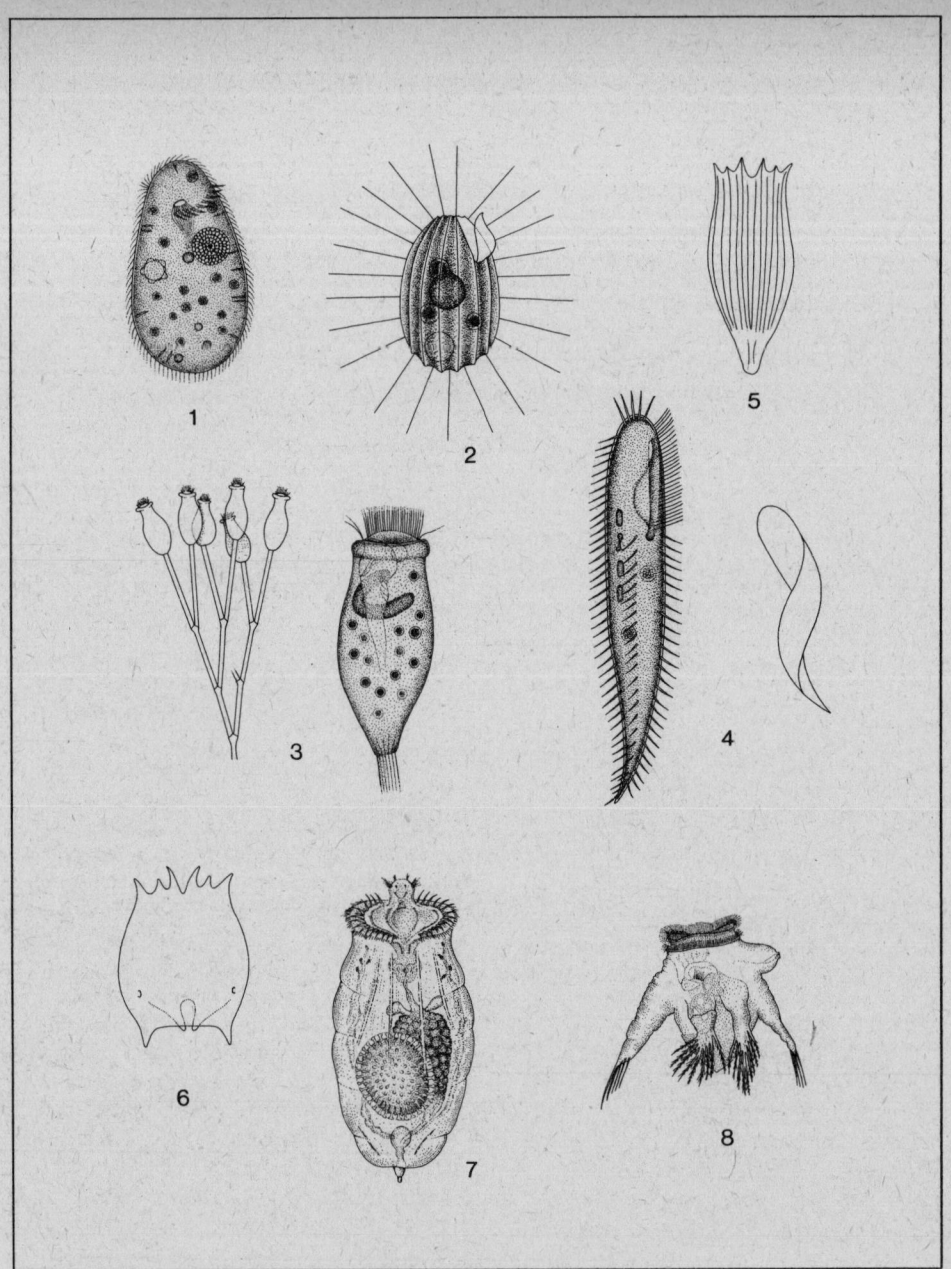

Abbildung 19: 1–4 Protozoen der Seewinkel-Lacken (1 Nassula euryiona, 2 Malacophrys cyclidiiformis, 3 Epistylis natronophila, 4 Cladotricha kühneltii). 5–8 Charakteristische Rädertiere der Seewinkel-Lacken (5 Notholca acuminata, 6 Brachionus quadridentatus, 7 Rhinops fertöensis, 8 Hexarthra polydonta)

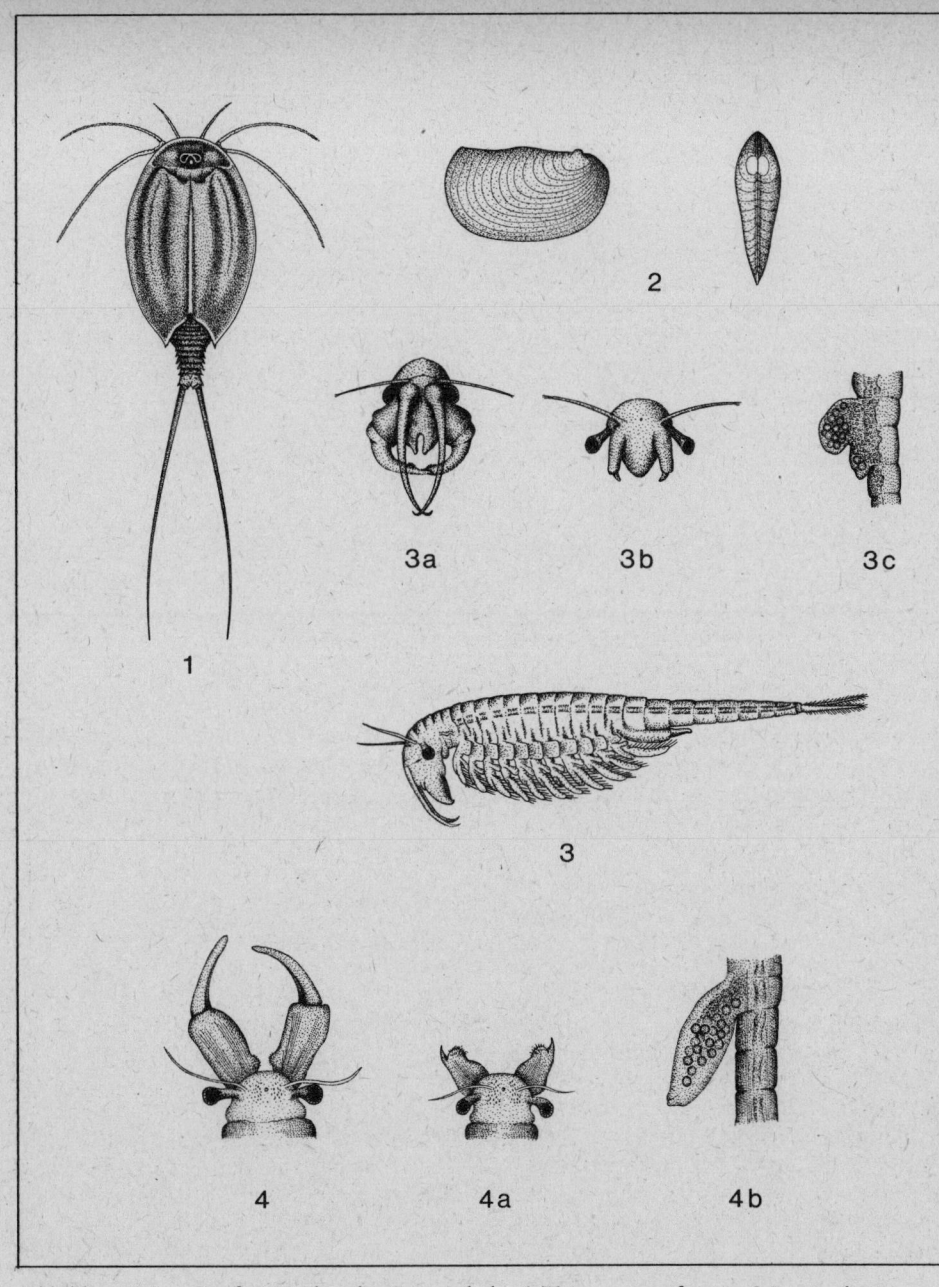

1

3a   3b   3c

3

4   4a   4b

Abbildung 20: „Große" Krebse des Seewinkels: 1 Triops cancriformis, 2 Leptestheria dahalacensis (Seiten- und Dorsalansicht), 3 Brachipus schäefferi, wahrscheinlich aus dem Gebiete bereits verschwunden (a Männchen, Kopf von vorne, b Weibchen, Kopf von vorne, c Brutsack des Weibchens), 4 Branchinecta ferox-orientalis (Männchen, Kopf von oben, b Weibchen, Kopf von oben, c Brutsack des Weibchens)

B. paludosa in Hochgebirgsseen der Tatra und zirkumpolar – rund um den Pol – vor.) Möglicherweise können orientalis und ferox sich miteinander paaren und Hybride (Mischlinge) produzieren. Geklärt ist diese Frage trotz einer Dissertation nicht. In jüngster Zeit konnte festgestellt werden, daß besonders der Dunkle Wasserläufer (neben Säbelschnäbler, Grünschenkel und Teichwasserläufer) die Kiemenfüße als Nahrungsquelle bevorzugen (WINKLER 1980). Demnach könnten 60 Dunkle Wasserläufer pro Tag bis zu 900 000 Kiemenfüße aufnehmen, wenn man annimmt, daß sie sich auf diese Beute beschränken. Damit könnten die Populationen der Kiemenfüße in ihren Wohngewässern einschneidend beeinflußt werden.

Nicht in den Lacken, sondern nur in kleinen Süßwasseransammlungen kommt der rot-blau gefärbte Kiemenfuß Branchipus schaefferi vor. In solchen Regenwasseransammlungen kommt im Frühsommer auch der bis zu 6 cm messende Großblattfuß Triops cancriformis vor, der in Ungarn ein beachtlicher Reisschädling ist; mit Rückenschild und mehr als 60 Beinpaaren gehört dieser Krebs zu einer artenarmen Ordnung, die weltweit verbreitet ist und mit ihrer Herkunft aus der Permzeit (rund 250 Millionen Jahre) ebenfalls zu den alten und im Verlauf ihrer Entwicklungsgeschichte wenig veränderten Tiergruppen zählt.

Aus der Fülle der Kleinblattfußkrebse sollen hier nur einige Wasserfloharten erwähnt werden, die in Österreich teilweise nur im Seewinkel gefunden werden. Ein Teil von ihnen gehört der Gattung Daphnia zu, die ihren Namen von der Tochter des Flußgottes Peneios herleitet, einer schönen Nymphe, die sich, sich der Verfolgung Apollos entziehend, in einen Lorbeerbaum verwandelte. Zu dieser Gattung gehört neben den häufigsten Arten magna und pulex die lediglich im Frühjahr und bestenfalls vereinzelt im Herbst auftretende Daphnia atkinsoni (Abb. 21). Noch seltener ist Daphnia similis, die im Spätsommer und Herbst 1957 in nur drei Lacken (Abb. 21) gefunden werden konnte, von denen zwei inzwischen schon zerstört sind. Seltsamerweise fand sich diese Art auch nach 23 Jahren wieder nur in einer der noch bestehenden similis-Lacken.

Noch ein Wasserfloh ist bei uns fast ausschließlich im Seewinkel anzutreffen: dies ist Moina micrura, Angehöriger einer Gattung, die bevorzugt salzige Gewässer bewohnt und hauptsächlich in den warmen Trockengebieten der Erde vorkommt. Diese Art gehört wie der Hüpferling Diaptomus spinosus zu den häufigsten im Seewinkel und besiedelte bis in die fünfziger Jahre hinein auch den Neusiedlersee. Seit rund 25 Jahren ist dort der Wasserfloh Moina verschwunden, möglicherweise im Zusammenhang mit den niedrigen Salzkonzentrationen, wenngleich dies auf Grund der Süßwassertoleranz dieser Art nicht plausibel ist. Unter den Ruderfüßern (Copepoda) ist ganz besonders der eben erwähnte Diaptomus spinosus hervorzuheben. Als „klassischer" und einziger Sodaspezialist unter den europäischen Copepoden erreicht auch diese Art im Neusiedlerseegebiet ihre absolute Westgrenze und kommt in Sodagewässern Ungarns, Nordjugoslawiens, Anatoliens (u. a. im Wansee), Armeniens und Nordwestirans vor. Auch ihr ist eine eigene Dissertation gewidmet, die klar erkennen läßt, daß das Wachstum dieses Krebses bei einem bestimmten Sodagehalt optimal ist, aber sowohl sehr niedrige als auch außerordentlich hohe Konzentrationen toleriert werden. Noch weitere zwei, in Österreich eher seltene Hüpferlinge aus der Verwandtschaft von Diaptomus spinosus, nämlich Diaptomus wierzejskii, der fast im ganzen gemäßigten Eurasien und in Nordafrika vorkommt, sowie Diaptomus kupelwieseri sind aus Seewinkelgewässern bekannt (Abb. 23). Diaptomus kupelwieseri ist hauptsächlich in Süd- und Südosteuropa verbreitet, ohne daß man sagen könnte, es handle sich um eine wärmeliebende Art. Dies trifft vielmehr für den kleinen Hüpferling Metacyclops planus zu, der in Europa nur dort vorkommt, wo die Tagestemperatur langjährig ein bis zwei Monate über 20° C liegt, wie dies auch für den größten (5 mm) europäischen Muschelkrebs Hungarocypris madaraszi zutrifft. Dessen einzige Fundlokalität in Österreich, der Dorfsee bei Tadten, ist inzwischen vernichtet worden.

Wir wollen hier mit diesen Muschelkrebsen (Ostracoda) den Abschluß einer kurzen Übersicht über die Krebstiere des Seewinkels geben. Sie gehören, soweit

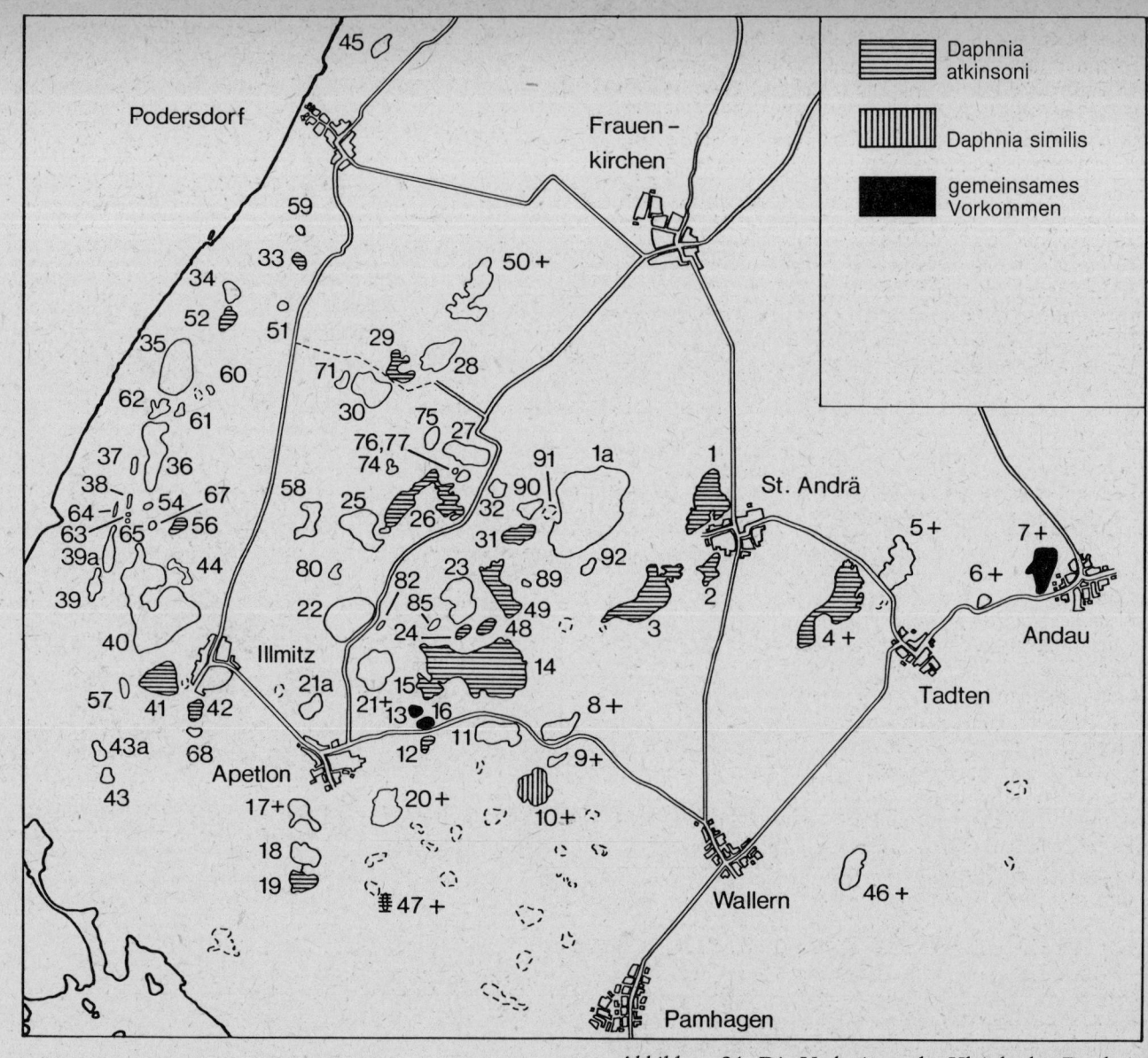

Abbildung 21: Die Verbreitung der Kleinkrebse Daphnia atkinsoni und Daphnia similis in den Lacken 1–58. Im Jahre 1980 konnte nach 22 Jahren die seltene Art D. similis abermals in Lacke 16 gefunden werden

man heute weiß, überhaupt mit zu den ältesten Tiergruppen und sind seit über 500 Millionen Jahren (Kambrium) belegt. Für die Auffindung von Erdöllagerstätten sind sie genauso unentbehrlich geworden, wie sie als Beweise geologischer Theorien, etwa die Kontinentalverschiebung, eine Schlüsselrolle spielen. Als Krebse mit Kalkschalen und gleichzeitig als oft massenhaft im marinen und Binnenwasserbereich auftretende Tiere (selbst terrestrische Arten sind bekannt geworden) haben sie – im Gegensatz zu den bisher besprochenen Krebsen – alle Eigenschaften, die für „Leitfossilien", also Zeugen verschiedener Erdperioden und Umweltfaktoren, erforderlich sind.

Da die Muschelkrebse zu den in Österreich wenig bearbeiteten Tiergruppen gehören, ist es verständlich, daß nicht nur eine Reihe neuer Arten für unser Land, sondern auch für die Wissenschaft neue Tiere im Seewinkel gefunden werden konnten. Wenn auch keine Sodaspezialisten, so kommen doch salzliebende – halophile – Muschelkrebse wie Cyprinotus salinus, Cypriodopsis newtoni und Potamocypris unicaudata im Seewinkel vor, während andere, wie die große Frühjahrsart Cypris pubera auf süße Gewässer beschränkt sind. Wie außerordentlich wichtig die Muschelkrebse für die Altersbestimmung des Neusiedlersees waren, haben wir im ersten Kapitel hinreichend gezeigt.

Zuletzt sei noch darauf hingewiesen, daß auch im Grundwasser des Seewinkels (LÖFFLER 1960) eine erst teilweise erforschte Krebsfauna lebt. Dazu gehören wieder Muschelkrebse der Gattung Candona (C. pannonicola und transleithanica), aber auch höhere Krebse wie Bathynella natans, der Flohkrebs Synurella ambulans und eine Grundwasserform der Wasserassel (Asellus aquaticus), die selbst häufiger Bewohner von Lacken ist. Bathynella natans – die Gattung hat außerordentlich weite Verbreitung – wurde erstmals in einem Brunnen von Prag nachgewiesen, ihr Entdecker aber zunächst als unglaubwürdig hingestellt. So spottete ein bekannter österreichischer Zoologe, daß es ihn nunmehr nicht wundern würde, wenn man dort auch noch Trilobiten (fossile Gliedertiere des Erdaltertums) nachweisen würde. Zu den Spinnentieren im weitesten Sinn gehört die

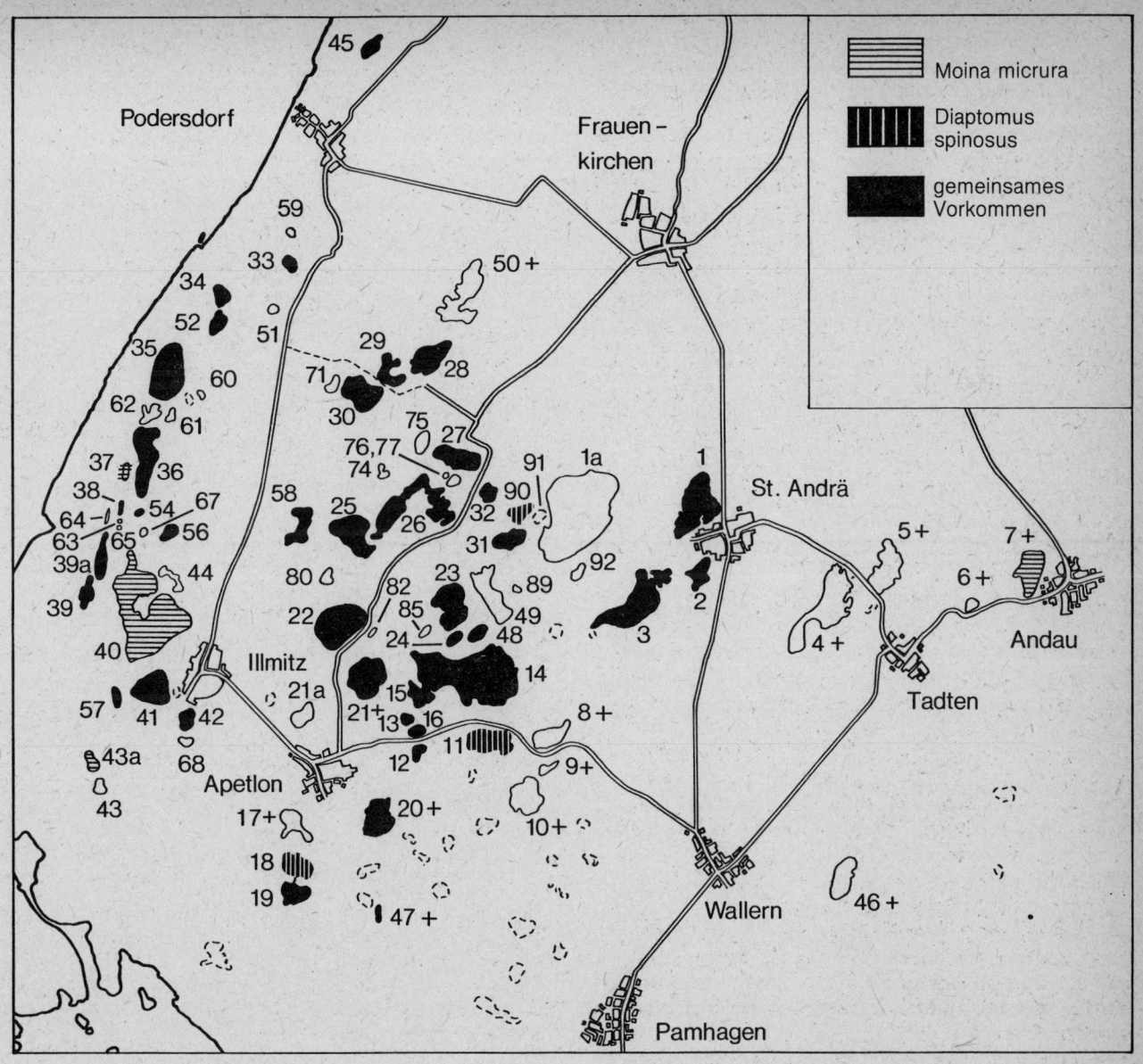

Abbildung 22: Verbreitung der häufigen Kleinkrebse Moina micrura und Diaptomus spinosus in den Lacken 1–58.

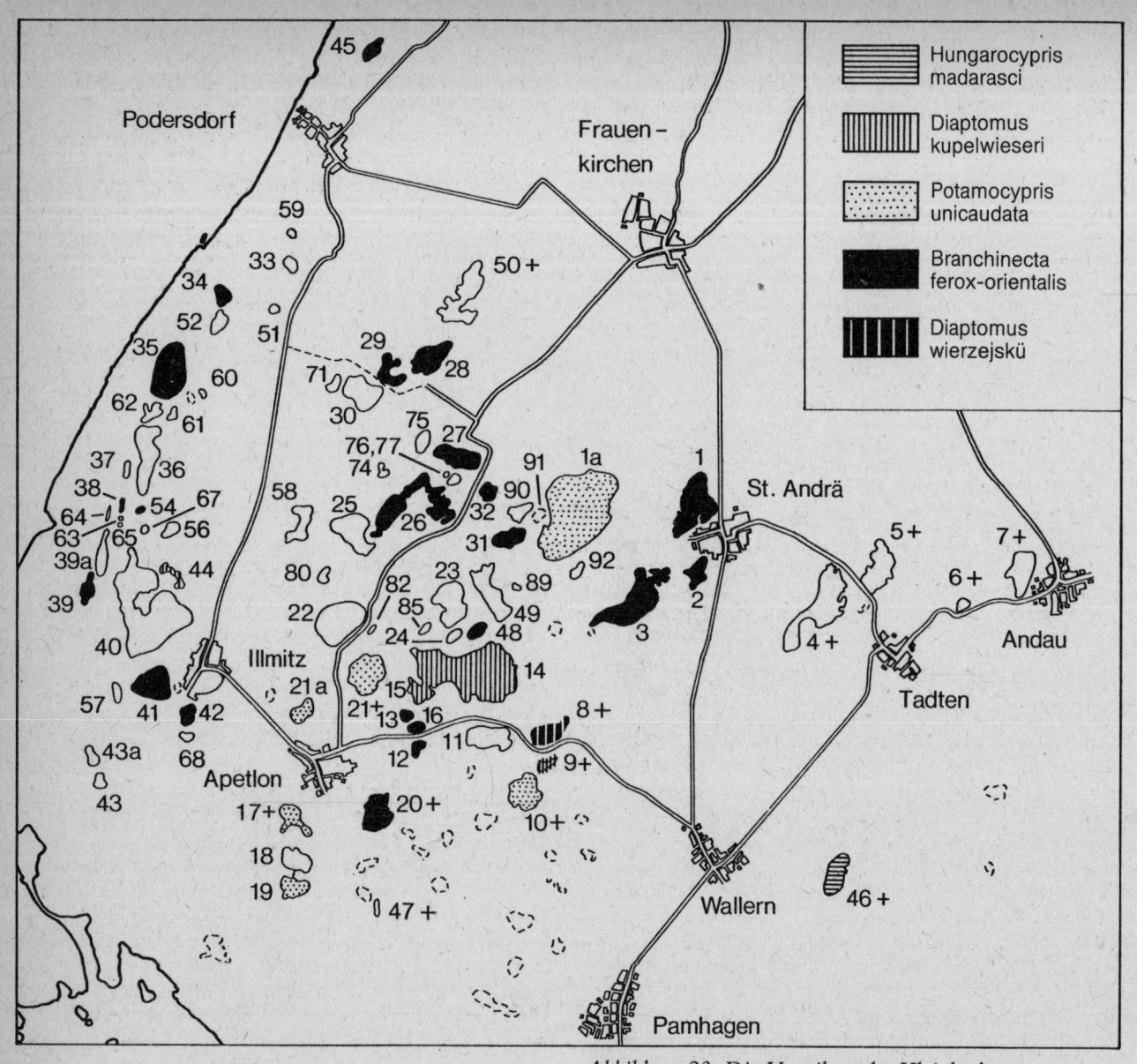

Abbildung 23: Die Verteilung der Kleinkrebse
Hungarocypris madarasci (einziges, nunmehr erloschenes
Vorkommen in Österreich), Diaptomus kupelwieseri,
Potamocypris unicaudata, Branchinecta ferox-orientalis
und Diaptomus wierzejskü in den Lacken 1–58

Ordnung der Milben (Acari), die als Boden- und Wassertiere, aber auch als Parasiten (zum Beispiel die Zecken) eine große Rolle spielen. Fast ein Viertel der Arten gehört davon zur Familienreihe der systematisch außerordentlich schwierigen Hydrachnellae oder Wassermilben, die in den meisten Seen und Fließwässern oft arten- und individuenreich auftreten. In den Gewässern des Seewinkels – und wieder hat dies eine Dissertation gezeigt – spielen sie eine untergeordnete Rolle und treten in den Lacken mit hoher Sodakonzentration stark zurück.

Wenn auch die Insekten des terrestrischen Bereiches durch zahlreiche Spezialisten gut bekannt sind, so ist die Kenntnis der aquatischen Vertreter dafür um so schlechter. Alle fraglichen Ordnungen und ihre Verbreitung im Seewinkel bzw. ihre Verteilung auf die verschiedenartigen Lacken sind derzeit kaum untersucht. Ob es sich um Eintagsfliegen (Ephemeroptera) handelt – wir wissen, daß die Gattung Cloeon in den weniger konzentrierten Lacken vorkommt – oder um die zahlreichen Libellenlarven (Odonata); rund 50 Arten kommen im Gebiet vor, doch ist über ihre Larven in den Lacken fast nichts bekannt, überall gilt es hier, noch wesentliche Arbeit zu leisten. Von den Wasserwanzen sind wenigstens die Ruderwanzen (Corixidae) – wieder in der Birnbaumlacke und wieder im Rahmen einer Dissertation – genauer untersucht. Neben dem Rückenschwimmer, wegen des schmerzhaften Stiches auch Wasserbiene genannt, und neben Wasserläufern der Gattung Gerris, Wasserskorpion (Nepa cinerea), Stabwanze (Ranata linearis) und Schwimmwanze (Naucoris cimicoides) kommen dort die einander ähnlichen Arten Sigara concinna und Sigara lateralis vor, die als Pflanzensauger und räuberisch leben. Die Fortpflanzung erfolgt fast ausschließlich im Schilfbestand der Birnbaumlacke: Dort können auch die höchsten Volksdichten mit bis zu 2 000 Individuen/m² beobachtet werden. Durch Zu- oder Abgang dieser außerordentlich flugtüchtigen Tiere können große Populationsschwankungen zustande kommen.

Auch von den Käfern der Lacken liegen nur verstreute Angaben vor, die erkennen lassen, daß im Seewinkel eine reiche und eigenartige Wasserkäferfauna vorhanden ist. MACHURA (1935), einer der ersten Streiter für den Seewinkel, und andere Autoren führten über 30 Arten an, darunter halophile Tiere wie Ochtebius marinus und peisonis, Berosus spinosus und affinis und Enochrus hamifer, die pontisch-mediterrane Art Helophorus micans. Natürlich kommen auch weitverbreitete und so bekannte Arten wie Gelbrandschwimmkäfer (Dycticsus marginalis) und Großer Kolbenwasserkäfer (Hydrous piceus) im Gebiet vor. In der zerstörten Szerdahelyer Lacke gab es den sich auch unter Wasser bewegenden Großlaufkäfer Carabus clathratus, von den zahlreichen Uferkäfern war bereits die Rede (siehe Abb. 12).

Noch zwei Ordnungen der Insekten sollen hier trotz ihrer Bedeutung nur kurz erwähnt werden, wieder weil Information fehlt. Dies sind Trichopteren (Köcherfliegen) und Dipteren (Mücken und Fliegen). Die Köcherfliegen fehlen in den höher konzentrierten Lacken, sind aber in den übrigen Gewässern vor allem mit der Gattung Limnephilus (Arten bipunctatus, decipiens, vittatus) vertreten. Allein von dieser Gattung sind gegen 20 Arten zu erwarten.

Von den Dipteren sind weder die Mücken wie Culicidae (Stechmücken), Chironomidae (Zuckmücken), Ceratopogonidae (Gnitzen) noch die Fliegen wie Ephydridae (Salzfliegen), Tabanidae (Bremsen) bearbeitet. Lediglich unter den Waffenfliegen (Stratiomyidae) sind einige weitverbreitete Arten wie Oplodontha viridula bekannt.

Leben gegenwärtig Fische im Seewinkel nur durch menschliches Zutun, so war deren Eindringen in die Lacken (soweit nicht zu stark konzentriert) früher fast nur durch Hochstände des Neusiedlersees und mittels passiver Verbreitung, z. B. durch Vögel, möglich. Mit der Einrichtung der Kanäle in unserem Jahrhundert entstanden neue Möglichkeiten für die Immigration von Fischen; so können sich ältere Leute an das reichliche Fischvorkommen im Raum der Langen Lacke erinnern. Zweifellos steigen manche Fische auch gegenwärtig zur Laichzeit über den Einserkanal hoch und können über den Zweierkanal bis in den Raum südlich von Apetlon vordringen. So soll der Hecht im Frühjahr regelmäßig in dort gelegene überschwemmte Wiesen vordringen, während er gegen-

wärtig im See fast gänzlich verschwunden ist. Auch ein entfernter Verwandter des Hechtes, der Hundsfisch (Umbra krameri) mit südöstlich pontisch-pannonischer Verbreitung, kam früher im Hanság vor, der zu Zeiten höherer Wasserstände wohl eine außerordentlich reiche Fischfauna enthielt. Sehr selten wird der Hundsfisch ebenso wie die pontisch-kaspisch und pannonisch verbreitete Meergrundel (Proterorhinus marmoratus) im Neusiedlersee angetroffen, doch ist ja ihr Einstieg in den Neusiedlerseeraum durch den Einserkanal noch immer möglich. Auch der Sichling oder die Ziege (Pelecus cultratus), ursprünglich im Neusiedlersee selten, gegenwärtig, wahrscheinlich zufolge der Planktonzunahme, häufiger Fisch, muß über den Einserkanal eingewandert sein. Als hauptsächlich osteuropäischer Fisch ist er in Österreich auf den Donauraum beschränkt. Wir erwähnen ihn hier, weil er seine Laichtätigkeit im Frühjahr unter anderem im Golser Kanal, also auch im Seewinkel, ausübt. Dort kommt auch der Schlammpeitzger (Misgurnus fossilis, Cobitidae) vor, der Schlammgrund bevorzugt und sich durch Darmatmung auszeichnet. Dieser zwar durch den Menschen verursachten, aber nicht direkt veranlaßten Ausbreitung von Fischarten im Seewinkel steht die Verwendung von Lacken als Fischteiche gegenüber, wie z. B. im Darscho, in der zum Naturschutzgebiet erklärten Langen Lacke und in den Wörtenlacken. Störungen durch die Fischerei und Veränderungen der Flora und Fauna (Schwund der Kiemenfüße) sind die Folge. Im Naturschutzgebiet sollte diese Art von Nutzung unterbleiben. Mit dieser Übersicht haben wir gezeigt, daß die aquatische Fauna der Lacken besser untersucht ist als ihre Flora. Wasserhaushalt, Nahrungskreislauf und Energiefluß, für Ökosystem-Verständnis der Lacken unerläßlich, sind ebenso wie Aut- und Synökologie (Beziehung einer Art zu abiotischen und biotischen Faktoren) der meisten Pflanzen und Tiere kaum bekannt.

Der Reichtum an eigenartigen Lebewesen macht die Lacken ebenso wie die für Mitteleuropa einmalige physiographische Vielfalt zu erhaltungswürdigen Landschaftsteilen. Hinzu kommt ihre hohe Bedeutung für die Ausbildung von Ökologen und im

speziellen Limnologen, Zoologen und Botanikern. Für Forschung und Lehre entschwinden diese einmaligen Naturdenkmale gleich wie Naturfreunden und Ästheten. Die Lacken sterben unaufhaltsam. Über 30 dieser Gewässer wurden trockengelegt oder in Badeteiche umfunktioniert. Schon um die Jahrhundertwende fielen Lacken der Zerstörung zum Opfer, ein Großteil ging mit der Kanalisierungsaktion der vierziger Jahre zugrunde, und die letzten 20 Jahre allein haben gegen 20 Lacken die Existenz gekostet. Könnte man bei Trockenlegung noch Landgewinn vermuten, so ist die nur von Profitsinn getragene Badeteich-Idee einfach Barbarei. Aber auch der vermeintliche Landgewinn kam in den wenigsten Fällen zum Tragen. Mehr oder weniger nasse Flächen, oft mit Schotter bedeckt oder als Mistdeponien genützt (Raum Dorfsee, 46), sind das trostlose Ergebnis. Und gar toll wird es dort, wo ehemaliges Lackengebiet als Bauland genützt und als Ferienparadies angeboten wird, wie im Fall der Lacken Schwarzer See (10) und Lacke 9: Was werden Generationen nach uns dazu sagen? Auch die Anlage von Schottergruben und Ausbaggerungen hat vielen Lacken ihre Existenz gekostet: Die Pimezlacke südlich Frauenkirchen, noch knapp nach dem letzten Krieg wenigstens teilweise erhalten, ist wüstes Land geworden. Grundlacke, Szerdahelyer Lacke, rasch noch nach ihrem Untergang zur Schwarzlacke umgetauft, sind ein paar Beispiele dafür.

Immer mehr rückt auch die Landwirtschaft, allen voran der Weinbau, an die Lacken heran, und schützendes Umland muß mit teurer Pacht, wie im WWF-Gebiet, erhalten werden. Überdüngung und Belastung mit Pestiziden sind die Folge.

Unter den Gemeinden waren die größten Lackenmörder Andau, Podersdorf, Frauenkirchen und Tadten, andere wie Illmitz und Apetlon haben den großen Landschaftswert ihrer Gewässer heute wenigstens zum Teil bereits erkannt.

Unwiderruflich mit Rindern und Arbeitspferden sind auch die Wahrzeichen des Seewinkels, seine Ziehbrunnen, fast völlig dahin; ob sie mit dem Pferdesport nicht wieder aufleben könnten?

Sterbende Lacken, gestorbene Ziehbrunnen, die Bilanz weniger Jahrzehnte.

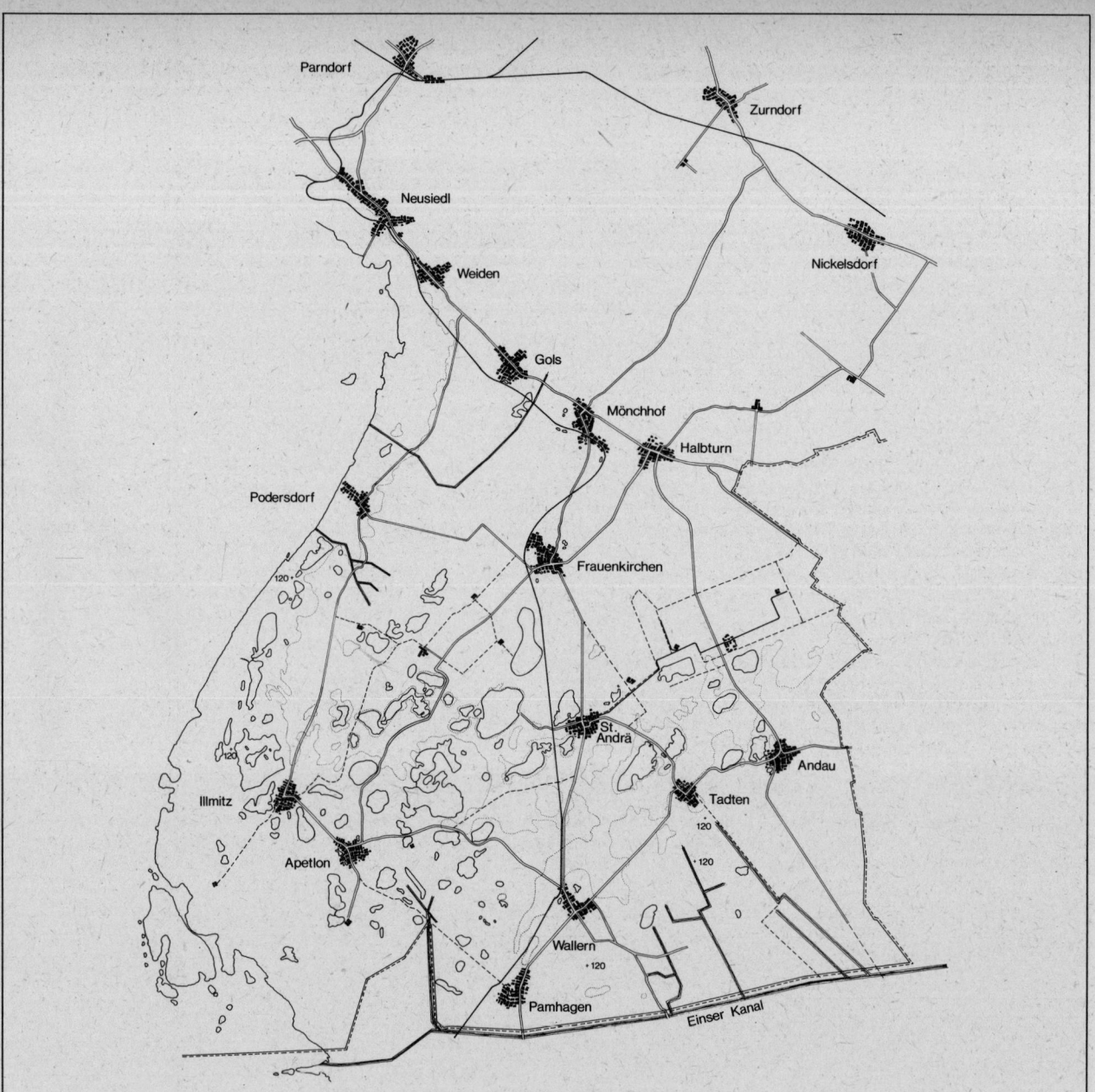

Abbildung 24: Der Seewinkel und sein Lackenbestand um die Jahrhundertwende

Seewinkel – Weg des Marchfeldes? Entwicklung des Naturschutzes

Mit jedem Tag wird die Welt ärmer und gesichtsloser.

Anton TSCHECHOW

Wir wollen unsere Leser hier gleich vor einem Mißverständnis bewahren: Das Marchfeld ist dort, wo die barbarische Zersiedlungs- und Badeteich-Kultur à la Donau-Oder-Kanal nicht ihren Einzug gehalten hat, eine durchaus ästhetische und harmonische Kulturlandschaft. Nur das einstmals reichlich vorhandene Naturland, ob Sumpfwiesen, ob trockenes Heidegelände, ist katastrophal auf armselige Reste reduziert worden, und auch gegenwärtig sind noch vorhandene Relikte, Grenzertragsflächen mit Wiesencharakter, letzte Feuchträume, von „Urbarmachung" bedroht. Wenn dies im Überflußland Österreich zugunsten der dritten Welt geschähe, man könnte sich dieser Maßnahme nicht verschließen. Aber schon wird von „Biosprit" gesprochen . . .

Marchfeldstrategie im Seewinkel, das bedeutet: nur noch vereinzelte Naturdenkmale, eingeschnürt von Wein- und Ackerland, deren Produkte schon jetzt mit Absatzschwierigkeiten verbunden sind. Marchfeldentwicklung, sie führt aber auch zu Ghettotourismus an Badeteichen, unter denen der Neusiedlersee bestenfalls das Privileg haben wird, der größte zu sein. Sicher gibt es dann nur noch geringe Sorgen mit seltenen oder gefährdeten Pflanzen oder Tierarten. Die Geschichte des Naturschutzes im Seewinkel und im Seegebiet ist bis zu den sechziger Jahren durch die oftmals bewunderungswürdigen Bemühungen einzelner Personen und die Indolenz der Öffentlichkeit, freilich durch Not und Krieg einigermaßen entschuldigt, gekennzeichnet. Diese Geschichte beginnt in den dreißiger Jahren knapp nach den ersten Bemühungen, erstmals durch den Völkerkundler Hugo BERNATZIK, um das inzwischen populär gewordene Meer der Wiener und mit der damals im Seewinkel einsetzenden naturwissenschaftlichen Erforschung: mit ihr verknüpft ist auch von Anfang an die Idee einer Biologischen Station, von der aus die wissenschaftliche Arbeit im Gebiet betrieben werden sollte.

1935 wurde erstmals ein Burgenländisches Naturschutzgesetz ausgearbeitet, nachdem schon kurz zuvor im Illmitzer Lackengebiet ein erstes Schutzgebiet zustande gekommen war. Treibende Kraft dafür war der Zoologe MACHURA, der sich fast drei Jahrzehnte um Erfolge in Sachen Naturschutz mühte und dazu – wie der spätere Briefwechsel mit der Landesregierung immer wieder erkennen läßt – die enervierende Leistung eines Sisyphos vollbringen mußte. Aber immerhin gab es erste, wenn auch kleine Erfolge. Inzwischen wurde Burgenländisches durch Reichsnaturschutzgesetz abgelöst, die Bemühungen um Natur und eine wissenschaftliche Station aber fortgesetzt. Für 4 983 Reichsmark 96 Pfennige kaufte der Gau Niederdonau Fürst Paul Esterházy ein Grundstück mit fast 3,6 ha beim Illmitzer Gemeindewald ab, das als Stationsgelände vorgesehen war. An diesen oftmals schwierigen Ankaufsverhandlungen war der Ornithologe Rudolf TOMEK maßgeblich beteiligt, der aber noch im gleichen Jahr im Kriegseinsatz den Tod fand.

Für den Naturschutz standen zu Ende des Krieges die Dinge nicht schlecht: In den Zitzmannsdorfer Wiesen bestand ein von der Zoologisch-Botanischen Gesellschaft erworbenes Grundstück, Illmitzer Zicksee, Oberer Stinker und Lange Lacke waren Vollnaturschutzgebiete und ein Stationsgelände mit Gebäude für eine spätere Station, nicht fern von dem gegenwärtigen Institut, waren unter Dach und Fach gebracht. Wirtschaftliche Not und neuerliche gesetzliche Unsicherheit nach dem Krieg machten vieles zunichte. Das Stationsgebäude war zur Ruine geworden, für einen Neubau und die erforderlichen Zubauten gab es keinerlei Mittel. Das Reichsnaturschutzgesetz blieb bis zum neuerlichen Erscheinen eines Burgenländischen Landesgesetzes zwar in Kraft, doch übernahm der Österreichische Naturschutzbund einstweilen die bestehenden Schutzgebiete und stattete die Hinweistafeln mit russischer Übersetzung aus. Erst 1962 trat dann Burgenländisches Recht in Kraft, neuerlich war damit die Landesoberhoheit über Tiere und Pflanzen gegeben.

Wir sind der Meinung, daß die neunfache Aufteilung unserer kleinen Republik hinsichtlich Naturschutz und auch Jagdgesetzgebung nicht sinnvoll ist und ökologisch gesehen sogar oft katastrophale Auswirkungen hat. So, wenn eine Vogelart etwa ihr Brutgebiet in einem, ihr Futtergelände aber im anderen Bundesland hat und dieses dort zerstört wird. Oder wenn Schutz und Abschuß einer Art nur durch die politische Grenze getrennt sind: wehe dem Eichkätzchen, das sich in die Steiermark verirrt – hier wird es nämlich noch geschossen. Oder wenn eine Pflanze in drei aufeinanderstoßenden Ländern teils streng geschützt, teils pflückbar, teils nicht auf der Liste steht. Wer vermag diesen Wirrwarr österreichischer beamtlicher Sorge um die Kreatur noch zu überblicken? So sollten denn, wenn nicht nur Mensch, sondern auch Tier und Pflanze föderalistisch existieren müssen – ad maiorem gloria res publicae –, wenigstens die Maßnahmen gleich sein, und zwar zum Schutz der Art, wo nicht Schaden durch sie entsteht. Gesetzlosigkeit und Stillstand der Bemühungen um den Ausbau des Naturschutzes im Seewinkel richteten zwar keinen unmittelbaren Schaden an, doch wurden alle damals möglichen großen Chancen vertan, die rasch zu Nationalpark und zufriedenstellender Lösung geführt hätten. Land konnte billig erworben werden, alles war noch wie Jahrzehnte zuvor: der Einbruch des Weinbaues hatte noch nicht begonnen, Ziehbrunnen standen überall im Gelände und dienten Arbeitspferden, Rindern, Schweinen und Ziegen als Tränke, nur zögernd setzte der Traktorbetrieb zu Ende der fünfziger Jahre ein. Damals wäre auch der Fremdenverkehr noch vernünftig zu planen gewesen, man hätte ihm später nicht wertvolles Gelände opfern müssen. Und natürlich wäre bei geeigneter Aufklärung, Mitwirkung von Architekten das stilvolle Gesicht der Ortschaften erhalten geblieben, besonders wenn nicht geldträchtige Institutionen wie Banken und Post mit ihren abscheulichen Bauwerken Leitbilder geboten hätten.

So war zur Zeit des explosiven wirtschaftlichen Aufschwunges im nächsten Jahrzehnt nichts vorbereitet. Dagegen war es – wieder MACHURA – gelungen, eine Station bei Neusiedl zu gründen, für die ein Privater, Ing. HAULER, das Gelände großzügig zur Verfügung gestellt hatte. Am 14. Oktober 1950 wurde der hölzerne Pfahlbau im Beisein der Prominenz eröffnet, und die damals große Tageszeitung „Neues Österreich" schrieb darüber: „Unterrichtsminister Dr. HURDES, der in einer mit Schilf festlich geschmückten Zille über den See zur Biologischen Station gerudert wurde, bekannte sich in seiner Ansprache zum Naturschutzgedanken und gab seiner Befriedigung Ausdruck, daß der Neusiedlersee, ein besonderes Kleinod Österreichs, ja Europas, jetzt endlich wissenschaftlich erschlossen werde . . . Dr. MACHURA bat den Unterrichtsminister schließlich, sich für den Plan einzusetzen, den Neusiedlersee und seine einzigartige Umgebung zum ersten Östereichischen Nationalpark zu erklären." Und wenig später dieselbe Zeitung: „Ein vier bis sechs Quadratkilometer großes Terrain wird zum Naturschutzgebiet ausersehen; dort soll auch der erste Österreichische Nationalpark entstehen." Zehn Jahre später brannte das Stationsgebäude ab, diente mit seinen Nebengebäuden noch als Vogelstation und für ein Internationales Biologisches Programm, um dann in den Bereich des Yachtklubs aufzugehen. Da war aber unterdessen schon die ansehnliche Biologische Station bei Illmitz entstanden.

Die sechziger Jahre brachten das schon erwähnte Burgenländische Naturschutzgesetz, dessen Inhalt, was den Landschaftsschutz fast aller Seegemeinden anbelangt, wie eine himmlische Vision anmutet, denn da ist es verboten, „Landschaftsteile, bzw. Landschaftsbestandteile (sic!) zu verändern, zu beschädigen oder zu beseitigen oder überhaupt Eingriffe vorzunehmen, die geeignet sind, die Natur zu schädigen, den Naturgenuß zu beeinträchtigen, das Landschaftsbild zu verunstalten . . ." Insbesondere ist es gesetzlich verboten, „den natürlichen Zustand der Gewässer, Wasserflächen, Wasserläufe, Sumpf- und Schilfflächen, Wiesen, Hutweiden oder Waldflächen zu verändern". Nach fast zwanzig Jahren kennt man nun die irdischen Realitäten.

Um so mehr ist als wichtiges Naturschutzereignis dieses Jahrzehnts die Pacht der Apetloner Hutweiden durch den internationalen World Wildlife Fund (WWF) anzusehen, die auf Betreiben des Begründers der Österreichischen Vogelwarte Dr. FREUNDL zustande kam. Allein für diese 4,8 km², die zusammen mit den räumlich anschließenden Landesnaturschutzgebieten Lange Lacke und Wörtenlacken gegen 10 km² umfassen und diese Lacken vor landwirtschaftlicher Einengung bewahren, muß jährlich fast eine Million Schilling gezahlt werden. Zusätzlich

Der Ziehbrunnen hat seine Funktion in der motorisierten Landwirtschaft ohne Vieh verloren. Noch 1960 standen an die 80 solcher Puβtawahrzeichen im offenen Land. Mit dem Zunehmen des Reitsportes könnten sie wieder an Bedeutung gewinnen. (Östlich von Frauenkirchen, vor 15 Jahren.)

*Viele Lacken (hier: Runde Lacke, 56) lassen ein
Massenauftreten von Fadenalgen (Cladophora) erkennen.
Als sogenanntes „Meteorpapier" bleiben sie auf dem
abgetrockneten Lackengrund zurück.*

*Salzweiß, Rapsgelb und Himmelsblau, sommerliche
Farbimpression. Stundlacke (27).*

Feierlicher Ernst eröffnet sich dem Besucher im Winterhalbjahr. Stundlacke (27).

Leithagebirge, See und vielfach noch natürliches Uferland, wie innerhalb der Zitzmannsdorfer Wiesen, bilden eine harmonische Einheit.

Große Gutshöfe, errichtet während der letzten 100 Jahre,
fügen sich oft vorbildlich in die Landschaft. Ihr teilweiser
Verfall ist bedauerlich, könnten sie doch in den Dienst des
Fremdenverkehrs gestellt werden.

*Amphibische Landschaft Seewinkel. Links oben: Die
bereits verschwundene Martenthallacke (20). Links unten:
Hanság, im Frühjahr bisweilen überschwemmt. Rechts*

*oben: Ehemaliger Torfstich. Rechts unten: Schilfbrand
beim Illmitzer Zicksee, eine durchaus ernstzunehmende
Maßnahme gegen rasches Schilfwachstum infolge Viehschwundes.*

Der Einzug des Ghettotourismus scheint unaufhaltsam:
Wertvollstes Seewinkelland versinkt unter dem Beton der
„Pannonia" (links), unter Wohnwagensiedlungen
(Podersdorf, rechts oben) und unter Ferienparadiesen im
„Burgenland-Look" (Weiden, rechts unten).

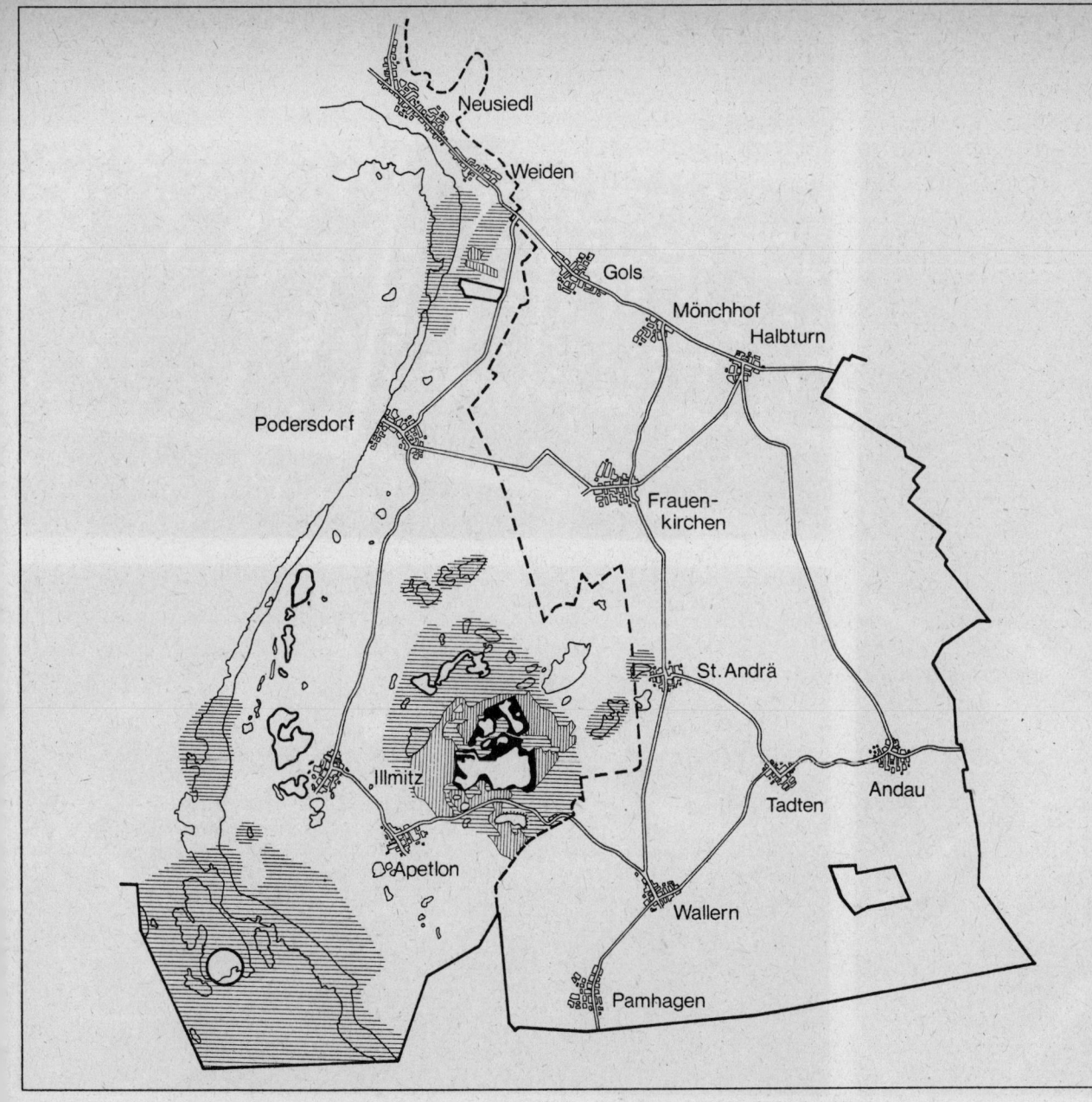

Abbildung 25: Landschafts- und Naturschutz im Seewinkel. Westgrenze Landschaftsschutz: gestrichelte Linie
Naturschutz seitens des Landes: dick gerandet Dringend erforderliche Erweiterung des
Naturschutz seitens des WWF: vertikale Schraffur Vollnaturschutzes: horizontale Schraffur

wurden vom WWF Jagdpachtgebiete mit einer Ausdehnung von 3,6 km² hier und von fast 15 km² im Raum Sandeck übernommen, um Wasser- und Greifvögel zu schützen. Schließlich betreut der WWF auch noch 2 ha der Zitzmannsdorfer Wiesen und ist damit zum prominenten Anwalt in Sachen Seewinkel geworden. Hier scheinen auch weiterhin die größten Chancen für unser Gebiet zu liegen, dann nämlich, wenn es gelingen würde, die Mitgliederzahl des WWF in Österreich von derzeit rund 6 000 auf eine Größenordnung wie in der Schweiz mit über 100 000 anzuheben. Geld und politische Mitsprache wären die wünschenswerte Folge, und auf beides wird es in Zukunft in vermehrtem Ausmaß ankommen. Außerdem hat der WWF mit zahlreichen Gebieten auch außerhalb des Burgenlandes und ebenso jenseits der österreichischen Grenzen jene großräumige Strategie, die dem Landesschutz abgeht.

Inzwischen hatte aber die Expansion von Weinbau und Fremdenverkehr eingesetzt. Konnte man zu Ende der fünfziger Jahre in Illmitz nur wenige Zimmer mit Kaltwasser als Unterkunft beziehen, so kletterten die Nächtigungen auf gegen 30 000 zu Ende der sechziger Jahre, und die Gesamtzahl im Seewinkel stieg auf rund 370 000 an. Die rasche Demolierung der Altfassaden, wohlgemerkt an heute noch bestehenden Althäusern, nahm trotz R. Rainers Mahnung „Anonymes Bauen im Burgenland" ihren Anfang mit einem kräftigen Forte. Zerstörung von Feuchtwiesen und vor allem des Hanság, von Lackengründen waren bedrohliche Symptome für die Weiterentwicklung. Am St. Andräer Zicksee entstand das erste Touristenghetto.

So war es gut, daß WWF- und Landesschutzgebiete, zusätzlich auch ein kleines Stück Zitzmannsdorfer Wiesen unter Obhut des Österreichischen Naturschutzbundes, als Bastionen gegen die weithin um sich greifende Landschaftszerstörung bestanden, die es zu verteidigen galt und – wie die prekäre Pachtsituation des WWF zeigt – noch immer gilt.

1970 hätte das Naturschutzjahr guten Grund für Aktivitäten geboten, statt dessen war es nur der Einsatz zu einem Prestissimo der Zerstörung, die bis heute anhält. Und in diesem Jahrzehnt schnellte die Zahl der

Nächtigungen auf fast 800 000 (!) und wird die Millionenmarke demnächst überschreiten. 1971 konnte die Biologische Station Illmitz, ein Institut des Landes, mit rund 10 Millionen Schilling Baukosten eröffnet werden, ein Verdienst des Paläontologen SAUERZOPF, der damit einen wichtigen Stützpunkt für Forschung und Möglichkeiten für die Überwachung des Naturschutzes schuf.

1971 zeichnete sich aber auch das erste Mal eine Wende ab: Das Projekt Seebrücke, gegen das sich nicht nur österreichweit, sondern über die Grenzen hinaus Tausende einmütig erhoben, wurde nicht verwirklicht. Und dies, obschon gar nicht solange zuvor noch ein Damm quer durch den See gutgeheißen worden war. Nur Geldmangel retteten damals See und Seewinkel. Der Naturschutzerfolg war aber sonst bescheiden: Viel zu spät und erst nach Trockenlegung der stehenden Gewässer und der Sumpfwiesen wurde ein rund 150 ha großes Gebiet mit sterbenden Moorbirken im Hanság unter Schutz gestellt.

1976 fand anläßlich des Kongresses der UNESCO in Wien über das Programm „Mensch und Biosphäre" eine Exkursion zum Neusiedlersee und in den Seewinkel statt, an der Mitglieder des Programmbüros und des Sekretariats in Paris teilnahmen. Der Eindruck, den die Besucher aus fast allen Kontinenten vom Seewinkel im Gebiet der Langen Lacke erhielten, war auffallend negativ: die Weingärten mit ihren Knallapparaten, der Mangel an eigentlichen Kernzonen und der unruhige, zerrissene Grenzverlauf der Schutzzonen hielten die Büromitglieder davon ab, eines der Seewinkelgebiete zum „Biosphere Reserve" zu erklären. Lediglich der Neusiedlersee mit seinem Schilfgürtel bekam 1977 diesen Status. Wenig später erfolgte diese Erklärung der UNESCO in Paris auch für den ungarischen Teil. Der Dank Österreichs war die Zerstörung des Schilfgürtels bei Breitenbrunn, bei Neusiedl, bei Jois und bei Rust.

1980 wurde schließlich anläßlich einer UNESCO-Tagung in Ödenburg die Bildung einer ungarisch-österreichischen Kommission vorgeschlagen, welche die Interessen des grenzüberschreitenden Biosphere Reserve und damit auch des westlichen Uferstreifens des Seewinkels wahrnehmen soll. Da sie sich zusätzlich auch mit dem Vogelschutz zu befassen hat, wird damit unser Gebiet von dieser Seite her in die Tätigkeit dieser internationalen Gruppe einbezogen sein.

Im gleichen Jahr ergriff außerdem die Burgenländische Landesregierung mit der Gründung einer Arbeitsgemeinschaft Gesamtkonzept Neusiedlersee eine Initiative, die eine befriedigende Raumplanung und einverständliche Nutzung auch des Seewinkels zum Ziel hat. Der Beginn dieser Tätigkeit ist vielversprechend, und man möchte wünschen, daß sie nach dem Mißlingen bisheriger Raumordnungsversuche von Erfolg gekrönt werden möge, wobei im Seewinkel Landschafts- und Naturschutz unbedingt Priorität besitzen müssen.

So haben sich zugunsten einer naturfreundlichen Ordnung internationale und Landesaktivitäten konsolidiert, und man möchte daraus gerne schließen, daß nun alles zum besten stünde: doch weit gefehlt. Denn gerade in den siebziger Jahren und noch gegenwärtig wurde und wird mehr Seewinkelland verdorben als je zuvor. Schon die Ankündigung der Burgenländischen Landesregierung in ihrem Überblick über den Fremdenverkehr 1970 bis 1979 zerstört viele Hoffnungen. Dort heißt es nämlich: „Im übrigen wird der große Sprung nach vorne im burgenländischen Fremdenverkehr erst ab 1983 so richtig sichtbar werden. . . Auch die Feriensiedlung Pannonia in Pamhagen (Seewinkel) wird in diesem Jahr [neben Fertigstellung diverser Hotelbauten, d. Verf.] ihre volle Ausbaustufe erreichen [etwa 3 000 Personen, Anm. d. Verf.]."
Weiters heißt es in diesem Heft: „So entsteht derzeit . . . rund um den Neusiedlersee ein Radfahrweg mit einer Gesamtlänge von ca. 83 km", wogegen noch nichts einzuwenden wäre, wenn nicht auch stünde: „Ein Teil der geplanten Trasse ist bereits asphaltiert. Im Endausbau soll jedoch der ganze Radwanderweg mit einer Schwarzdecke versehen werden . . . die Radfahrer fahren am Ufer des Sees, durchqueren Weingärten und Getreidefelder, Naturschutzgebiete und Vogelreservate (sic!)." So wird also auch auf der „Gegenseite" geplant, und zwar vorläufig ohne Rücksicht auf eine Optimierung aller und damit eben auch der Naturschutzbedürfnisse. Rücksichtslosigkeit und Indolenz haben auch im vergangenen Jahrzehnt zu unwiederbringlichen Verlusten geführt. Neuen Feriensiedlungen und Schottergruben wurden Lacken und Feuchtwiesen geopfert, der Weinbau engt mehr und mehr Landschaftsreste ein, die zum Teil dem Untergang geweiht sind.

So bleibt eine erschreckende Vision vom künftigen Seewinkel als Marchfeld in seinen schlechtesten Abschnitten bestehen: Feriensiedlungen rund um ehemalige Lacken, die als Badeseen ausgebaut sind, Unterhaltungsrummel, mit oder ohne Disney-Land, Sportgelände aller Art, endlich völlig gelungener Fasanenschutz, also eine Landschaft und Landwirtschaft ohne „Raubzeug", aber auch ohne lästige Insekten, die ohnehin nur dem Vergnügen verrückter Naturschützer dienten. Seewinkel total und sozial, für Ghettotourismus und für Investment kapitalkräftiger Institutionen, befördert durch die fertiggestellte Autobahn Ost, die nicht nur der Zerstörung der Parndorfer Platte dient, sondern auch mit Zubringern den Schnellverkehr in und durch das einstmals ruhige und beruhigende Land treibt. Daß diese Vision nicht so daneben ist, lassen Werbeprospekte für das neue Ferienglück in der Pannonia-Siedlung erkennen: „Dazu kommen: Badesee, Thermalbad, Sauna, Tennisplätze, Minigolfplatz, Wanderwege, Sport- und Spielplätze, Bogenschießstand, Federballanlage, Freiluftschach etc.", und dreist heißt es weiter: „Es gibt kaum ein anderes Ferienzentrum, das sich so harmonisch und stilecht in die Natur einfügt." Fürwahr, der Stil ist bestechend: Trostloses Grünland, kombiniert mit Kitsch mißverstandener Folklore. Und wer sich der Mühe unterzieht, die Werbeprospekte auch ähnlicher Unternehmen anzusehen, dem wird es wohl klarwerden, daß es etwas viel Schlimmeres als schlechteste Marchfeldlandschaft geben könnte, nämlich den Seewinkel der Zukunft.

Ausblick und mögliche Lösungen

Es ist doch auch bemerkenswerth zu achten,
zu sehen, wie Teufel die Natur betrachten.
                Johann Wolfgang von Goethe, Faust, 2. Teil

Damit kommen wir zum Ende unserer Ausführungen. Auch der skeptische Leser wird wohl kaum das erdrückende Beweismaterial für die Einmaligkeit des Seewinkels übersehen können, dem die Ornithologen längst offiziell internationalen Rang zuerkennen. Dieser Bewertung können sich Limnologen, Botaniker und Zoologen aller übrigen Tiergruppen nur einmütig anschließen. Selbst verwöhnte, weltweit orientierte Ökologen, welchen die afrikanischen Tierschutzgebiete ebenso wie jene der übrigen Kontinente vertraut sind, werden ohne weiteres diesem internationalen Stellenwert zustimmen. Nicht an die letzte Stelle darf die große landschaftliche Schönheit des Gebietes gerückt werden, die mit der geschilderten Vielfalt innig verknüpft ist und die sich dem flüchtigen Besucher nur zögernd oder gar nicht, dem aufmerksamen Beobachter in ihrer ganzen Großartigkeit erschließt.

Schon deshalb kann und darf der Seewinkel nie Schauplatz für einen Massentourismus werden, dessen Bedürfnisse mit Sonnenbräunung und Pußtaschnitzel, mit Badeteich und Spielrasen abgesättigt werden können. Zu viele Landschaftsopfer haben die Welt und Österreich schon dieser sicher nötigen Rekreationssparte gebracht, die genausogut in wertarmer Landschaft zu zelebrieren ist. Den Endzustand, auf den die „Organisatoren" des Massentourismus abzielen, kann man an der Adriaküste genauso wie am St. Andräer Zicksee betrachten, und gerade deshalb sollten im Seewinkel Wohnwagen- oder andere Touristenghettos niemals entstehen dürfen – bescheidener –, keine weiteren angelegt werden. Die Vernichtung von Seewinkellandschaft durch bereits bestehende ist schlimm genug; zwei Lacken und mehrere Feuchträume, herrliches Wanderland sind ihnen zum Opfer gefallen, und der Appetit schönheitsblinder Profitmacher ist weiterhin groß.

Wir bekennen uns zum Schutz der Seewinkellandschaft in Zusammenarbeit mit der Bevölkerung und einem Qualitätstourismus, – eine Befragung der Touristen in Illmitz hat ergeben, daß mehr als 80% von ihnen der Tiere und Pflanzen wegen in den Seewinkel kommen –, dem Siedeln im Ortsbereich oder in aufgegebenen Großgehöften schon deshalb am Herzen liegen muß, um jeden Quadratmeter dieser ineinander verwobenen Kultur- und Naturlandschaft zu schonen. Wer hierher reist, soll es der Eigenart, der Vielfalt, der Schönheit dieses Landes wegen tun und mit dem Bewußtsein, daß hier eine klein gewordene Arche Noah voll mit überlebenwollenden Lebewesen für künftige Zeiten bewahrt werden muß. Sind schon die Ortsbilder leichtsinnig und vielfach ohne Notwendigkeit verspielt worden, so sollten wenigstens Salzsteppen, Wiesenländereien, Lacken und das rundum schöne Land erhalten werden. Wer hier wohnt, sollte endlich erkennen, daß er in herrlichem Land siedelt, wie dies dem Heimischen der Alpenlandschaft längst selbstverständlich ist, wie es die meisten schon seit fast hundert Jahren wissen, die ihren Bauernhof in Österreichs Seelandschaften stehen haben. Mehr und mehr gewinnt diese Einstellung nun endlich auch hier an Boden. Junge Menschen, aber auch in zunehmendem Maß ältere Seewinkler erkennen den Aberwitz geschmacklosen Holidayrummels, des gigantomanen Straßenbaubedürfnisses unvernünftiger Planer und der Caorle-Mentalität des Wohnwagen- oder „Scheißerlbarock"-Siedlers, dem Unwiederbringliches geopfert wird.

Was soll also geschehen, wie sind die Aussichten? Wird es uns wie Kassandra ergehen, deren Warnungen vor dem hölzernen Pferd, hier der zerstörerischen Geschäftemacherei, vor dem Untergang der Stadt, hier des Gevieretes östlich vom See, vergeblich waren? Bleiben wir zunächst bei dem, was sofort zu tun wäre, und gehen wir von der Arche-Noah-Idee aus, so gilt es dringend, zunächst jene Räume zu definieren, die unbedingt Schutz mit oder ohne Management benötigen.

Unter den Lacken sind es vor allem die „Schwarzlacken", deren Bestand am meisten gelitten hat. Sieht man von den Herrnseen ab, so sind der gesamte Hanság-Bestand, die Lacken im Raum südlich von Apetlon, der Dorfsee bei Wallern zerstört. Szerdahelyer Lacke, Hollabernlacke und Einsetzlacke sind stark angeschlagen. Die Forderung, die sich daraus ableitet: Alle Schwarzlacken sind zu erhalten, die gestörten und womöglich der Dorfsee wären zu restaurieren beziehungsweise wieder einzurichten.

Alle übrigen Lacken sind mit einem entsprechend breiten Ufergelände zu erhalten, Dünge- und Pestizidstrategie sollten auf Vermeidung eines Eintrages in die Lacken abgestimmt sein. Kommerzielle Fischerei hat in den Lacken nichts zu suchen: sie ist ein unverantwortlicher und völlig unnötiger Störfaktor. Wo Fische natürlicherweise über den Einser- und den Zweierkanal in manche Lacken vorzudringen vermögen und sich dort auch halten, ist wegen der positiven Rückwirkung auf Fischfresser – vor allem Vögel – nichts einzuwenden, doch müssen hinreichend viele Lacken diesem Einfluß entzogen bleiben, um die Kiemenfuß-Fauna (Anostraka) zu erhalten. Dies führt gleich zur Frage des Kanalnetzes, bei dem durch entsprechend bediente Schleusen für Wasser-Rückhalt in trockenen Jahren zu sorgen ist, so als bestünde das Entwässerungsnetz nicht. Zusätzlich ist hier wieder die Pestizidproblematik zu beachten.

Das rasch fortschreitende Schilfwachstum bedarf gleichfalls dringlich einer Kontrolle, um der Strandfauna gegenüber der Schilffauna wieder mehr Raum zu bieten. Der starke Rückgang des Seeregenpfeifers und das Erlöschen des Brutvorkommens der Zwergseeschwalbe sind dringende Mahnung dazu.

Ebenso schlimm wie mit den Schwarzlacken ist es mit den Feuchtwiesen und Sümpfen bestellt, deren Umfang durch den Verlust des größten Anteiles der Hanságfläche auf kleine Reste zusammengeschmolzen ist. Mit zum Besten gehören hier noch die Zitzmannsdorfer Wiesen, die in viel größerem Umfang schutzwürdig sind. Der Verlust der Wiesenotter ist die Warnung. Sehr zu begrüßen ist, daß das Land 1981 für mehr als eine Million Schilling hier Wiesenparzellen angekauft hat.

Die Hutweiden bleiben in ihrer Eigenart, ihrem ursprünglichen Reichtum an Dungbewohnern, nur erhalten, wenn Viehauftrieb für die biotopformende Tritt-, Fraß- und Dungwirkung sorgt (FESTETICS 1970). Dabei ist Rindern wegen der schonenden Beweidung Vorzug zu geben, doch könnte kleinräumig auch an Schafe gedacht werden. Es steht außer Zweifel, daß diese Beweidung Geld kosten wird, wenngleich mit den großhörnigen Steppenrindern und den Zackelschafen zusätzliche Attraktion für

Tierfreunde geboten werden könnte. Der Viehauftrieb wäre gleichzeitig auch eine der Maßnahmen zur Einschränkung des Schilfwachstums und das einzige kostspielige Management, könnte aber mit der Bewahrung selten gewordener Rinderrassen verknüpft werden.

Ein weiterer wichtiger Landschaftsteil, hauptsächlich vom Weinbau bedroht, ist die xerotherme Zone des Seedamms, Standort so vieler seltener Wirbelloser und Vögel. Sie bedürfte ebenso wie die extremen Salzflächen und die Trockenrasenreste sowie die Abbrüche der Parndorfer Platte lediglich des Schutzes.

Das Inventar der Arche Noah wäre damit grob umrissen. Wie sollte nun das Schiff selbst aussehen? Im vorangegangenen Abschnitt wurde bereits ausführlich der gegenwärtige Bestand der Landes- und der WWF-Reservate sowie des Österreichischen Naturschutzbundes geschildert: einer westlichen Gruppe von fünf Gebieten stehen eine zentrale mit ebensoviel und das kleine Hanság-Gebiet gegenüber.

In der westlichen Gruppe sollten vor allem die Zitzmannsdorfer Wiesen in weitaus größerem Umfang Schutzbestimmungen unterworfen werden. Die westlich und südlich des Unteren Stinkers zwischen diesem und dem Illmitzer Zicksee vermittelnden Lacken wären mit ihrem Umland in die bestehenden Naturschutzgebiete der Stinker und der Illmitzer Zickseen einzubinden und im Süden der Westgruppe der Raum Neudegg bis Sandeck gemeinsam mit dem Südteil des Sees als neues großes Schutzgebiet zu schaffen: Die Sicherstellung der damit gewonnenen Feuchtwiesen im Vorland des Sees würde wenigstens teilweise den Verlust des Geländes im Raum der ehemaligen Pimezlacke und vieler anderer Feuchtbiotope „ausgleichen". Außerdem käme damit die Verbindung mit dem ungarischen Naturschutzraum im Neusiedlerseegebiet zustande.

In der zentralen Schutzraum-Gruppe Lange Lacke –Wörtenlacke sollten die landwirtschaftlichen Enklaven mit ihren Störeffekten beseitigt und das Gebiet Martinhof- und Krainerlacke „landfest" damit verbunden werden. Szerdahelyer Lacke und der Raum Ochsenbrunn–Birnbaumlacke wären als zusätzliche

Schutzgebiete im ersten Fall dringendst erforderlich, im zweiten wünschenswert. Die Lacken nordöstlich von Tadten (Salziger See) und der Dorfsee östlich von Wallern sollte man teilweise restaurieren und unter Schutz stellen. Schließlich müßte das Hanság-Schutzgebiet flächenmäßig mindestens verdoppelt werden. Reste der Trockenrasen am Abfall der Parndorfer Platte, dort gelegene Abbrüche sollten wenigstens als Naturdenkmale bestehen bleiben (wie es die Neusiedler Uferschwalbenkolonie bereits ist).

Es mag nun wohl vermessen erscheinen, die Arche Noah so frei – noch lange nicht großzügig – zu entwerfen. Denn ihre Verwirklichung bedeutet ja Kauf und Austausch von Grundstücken, Pachten und vielfältige Geschäfte. Doch es scheint nur vermessen. Ein Staat, dessen mit Recht gepriesene, weltweit anerkannte Oper jährlich gerne Millionen für ihren Rang aufwenden soll und mit gerechtfertigtem Selbstverständnis diese Mittel aufbringt, darf mit seinen kostbaren, unersetzlichen Naturgütern nicht zimperlich verfahren. Unser ganzes Land sollte endlich zusammenstehen, um die noch immer im Vergleich mit Spitalsbau und internationalen Zentren niedrigen Kosten zu decken. Wo ein Kulturgroschen existiert, sollte ein Naturgroschen selbstverständlich sein. Und wo dieser Einsatz Unwiederbringliches rettet, sollte rasch gehandelt werden.

Existiert sie einmal, diese Arche Noah, dann müßte nur noch ihr Vorrang im Umkreis beachtet werden, Ordnung und Gesetz also, die nur Einsicht, kaum aber Geld kosten.

Die Jagd betreffend: Der Seewinkel ist kein Raum für Giftköder- und Schlageisenstrategie. Jäger, die Gifteier benützen, sollten eigentlich, wie Autowildlinge die Fahrschule, die Jagdprüfung wiederholen. Diese Maßnahme, Ausdruck höchster Barbarei, gehört endlich aus unserem Land verbannt. Aber auch die Schlageisen widersprechen dem Paragraphen gegen Tierquälerei und stehen in krassem Gegensatz zum eingeführten Greifvogelschutz. Kein jagdlicher Sinn ist mit ihnen in Einklang zu bringen. Ganz ehrliche Jäger geben auch zu, daß Beutemachen seltener Trophäen einziger und archaischer Zweck dieser Tiervernichtung ist. Gerade die seltenen Trophäen aber sollen im Seewinkel erhalten bleiben. Aber auch die Artenzahl der jagdbaren Vögel wäre zu revidieren: Sumpfschnepfen gebührt hier Schutz, und auch die Jagd auf Gänse ist problematisch, wenn man bedenkt, daß der Abschuß einer Graugans im benachbarten ungarischen Raum mit 30 000 Forint, also einer Jahreslöhnung für einen Mittelschullehrer, bestraft wird. Die derzeit bestehende illegale Jagd, die dem Präparatoren-Handwerk dient, bedarf keiner weiteren Diskussion. Sie ist ebenso wie Ei- und Brutraub eine Folge des bestehenden Schlendrians.

Den Tourismus betreffend: Hier ist alles zu unternehmen, um den wachsenden Besucherstrom durch eine geeignete Wegstrategie von absoluten Ruhezonen, den Kernzonen aller Teilgebiete, abzuhalten, gleichzeitig darf keine Anstrengung zu gering sein, dem interessierten Besucher ein Maximum an Wissen durch Lehrpfade, Beobachtungsstände und Broschüren anzubieten. Er soll ja als „stiller Teilhaber" des Gebietes mithelfen, der Schutzvorstellung durch eigene Beobachtungen und Mitarbeit zum Durchbruch zu verhelfen.

Die Bevölkerung betreffend: Mit ihr zusammenarbeiten, sie durch diese ehrliche Partnerschaft vor unnützen Zerstörungen ihres größten Kapitals, ihrer Landschaft, bewahren. Ihr die wichtige Erkenntnis der großen Lebensraum- und Lebensqualität vermitteln. Ob es gelingt, diese Arche Noah vom Stapel laufen zu lassen, ob es möglich sein wird, die nun bald 40 Jahre alte Idee eines Nationalparks Neusiedlersee–Seewinkel zu verwirklichen, wo Vorarlberger und Tiroler genauso helfen, ein Gebiet zu hüten, das sich kontinentweit der Bewunderung und der Sympathie erfreut? Wir glauben es, wie schon einleitend festgestellt, und legen dieses Buch als Memento, als Mahnruf, der Öffentlichkeit vor, gleichzeitig aber auch als Mahnung in letzter Minute vor der endgültigen Vernichtung unwiederbringlicher Landschaft.

149

Literatur

Vorangestellt sind allgemeine Arbeiten über Neusiedler See – Seewinkelgebiet. Das (bei weitem nicht vollständige) Schrifttum ist nach Kapiteln geordnet. Für die Bestimmung der Wirbeltiere empfehlen wir die am Ende angeführten Werke, für jene der Wirbellosen wird man in den meisten Fällen Spezialliteratur heranziehen müssen. Eine Ausnahme davon gilt für die Libellen, die im Kosmos-Taschenführer „Unsere Libellen", 1978, von G. Juritza hinreichend dargestellt sind. Zuletzt wird noch eine Liste der mit dem Seewinkel in Zusammenhang stehenden Dissertationen und Habilitationsschriften geboten: Viele der in diesen Arbeiten erwähnten wertvollen Standorte sind für immer dahin.

Allgemeine Arbeiten

FRANZ, H., HÖFLER, K., UND SCHERF, E., 1937:
Zur Biosoziologie des Salzlachengebietes am Ostufer des Neusiedler Sees. Verh. Zool.-Bot. Ges. Wien, 86/87, 297–364.

KOENIG, O., 1961:
Das Buch vom Neusiedler See. Wollzeilenverlag Wien, 221–268.

LEISLER, B., 1979:
Neusiedler See. Reihe Nationalparks, Bd. 9, Kilda-Verlag, 62 ff.

LÖFFLER, H. 1974:
Der Neusiedler See. Naturgeschichte eines Steppensees. Molden, Wien–München–Zürich, 175 ff.

LÖFFLER, H. (ed.), 1979:
Neusiedler See: The Limnology of a Shallow Lake in Central Europe. Junk bv Publ. The Hague, 559 ff.

MACHURA, L., 1963:
Der Neusiedler See. Ein Kleinod Österreichs. Sensen Verlag, Wien, 41 ff.

SCHMELLER, A., 1974:
Das Burgenland, seine Kunstwerke, historischen Lebens- und Siedlungsformen. St. Peter, Salzburg, 243 ff.

Vorwort und Vorstellung

BROCKHAUSEN, K., 1923:
Der Friedensvertrag von Saint Germain in seinen kulturellen und wirtschaftlichen Auswirkungen. In: Neu Österreich, ed. E. Stephan, S. L. van Looy, Amsterdam, Wien, 615 ff.

FESTETICS, L., 1866:
Esterháza einst und jetzt. Jagd-Zeitung 24, 764–767.

Eine Landschaft entsteht: Noch ist vieles problematisch

BOBEK, M., LÖFFLER, H., & SCHULTZE, E., 1978:
Neue Daten zur Geschichte des Neusiedler Sees. Biol. Forschungsinst. Bgld., BFB 29, 5–10.

FINK, J., 1966:
Paläographie der Donau. – In: Limnologie der Donau, Schweizerbart, Stuttgart, 2, 1–50.

GATTINGER, T. E., 1975:
Das hydrogeologische Einzugsgebiet des Neusiedler Sees. – Verh. Geol. B.-A. 4, 331–346.

HUSZ, G., 1964:
Zur Kenntnis der quartären Sedimente des Seewinkelgebietes (Burgenland–Österreich). Wiss. Arb. Bgld. 32, 147–205.

KÜPPER, H., 1955:
Excursionen im Wiener Becken südlich der Donau mit Ausblicken in den Pannonischen Raum. – Beitr. Zur Pleistozänforschung in Öst. – Verh. Geol-Bundes Anst., 127–157.

Von der Bojerwüste zum modernen Erholungsraum (Zivilisationswüste)

BURGENLÄNDISCHE LANDESREGIERUNG, 1954:
Allgemeine Landestopographie des Burgenlandes. 1. Bd.: Der Verwaltungsbezirk Neusiedl am See. Selbstverlag, Landesarchiv, 431 ff.

BÓNA, I., 1976:
Der Anbruch des Mittelalters. Gepiden und Langobarden im Karpatenbecken. Hereditas, Corvina Verlag, 124 ff.

GUTKAS, K., 1973:
Geschichte Niederösterreichs. Nö. Pressehaus, 614 ff.

SZABÓ, M., 1976:
Auf den Spuren der Kelten in Ungarn. Hereditas, Corvina Verlag, 95 ff.

ZÖLLNER, E., 1971:
Geschichte Österreichs. Verl. Geschichte u. Politik, Wien, 4. Aufl., 680 ff.

Reste rasch schwindender Kultur

BURGENLÄNDISCHE LANDESREGIERUNG, 1954:
Allgemeine Landestopographie des Burgenlandes. 1. Bd.: Der Verwaltungsbezirk Neusiedl am See. Der Mensch im Raum, 17–135. Topographischer Teil: Rittsteuer, J., und Homma, J. K.: Kirche und Pfarre; Klier, K. M.: Volkskundliches.

DEHIO, 1976:
Die Kunstdenkmäler Österreichs. Burgenland. Anton Schroll & Co, Wien, 346 ff.

TAUBER, A. F., 1963:
Neusiedler See – Mineralwässer und Mineralwasserlagerstätte. Allgemeine Landestopographie des Burgenlandes, 2, 785–809.

THENIUS, E., 1975:
Niederösterreichs eiszeitliche Tierwelt. Wiss. Schriftenreihe Niederösterr., 10/11, 1–39.

Sonne und Salzböden: Klima und Bodenkunde

BADER, TH., 1948:
Die Landwirtschaft um den Neusiedler See. Landesforstinspektion f. d. Burgenland, 13–15.

DOBESCH, H., AND NEUWIRTH, F., 1979:
Climatic conditions. In: Neusiedlersee. Limnology of a shallow lake in Central Europe. Ed. H. Löffler, Dr. W. Junk. The Hague-Boston-London, 47–64.

HUSZ, G., 1967:
Ein Vergleich österreichischer und ungarischer Salzböden hinsichtlich ihres Chemismus und ihrer Textur. Wiss. Arb. Bgld. 38, 161–174.

LUCKSCHANDERL, H., 1978:
„Weinbau-Explosion" im Seewinkel. Flächenzunahme um fast 90 Prozent/Vermehrte Gefahr für den Neusiedler See durch Dünge- und Spritzmittel. IBF, 3107, 3.

NELHIEBEL, P., 1980:
Die Bodenverhältnisse des Seewinkels, – Biol. Forschg-Inst. Burgenland 37, 41–48.

NEUWIRTH, F., 1976:
Niederschlagsverhältnisse im Gebiet des Neusiedler Sees. Wetter und Leben, 28, 166–177.

REPP, G., 1951:
Kulturpflanzen in der Salzsteppe. Arb. Biol. Stat. Neusiedlersee, 5, 249–294.

SALZL-LIDY, R., 1978:
Der Weinbau im Seewinkel. Geogr. Jb. Bgld., 25–71.

Der Salzgarten Österreichs – Floristische Notizen

BECK VON MANNAGETTA, G., 1890:
Flora von Niederösterreich. I, II. Carl Gerold's Sohn, 430 ff.

HITSCHMANN, H. H., 1858:
Eine Excursion um den Neusiedler See. Österr. Bot. Zeitschr. 7, 221–228.

KORNHUBER, A., 1885:
Botanische Ausflüge in die Sumpfniederung des „Wasen" (Magyar. „Hansag"). Verhandl. d. k. k. zool.-bot. Ges. Wien, XXXV, 619–656.

NEILREICH, A., 1846:
Flora von Wien. Fr. Beck's Universitäts-Buchhandlung, 706 ff.

WENDELBERGER, G., 1949:
Botanische Kostbarkeiten des Neusiedler Sees. Bgld. Heimatbl. 11, 4, 183–188.

WENDELBERGER, G., 1950:
Zur Soziologie der kontinentalen Halophytenvegetation Mitteleuropas. Unter besonderer Berücksichtigung der Salzpflanzengesellschaften am Neusiedler See. Denkschriften Österr. Akad. Wiss., Math.-nat. Kl., 108, 5, 1–108.

Von Würmern, Schnecken, Spinnen

DIETZ, G., 1966:
Jahreszyklische faunistische und ökologische Untersuchung der Ciliatenfauna der Natrongewässer am Ostufer des Neusiedlersees. Diss. Univ. Wien, 229 ff.

GRAEFE, G., HOHORST, B., HOHORST, W., & ZILCH, A., 1972:
Zur Molluskenfauna des Neusiedler Sees (Burgenland, Österreich). Mitt. dtsch. malak. Ges. 2/23, 352–354.

GUNHOLD, P., U. PSCHORN–WALCHER, H., 1956:
Untersuchungen über die Mikrofauna von Verlandungs-, Steppen- und Waldböden im Neusiedlersee-Gebiet. Wiss. Arb. Bgld. 12, 1–24.

KEPKA, O., 1956:
Ein Beitrag zur Verbreitung und Biologie der Trombiculinae (Acari: Fam. Trombiculidae) im Burgenland. Wiss. Arb. Bgld. 16, 1–28.

KRAUS, H., 1965:
Zur Turbellarienfauna des Seewinkels im Neusiedlersee. Wiss. Arb. Bgld. 32, 60–115.

NEMENZ, H., 1958:
Beitrag zur Kenntnis der Spinnenfauna des Seewinkels (Burgenland, Österreich). Sitz. Ber. Österr. Akad. Wiss., Math.-nat. Kl. I., 167, 83–118.

SAUERZOPF, F., 1956:
Interessante Mollusken aus dem Burgenlande. Bgld. Heimatbl. 18, 1, 30–31.

SAUERZOPF, F., 1957:
Das Neusiedlerseegebiet und seine Malakofauna. Wiss. Arb. Bgld. 15, 5–47.

SCHUSTER, R., 1959:
Ökologisch-faunistische Untersuchungen an bodenbewohnenden Kleinarthropoden (speziell Oribatiden) des Salzlachengebietes im Seewinkel. Sitz. Ber. Österr. Akad. Wiss., Math.-nat. Kl., Abt. I, 168, 27–78.

Der liebe Gott und die Käfer – Das Heer der Insekten

ADLBAUER, K., UND HEISS, E., 1980:
Zur Wanzenfauna des Burgenlandes. (Insecta, Heteroptera). Natur und Umwelt Bgld. 3, 1–29.

EBNER, R., 1948:
Massenauftreten von Heuschrecken in Österreich im Sommer 1947. Bgld. Heimatbl. 10, 2/3, 37–42.

FRANZ, H., 1936:
Die thermophilen Elemente der mitteleuropäischen Fauna und ihre Beeinflussung durch die Klimaschwankungen der Quartärzeit. Zoogeographica 3, 2, 159–320.

FRANZ, H., 1964:
Beiträge zur Kenntnis der Käferfauna des Burgenlandes. Wiss. Arb. Bgld. 31, 34–155.

FRANZ, H., HÖFLER, K., SCHERF, E., 1937:
Zur Biosoziologie des Salzlackengebietes am Ostufer des Neusiedler See. – Verh. Zool.-Bot. Ges. Wien 86/87, 297–364.

KALTENBACH, A., 1970:
Zusammensetzung und Herkunft der Orthopterenfauna im pannonischen Raum Österreichs. Ann. Nat.-Hist. Mus. Wien 74, 159–186.

KASY, F., 1959:
Halophile Lepidopteren des Neusiedlerseegebietes. Verh. Zool.-Bot. Ges. Wien, 98/99, 13–25.

KASY, F., 1960:
Bemerkenswerte Lepidopteren des östlichen Neusiedler Seegebietes. Exkursionsführer XI. Internat. Entomologenkongr. Wien, Nat.-Hist. Mus. 22–24.

KÜHNELT, W., 1935:
Tierbeobachtungen am Neusiedler See. In: Das Ostufer des Neusiedler Sees. Heimat und Schule III, 227 ff.

KÜHNELT, W., 1961:
Zur Kennzeichnung der Arthropodenfauna. In: Das Buch vom Neusiedlersee, Wien, 231–236.

LÖDL, M., 1976:
Die Libellenfauna Österreichs. Linzer biol. Beitr. 8/1, 135–159.

MACHURA, L., 1935:
Ökologische Studien im Salzlackengebiet des Neusiedlersees, mit besonderer Berücksichtigung der halophilen Koleopteren- und Rhynchotenarten. Z. wiss. Zool. 146, 555–574.

MALICKY, H., 1968:
Faunistische und ökologische Notizen über Ameisen (Formicidae, Hymenoptera) aus dem Burgenland . . . Wiss. Arb. Bgld. 40, 60–78.

MALICKY, H., 1975:
Vergleichende Barberfallenuntersuchungen auf den Apetloner Hutweiden (Burgenland) und im Wiener Neustädter Steinfeld (Niederösterreich): Hummeln (Apidae), Orthoptera, Chilopoda und Vertebrata. Biol. Forschg-Inst. Bgld. 8, 1–13.

PETROWITZ, R., 1956:
Die koprophagen Scarabaeiden des nördlichen Burgenlandes. Wiss. Arb. Bgld. 13, 1–24.

PITTIONI, B., SCHMIDT, R., 1942:
Die Bienen des südöstlichen Niederdonau. I. Apidae, Podaliriidae, Xylocopidae und Ceratinidae. Niederdonau, Natur u. Kultur 19; 1–69.

PITTIONI, B., SCHMIDT, R., 1943:
Die Bienen des südöstlichen Niederdonau. II. Andrenidae und isoliert stehende Gattungen. Niederdonau, Natur u. Kultur 24, 1–89.

REDTENBACHER, L., 1849:
Fauna austriaca, Die Käfer. Wien.

STARK, W., 1980:
Ein Beitrag zur Kenntnis der Libellenfauna des nördlichen Burgenlandes. – Bgld. Heimatbl. 42, 49–68.

WERNER, F., 1932:
Die Orthopteren (Geradflügler) des nördlichen Burgenlandes. Bgld. Heimatbl. I, 103–106.

Die Kaltblüter des Seewinkels

ARNOLD, E. N., BURTON, J. A., 1979:
Pareys Reptilien- und Amphibienführer Europas. Paul Parey, Hamburg–Berlin, 270 ff.

FISCHER-NAGEL, A., 1977:
Untersuchungen zur Ökologie der Anuren im Seewinkel des Burgenlandes (Österreich). Diss. Univ. Berlin, 180 ff.

TUNNER, H. G., UND DOBROWSKY, M.-Th., 1976:
Zur morphologischen, serologischen und enzymologischen Differenzierung von Rana lessonae und der hybrido-genetischen Rana esculenta aus dem Seewinkel und dem Neusiedler See (Österreich, Burgenland). Zool. Anz. 197, 1/2, 6–22.

Scientia amabilis, die Ornithologie

ASCHENBRENNER, L., UND SCHIFTER, H., 1975:
Der Bestand des Weißstorches (Ciconia ciconia L.) in Österreich im Jahre 1974. Egretta 18, 1, 8–17.

BAUER, K., FREUNDL, H., LUGITSCH, R., 1955:
Weitere Beiträge zur Kenntnis der Vogelwelt des Neusiedlersee-Gebietes. Wiss. Arb. Bgld. 7, 1–123.

BAUER, K., UND ROKITANSKY, G., 1951:
Die Vögel Österreichs. Teil 1: Kritische Übersicht der bisher für Österreich nachgewiesenen Vogelarten und -rassen. Arb. Biol. Stat. Neusiedlersee 4, 1–45.

BÖCK, F., 1975:
Der Bestand des Graureihers (Ardea cinerea) in Österreich. Egretta 18, 2, 54–64.

FESTETICS, A., 1959:
Erster Brutnachweis der Schwarzkopfmöwe vom Neusiedlersee und ihre Verbreitung im Karpatenbecken. Egretta 2, 4, 67–74.

FESTETICS, A., 1970:
Die alten und ein neuer Brutplatz des Nachtreihers (Nycticorax nycticorax) in Österreich. Egretta 13, 2, 36–43.

FESTETICS, A., UND LEISLER, B., 1968:
Ökologische Probleme der Vögel des Neusiedler See-Gebietes, besonders des World-Wildlife-Fund-Reservates Seewinkel (I. Teil: Biogeographie des Gebietes, II. Teil: Schwimmvögel). Wiss. Arb. Bgld. 40, 83–130.

FESTETICS, A., UND LEISLER, B., 1970:
Ökologische Probleme der Vögel des Neusiedler See-Gebietes, besonders des World-Wildlife-Fund-Reservates Seewinkel (III. Teil: Möwen- und Watvögel, IV. Teil: Sumpf- und Feldvögel). Wiss. Arb. Bgld. 44, 301–386.

FRÜHSTÜCK, H., 1979:
Der Bestand des Weißstorches (Ciconia ciconia L.) im Burgenland in den Jahren 1977 und 1978. Egretta 22, 2, 76–78.

JUKOVITS, A., 1864/65:
Verzeichnis der am Neusiedlersee vorkommenden Vögel. Ver. Naturkunde, Preßburg, 8, 49–54.

KOENIG, O., 1951:
Das Aktionssystem der Bartmeise (Panurus biarmicus). Österr. Zool. Z. III, 1–82, 247–325.

LEISLER, B., 1969:
Beiträge zur Kenntnis der Ökologie der Anatiden des Seewinkels (Burgenland). Egretta 12, 1/2, 1–52.

NIETHAMMER, G., 1940:
Zum Brutvorkommen der Zwergschwalbe in der Ostmark. Ornith. Monatsber. 48.

REISER, O., 1884:
Jahresber. des Comites für ornithologische Beobachtungsstationen in Österreich und Ungarn IV.

SEITZ, A., 1942:
Die Brutvögel des „Seewinkels". Niederdonau, Natur u. Kultur 12, 1–52.

WINKLER, H., 1967:
Das Schmiedenverhalten des Blutspechtes (Dendrocopos syriacus). Egretta 10, 2, 1–8.

WINKLER, H., 1977:
Die ökologische Bedeutung der Limikolen. Biol. Forschungs. Arb. Bgld. 24, 2–14.

WINKLER, H., 1980:
Kiemenfüße (Branchinecta orientalis) als Limikolennahrung im Seewinkel. Egretta 23, 2, 60–61.

ZIMMERMANN, R., 1943:
Beiträge zur Kenntnis der Vogelwelt des Neusiedlersee-Gebietes. Ann. Nat.-Hist. Mus. Wien, 54, 1–272.

Der „Rohrwolf" kommt sicher nicht vor – Ein kleiner säugerkundlicher Überblick

BAUER, K., 1952:
Der Steppeniltis, Mustela eversmanni Lesson 1827 in Österreich. Säugetierkundl. Mitt. 1, 162–166.

BAUER, K., 1952:
Für das Burgenland neue Säugetiere. Bgld. Heimatbl. 15, 154–162.

BAUER, K., 1976:
Der Braunbrustigel Erinaceus europaeus L. in Niederösterreich. Ann. Nat.-Hist. Mus. Wien 80, 273–280.

FESTETICS, A., 1961:
Ährenmaushügel in Österreich. Z. Säugetierkunde 26, 2, 65–128.

GESNER, K., 1563:
Thierbuch, das ist ein kurtze Beschreybung aller vierfüssig Thieren etc . . . Christoffel Froschower. 172 ff.

MACHURA, L., 1947:
Die Streifenmaus, ein neues Säugetier für Österreich. Natur und Land, 34, 2, 48–49.

STRASCHIL, B., 1973:
Biologie und Verbreitung des Ziesels (Citellus citellus L.) in Österreich. Vivarium 3, 31–36.

THENIUS, E., 1975:
Niederösterreichs eiszeitliche Tierwelt. Wiss. Schriftenreihe Niederösterreich, 10, 11, 39 ff.

Sterbende Lacken (siehe auch Dissertationen)

BERGER, F., 1971:
Zur hydrochemischen Charakterisierung von Sodagewässern. Sitz. Ber. Österr. Akad. Wiss., Math.nat. Kl. 179, 171–181.

HUSTEDT, F., 1959: Die Diatomeenflora des Salzlackengebietes im österreichischen Burgenland. – Sitz. Ber. Österr. Akad. Wiss., Math.-nat. Kl. I, 168, 387–452.

HUTCHINSON, G. E., 1957:
A Treatise on Limnology I. – J. Wiley & Sons, 1015 ff.

KNIE, K., 1958:
Über den Chemismus der Gewässer im Seewinkel, der Salzlackensteppe Österreichs. Vom Wasser XXV, 117–126.

LEGLER, F., 1941:
Zur Ökologie der Diatomeen burgenländischer Natrontümpel. Sitz. Ber. Österr. Akad. Wiss., Math.nat. Kl. I, 150, 45–72.

LÖFFLER, H., 1957:
Vergleichende limnologische Untersuchungen an den Gewässern des Seewinkels (Burgenland). Verh. Zool.-Bot. Ges. Wien 97, 27–52.

LÖFFLER, H., 1959:
Zur Limnologie, Entomostraken- und Rotatorienfauna des Seewinkelgebietes (Burgenland, Österreich). Sitz. Ber. Österr. Akad. Wiss., Math.-nat. Kl. I, 168, 315–362.

LÖFFLER, H., 1960:
Die Entomostrakenfauna der Ziehbrunnen und einiger Quellen des nördlichen Burgenlandes. Wiss. Arb. Bgld. 24, 3–32.

PESCHEK, E., 1961:
Beiträge zur Biologie der Salzlacken im Neusiedler-See-Gebiet. Verh. Internat. Verein. Limnol. XIV, 1124–1131.

RIEDL, H., 1965:
Beiträge zur Morphogenese des Seewinkels. Wiss. Arb. Bgld. 34, 5–28.

STUNDL, K., 1938:
Limnologische Untersuchung von Salzgewässern und Ziehbrunnen im Burgenland (Niederdonau). XXXIV, 81–104.

TAUBER, A. F., KNIE, K., GAMS, H., PESCHEK, E., 1958:
Die artesischen Brunnen des Seewinkels im Burgenland. Wasser und Abwasser 2–55.

Seewinkel – Weg des Marchfeldes? Entwicklung des Naturschutzes. Ausblick und mögliche Lösungen

BERNATZIK, H. A., 1947:
Vogelparadies. Vogelwelt und Menschen in europäischen Rückzugsgebieten. Wagner'sche Univ.-Buchdruckerei, Innsbruck, 117 ff.

FESTETICS, A., 1970:
Einfluß der Beweidung auf Lebensraum und Tierwelt am Neusiedlersee. Zool. Anz. 184, 1/2, 1–17.

FESTETICS, A., 1971:
Das Niedermoor „Hanság" – Vorschlag zu einem burgenländischen Adler- und Trappenreservat. Natur und Land 57, 125–135.

FESTETICS, A., UND LEISLER, B., 1968:
Ecology of waterfowl in the region of Lake Neusiedl, Austria, particularly in the World Wildlife Fund Seewinkel Reserve. Wildfowl 19, 83–95.

FESTETICS, A., UND LEISLER, B., 1968:
Ökologische Probleme der Vögel des Neusiedlersee-Gebietes, besonders des World-Wildlife-Fund-Reservates Seewinkel (I. Teil: Biogeographie des Gebietes, II. Teil: Schwimmvögel). Wiss. Arb. Bgld. 40, 83–130.

FESTETICS, A., UND LEISLER, B., 1969:
Probleme der Vögel des Neusiedlersee-Gebietes, besonders des World-Wildlife-Fund-Reservates Seewinkel (III. Teil: Möwen- und Watvögel, IV. Teil: Sumpf- und Feldvögel). Wiss. Arb. Bgld. 44, 301–386.

JÄGER, W., UND KASTNER, F., 1970:
Fremdenverkehrsplanung Neusiedlersee. Österr. Inst. f. Raumplanung, Regionalplanung Neusiedlersee Ber. 65, Arb.Nr. 121 g, 174 ff.

LUKSCHANDERL, L., 1981:
„Den Neusiedler See kann man vergessen". Kosmos 4, 58–66.

PANNONIA, 1981:
Pannonia, Ferien wie noch nie!

SCHREIBER, G., 1980:
Konzeptklausur für ein Entwicklungsprogramm Nördliches Burgenland. Tagungsbericht. Amt Bgld. Landesreg., 38 ff.

UNGARISCHER FREMDENVERKEHRS-RAT, 1979:
Naturschutzgebiete in Ungarn.

Für die Bestimmung der Wirbeltiere empfohlene Literatur

ARNOLD, E. N., BURTON, J. A., 1979:
Pareys Reptilien- und Amphibienführer Europas. Paul Parey, Hamburg–Berlin.

VAN DEN BRINK, F. H., 1957:
Die Säugetiere Europas. Paul Parey, Hamburg–Berlin.

HEINZEL, H., FITTER, R., PARSLOW, J., 1954:
Pareys Vogelbuch. Alle Vögel Europas, Nordafrikas und des Mittleren Ostens. Paul Parey, Hamburg–Berlin.

LUTTENBERGER, F., 1978:
Die Schlangen Österreichs. Bestimmung, Ökologie, Verhalten, Fortpflanzung, Schlangenbiß. Facultas, Wien.

Dissertationen und Habilitationen aus dem Seewinkel

BODENKUNDE

GHOBADIAN, A., 1964:
Charakteristik einiger Böden des Seewinkels (Burgenland, Österreich) mit besonderer Berücksichtigung der Salzböden. Diss. Bodenkultur Wien.

HUSZ, G., 1962:
Untersuchungen über die Entstehung von Salzböden im Seewinkel (Burgenland) als erste Grundlage ihrer Melioration. Diss. Bodenkultur Wien.

BOTANIK

ALBERT, R., 1971:
Vergleichende Untersuchungen über den Mineralstoffhaushalt der Halophyten des Neusiedlerseegebietes. Diss. Univ. Wien.

EGGER, E., 1975:
Vergleichende Untersuchungen zur Permeabilität und Salzresistenz von Halo- und Glycophyten des Neusiedlersee-Gebietes. Diss. Univ. Wien.

ENGLMAIER, P., 1981:
Beiträge zur Kenntnis des Kohlehydrathaushaltes salztoleranter Puccinellia- und Festuca-Arten (Poaceen). Diss. Univ. Wien.

KOVARIK, U., 1963:
Zur Permeabilität und Salzresistenz einiger Diatomeen des Salzlachengebietes am Neusiedlersee. Diss. Univ. Wien.

KUSEL, H., 1962:
Permeabilitätsstudien an Oscillatorien. Diss. Univ. Wien.

LADENBURGER, K., 1979:
Untersuchungen zum Zusammenhang zwischen Blattalterung und Salzbelastung bei einigen Halophyten. Diss. Univ. Wien.

REPP, G., 1939:
Ökologische Untersuchungen im Halophytengebiet am Neusiedlersee. Diss. Univ. Wien.

WEISSENBÖCK, G., 1967:
Salz-, Trocken- und Strahlensukkulenz bei Pflanzen. Diss. Univ. Wien.

WENDELBERGER, G., 1941:
Die Vegetation der Salzlachen des Neusiedler Sees. Diss. Univ. Wien.

WENDELBERGER, G., 1950:
Die Vegetation auf den Salzböden des Neusiedlersees. Ein Beitrag zur vergleichenden Soziologie der Halophytenvegetation Mitteleuropas. Arb. Biol. Stat. Neusiedlersee 1, 1–180.

ZOOLOGIE

BAUERNFEIND, E., 1979:
Nahrungsökologie und Bestand der Graugans im österr. Neusiedlersee-Gebiet.

DICK, G., in Arbeit:
Ethoökologie des Nahrungserwerbs bei der Graugans.

DIETZ, G., 1966:
Jahreszyklische faunistische und ökologische Untersuchung der Ciliatenfauna der Natrongewässer am Ostufer des Neusiedlersees. Diss. Univ. Wien.

ELZEN, R. VAN DEN, 1972:
Nahrung und Nahrungserwerb der Bartmeise (Panurus biarmicus). Diss. Univ. Wien.

FISCHER-NAGEL, A., 1977:
Untersuchungen zur Ökologie der Anuren im Seewinkel des Burgenlandes (Österreich). Diplomarb. Freie Univ. Berlin.

GLATZ, A., 1976:
Biologie und Populationsdynamik zweier Hemipteren, Heteroptera, Corixidae (Sigara concinna und Sigara lateralis) eines alkalischen Gewässers (Birnbaumlacke) im Seewinkel – Burgenland. Diss. Univ. Wien, 122 ff.

PARZ-GOLLNER, R., in Arbeit:
Habitatwahl beim Kampfläufer.

HERZIG, A., 1973:
Phänologie, Populationsdynamik und Produktion des Crustaceenplanktons im Neusiedlersee. Diss. Univ. Wien

JUNGWIRTH, M., 1973:
Populationsdynamik und Populationsrate von Branchinecta orientalis (G. O. Sars – Crustacea, Anostraka) in der Birnbaumlacke (Seewinkel, Burgenland), unter besonderer Berücksichtigung der limnologischen Bedingungen dieses Gewässers. Diss. Univ. Wien.

KÖFLER, D., 1975:
Zur Faunistik und Ökologie der Wassermilben des Neusiedlersee-Gebietes. Diss. Univ. Wien.

KRAUS, H., 1965:
Zur Turbellarienfauna des Seewinkels im Neusiedlersee. Wiss. Arb. Bgld. 32, 60–115.

LEISLER, B., 1970:
Vergleichende Untersuchungen zur ökologischen und systematischen Stellung des Mariskensängers (Acrocephalus [Luscinicola] melanopogon), ausgeführt am Neusiedlersee.

MÜLLER, Ch. in Arbeit:
Ökologie und Verhalten des Löfflers im Neusiedlerseegebiet.

NEWRKLA, P., 1974:
Populationsdynamik, Produktion und Respiration von Arctodiaptomus spinosus (Daday) in einem alkalischen Kleingewässer (Birnbaumlacke, Zicklackengebiet, Burgenland). Diss. Univ. Wien.

RAUER, J., in Arbeit:
Ethoökologie des Nahrungserwerbs bei der Uferschnepfe.

SPITZER, G., 1970:
Jahreszeitliche Aspekte der Biologie der Bartmeise (Panurus biarmicus).

URSPRUNG, J., in Arbeit:
Interspezifische Funktion von Rohrsängergesängen.

WINKLER, H.-CH., 1970:
Zur Bionomie des Blutspechtes (Dendrocopus syriacus).

ZAKOVSEK, G., 1961:
Jahreszyklische Untersuchungen am Zooplankton des Neusiedlersees mit Berücksichtigung der meteorologischen und chemischen Verhältnisse. Wiss. Arb. Bgld. 27, 1–85.

METEOROLOGIE

DARNHOFER, T., 1971:
Verdunstungsstudien im Schilfgürtel des Neusiedler Sees. Diss. Univ. Wien.

HAHN, F., 1972:
Mikroklimatische Studien im Gebiet des Neusiedlersees. Diss. Univ. Wien.

HAMMER, N., 1976:
Ergebnisse von Registrierungen der Wassertemperatur im Neusiedler See unter Berücksichtigung der Beeinflussung durch meteorologische Faktoren. Diss. Univ. Wien.

HANN, W., in Arbeit:
Seespiegelschwankungen des Neusiedlersees. Diss. Univ. Wien.

HARFLINGER, O., 1969:
Hydrometeorologische Studien im Gebiet des Seewinkels. Diss. Univ. Wien.

KOCH, E., 1976:
Der Strahlungshaushalt des Neusiedler Sees. Diss. Univ. Wien.

PANOSCH, K., 1973:
Das Lichtklima des Neusiedlersees. Diss. Univ. Wien.

ZIMMERMANN, U., 1969:
Bilanzierung von Seen mit Hilfe von stabilen Isotopen. Diss. Univ. Wien.

Artenliste (wissenschaftliche Namen) der im Seewinkel vorkommenden Wirbeltiere

● Seltene Durchzügler bzw. (fast) erloschenes Vorkommen

KLASSE TELEOSTOMI (Fische)

Anguilla anguilla (L.) (Anguillidae)
Ctenopharyngodon idella (Val.) (Cyprinidae)
Cyprinus carpio L. (Cyprinidae)
Esox lucius L. (Esocidae)
Hypophthalmichthys molitrix (Val.) (Cyprinidae)
Misgurnus fossilis (L.) (Cobitidae) 133
Pelecus cultratus (L.) (Cyprinidae) 133
● Proterorhinus marmoratus (Pallas) (Gobiidae) 133
● Umbra krameri Walb. (Umbridae) 133

KLASSE AMPHIBIA (Amphibien)
(H. Tunner, Wien)

Bombina bombina (Linnaeus) (Discoglossidae) 87
Bufo bufo bufo (Linnaeus) (Bufonidae) 87
B. viridis viridis (Laurenti) 87
Hyla arborea arborea (Linnaeus) (Hylidae) 88
Pelobates fuscus fuscus (Laurenti) (Pelobatidae) 87
Rana arvalis wolterstorffi (Fejervary) (Ranidae) 88
R. dalmatina (Bonaparte) 88
R. lessonae (Camerano) 88
R. esculenta (Linnaeus) 88
Triturus cristatus dobrogicus (Kiritzescu) (Salamandridae) 87
T. vulgaris vulgaris (Linnaeus) 87

KLASSE REPTILIA (Reptilien)

Anguis fragilis coronella austriaca (Colubridae) 89
Lacerta agilis (Lacertidae) 88
L. vivipara 88
Natrix natrix natrix Linne (Colubridae) 89
N. tesselata Laurenti 89
Vipera ursinii (Viperidae) 89

KLASSE AVES (Vögel)
(F. Böck, P. Prokop, Chr. & M. Staudinger, Wien, Dr. A. Grüll, Illmitz)

Acanthis cannabina L. (s. Carduelis c.) (Fringillidae) 105, 106
A. flammea (L.) (s. Carduelis f.) 106
A. flavirostris (L.)
Accipiter gentilis (L.) (Accipitridae) 107
A. nisus (L.) 107
Acrocephalus arundinaceus (L.) (Sylviidae) 106
A. melanopogon (Temminck)
A. paludicola (Vieillot)
A. palustris (Bechstein) 106
A. schoenobaenus (L.) 106
A. scirpaceus (Hermann) 106
Actitis hypoleucus (L.)
Aegithalos caudatus (L.) (Aegithalidae) 106
Alauda arvensis L. (Alaudidae) 105
Alcedo atthis L. (Alcedinidae)

Anas acuta L. (Anatidae) 92
A. clypeata L. 92
A. crecca L. 92
● A. falcata Georgi
A. penelope L. 91, 92
A. platyrhynchos L. 92
A. querquedula L. 92
A. strepera L. 92
Anser anser (L.) 90
A. albifrons (Scopoli) 91
● A. brachyrhynchus Baillon 91
● A. erythropus (L.) 91
A. fabalis (Latham) 91
Anthus campestris L. (Motacillidae) 105
A. cervinus (Pallas) 105
● A. novaeseelandiae (Gmelin)
A. pratensis (L.) 105
A. spinoletta (L.)
A. trivialis (L.)
Apus apus (L.) (Apodidae)
● Aquila chrysaetos (L.) (Accipitridae)
● A. clanga Pallas 107
● A. heliaca Savigny 107
A. pomarina C. L. Brehm 107
Ardea cinerea L. (Ardeidae) 90
A. purpurea L. 90
Ardeola ralloides (Scopoli) 90
Arenaria interpres (L.) (Scolopacidae) 94
Asio flammeus (Pontoppidan) (Strigidae) 107
A. otus (L.) 107
Athene noctua (Scopoli) 107
Aythya ferina (L.) (Anatidae) 92
A. fuligula (L.) 92
● A. marila (L.) 92
A. nyroca (Güldenstädt) 92
Bombicilla garrulus (L.) (Bombicillidae)
Botaurus stellaris (L.) (Ardeidae) 90
● Branta bernicla (L.) (Anatidae)
● B. canadensis (L.)
● B. leucopsis (Bechstein)
● B. ruficollis (Pallas) 92
● Bubo bubo (L.) (Strigidae)
● Bubulcus ibis (L.) (Ardeidae)
Bucephala clangula (L.) (Anatidae)
● Burhinus oedicnemus (L.) (Burhinidae) 94
Buteo buteo (L.) (Accipitridae) 107
B. lagopus (Pontoppidan) 107
● B. rufinus (Cretzschmar)
● Calandrella brachydactyla (Leisler) (Alaudidae)
● Calcarius lapponicus L. (Emberizidae)
Calidris alba (Pallas) (Scolopacidae)
C. alpina (L.) 93
C. canutus (L.)
C. ferruginea (Pont.) 93
● C. fuscicollis (Vieillot)
● C. maritima (Brünnich)
● C. melanotos (Vieillot) 93
C. minuta (Leisler) 93
C. temminckii (Leisl.) 93
Caprimulgus europaeus L. (Caprimulgidae)
Carduelis carduelis L. (Fringillidae)
C. chloris (L.) 106
C. spinus (L.) 106

Casmerodius albus (L.) (Ardeidae) 90
Certhia brachydactyla C. L. Brehm (Certhiidae) 106
C. familiaris L.
Charadrius alexandrinus (L.) (Charadriidae) 93
Ch. dubius Scopoli 93
Ch. hiaticula L.
Ch. leschenaultii (Lesson)
● Chettusia leucura (Lichtenstein) (Charadriidae)
Chlidonias hybrida (Pallas) (Sternidae) 96
Ch. leucopterus (Temminck) 95
Ch. nigra (L.) 95
Ciconia ciconia (L.) (Ciconidae) 90
C. nigra (L.)
● Cinclus cinclus (L.) (Cinclidae)
● Circaetus gallicus (Gmelin) (Accipitridae) 108
Circus aeruginosus (L.) (Accipitridae) 108
C. cyaneus (L.) 108
● C. macrourus (Gmelin)
C. pygargus (L.) 108
● Clamator glandarius (L.) (Cuculidae)
● Clangula hyemalis (L.) (Anatidae)
Coccothraustes coccothraustes (L.) (Fringillidae)
Columba oenas (L.) (Columbidae)
C. livia GM. 105
C. palumbus L.
Coracias garrulus L. (Coraciidae) 105
Corvus corax L. (Corvidae)
C. corone L. 107
C. frugilegus L. 107
C. monedula L.
Coturnix coturnix (L.) (Phasianidae) 105
Crex crex (L.) (Rallidae) 96
Cuculus canorus (L.) (Cuculidae) 105
● Cygnus columbianus Ord (Anatidae)
● C. cygnus (L.)
C. olor (Gmelin)
Delichon urbica (L.) (Hirundinidae) 106
● Dryocopus martius (L.) (Picidae)
Egretta garzetta (L.) (Ardeidae) 90
Emberiza calandra (L.) (Emberizidae)
● E. cia L.
● E. cirlus L.
E. citrinella L. 106
E. hortulana L.
● E. pusilla Pallas
E. schoeniclus (L.)
● Eremophila alpestris (L.) (Alaudidae)
Erithacus rubecula (L.) (Muscicapidae)
● Eudromias morinellus (L.) (Charadriidae)
Falco cherrug Gray (Falconidae) 108
F. columbarius L. 108
● F. naumanni Fleischer
● F. peregrinus Tunstall 108
F. subbuteo L. 108
F. tinnunculus L. 108
F. vespertinus L. 108
Ficedula albicollis (Temminck) (Muscicapidae)
F. hypoleuca (Pallas)
F. parva (Bechstein)
● Fratercula arctica (L.) (Alcidae)
Fringilla coelebs L. (Fringillidae) 106
F. montifringilla L.
Fulica atra L. (Rallidae) 91, 92

Galerida cristata (L.) (Alaudidae) 105
Gallinago gallinago (L.) (Scolopacidae) 93
G. media (Latham)
Gallinula chloropus (L.) (Rallidae) 96
Garrulus glandarius (L.) (Corvidae)
Gavia arctica L. (Gaviidae)
● G. immer (Brünnich)
G. stellata (Pontoppidan) 92
● Gelochelidon nilotica (Gmel.) (Laridae) 96
● Glareola nordmanni Nordmann (Glareolidae)
● G. pratincola (L.)
Grus grus (L.) (Gruidae)
● Gyps fulvus (Hablizl) (Accipitridae)
● Haematopus ostralegus L. (Haematopodidae)
Haliaetus albicilla (L.) (Accipitridae) 107
● Hieraaetus pennatus (Vieillot) (Accipitridae) 107
Himantopus himantopus (L.) (Recurvirostridae) 93
Hippolais icterina (Veillot) (Sylviidae) 106
● H. pallida (Hemprich & Ehrenberg)
Hirundo rustica (L.) (Hirundinidae) 106
Hydroprogne caspia (Pallas) (Sternidae) 96
Ixobrychus minutus (L.) (Ardeidae) 90
Jynx torquilla L. (Picidae)
Lanius collurio L. (Laniidae) 106
L. excubitor L. 106
L. minor Gmelin
● L. senator L.
Larus argentatus Pontoppidan (Laridae) 96
L. canus L. 96
L. fuscus L. 96
● L. marinus L. 96
L. melanocephalus Temminck 96
L. minutus Pallas 96
L. ridibundus L. 95
Limicola falcinellus (Pontoppidan) (Scolopacidae) 93
Limosa lapponica (L.) (Scolopacidae)
L. limosa (L.) 92
Locustella fluviatilis (Wolf) (Sylviidae) 106
L. luscinioides (Savi) 106
L. naevia (Boddaert) 106
Loxia curvirostra L. (Fringillidae)
Lullula arborea (L.) (Alaudidae)
Luscinia luscinia (L.) (Turdidae)
L. megarhynchos C. L. Brehm 106
L. svecica cyanecula (L.) (Muscicapidae)
Lymnocryptes minimus (Brünnich) (Scolopacidae)
● Melanitta fusca (L.) (Anatidae)
● M. nigra (L.)
Mergus albellus L. (Anatidae)
M. merganser L.
M. serrator L.
Merops apiaster L. (Meropidae) 105
Milvus migrans (Boddaert) (Accipitridae) 107
● M. milvus (L.) 107
Motacilla alba L. (Motacillidae) 105
M. cinerea Tunstall
M. flava L. 105
Muscicapa striata (Pallas) (Muscicapidae)
Netta rufina (Pallas) (Anatidae) 92
Nucifraga caryocatactes (L.) (Corvidae)
Numenius arquata (L.) (Scolopacidae) 92
N. phaeopus (L.)
● N. tenuirostris Vieillot

Register der Pflanzen und Tiere

157

Sachwortregister